布芮尼・布朗 Brené Brown——著　洪慧芳——譯

克服自卑！從「擔心別人怎麼想」，
到「勇敢做自己」

我已經夠好了

I Thought It Was Just Me (but it isn't)

Making the Journey from "What Will People Think?" to "I Am Enough"

謹獻給啓發我的女性

我母親
我妹妹
我女兒
我的朋友
我的老師
我的學生
我的社工姊妹
藝術家和行動主義者
研究人員和作家
以及分享個人故事而促成這本書的所有女性

目次

前言

一般人聽到「自卑」（shame）這個詞時，往往有兩種反應。一種是「我不知道你指的自卑是什麼意思，但我知道我不想談。」又或者，「喔，自卑啊，我很清楚，但我不想談。」身爲自卑研究者，我瞭解大家爲何不想談自卑，因爲自卑的力量實在太強大了，有時候光是談論自卑，就讓人不禁自卑了起來。不過，我花了六年的時間，訪問了數百位女性以後，得出以下的結論：每個人都有自卑的時候，那是大家普遍都有的感覺。

我們愈不瞭解自卑，不知道它如何影響我們的感受、想法和行爲，自卑對我們的生活影響愈大。不過，如果我們能鼓起勇氣談論自卑，以包容心去聆聽，就能改變我們生活、關愛、教養、工作、培養關係的方式。

我們常誤以爲，只有少數不幸經歷可怕創痛的人才會自卑，其實不然。自卑感，人皆有之。我們以爲自卑是躲在最陰暗的角落，其實它通常潛伏在我們熟悉的地方，包括外貌和身體意象、母職、家庭、親子教養、金錢與工作、身心健康、成癮、性愛、年老、宗教等等。

本書提供瞭解自卑及克服自卑（shame resilience）的資訊、見解和技巧。我們無法永遠抗拒自卑（shame resistance），但我們可以培養辨識自卑的能力，以及從經驗中學習成長的韌性。我從許多的訪問中發現，善於克服自卑的女性有四個共通點，我稱之爲克服自卑的四要素，那四項要素是本書的核心。當我們愈瞭解如何克服自卑，開始落實那四項要素時，就能因應自卑的副作用（恐懼、責難、抽離），獲得眞實人生所需的勇敢、包容和連結。

我這輩子致力研究自卑，以及自卑對女性、男性與兒童的影響。我研究女性的時候，有機會訪問到三百多位各年齡層、族裔、生活情況的女性。我也回頭追蹤了六十位運用本書技巧的女性，以瞭解哪些技巧有效，以及她們面臨的障礙。

如果你不確定自卑對個人生活的影響，也許閱讀一些我從訪問中節錄的片段會有幫助。在這些片段中，你會開始看到自卑、恐懼、文化期望的複雜交揉。

- 「性愛在我和我先生之間是個很大的問題，有時候感覺很棒，有時候我會開始在意自己的身材，以及過去十年的身材變化，於是心裡就慌了起來。我想像他開始拿我和腦中的完美形象相比，當下我就失去理智，跟他吵了起來，或是想辦法逃避，把衣服穿回去。」
- 「某天我在我家附近這一區開車，停下來等紅燈，正好停在一輛坐滿年輕人的車子旁邊，他們轉過頭來，對我微笑。我也微笑回應，甚至稍稍臉紅了。我十五歲的女兒和她的好友坐在後座，不知怎的，她突然說：『天啊，媽，不要看他們，你在想什麼啊，你以爲他們在跟你眉來眼去嗎？拜託！』我差點哭了出來，我怎麼會那麼蠢呢？」

●「我照鏡子時，有時候覺得還好，但有時候我只看到肥胖和醜陋，難以忍受，幾乎無法呼吸，覺得自己噁心透了，我只想躲在家裡，別讓任何人看到。」

●「我四十一歲，重返校園攻讀學位，有一半的時間我不知道課堂上在教什麼，我就只是坐在那裡，像白癡一樣點頭，我覺得自己根本是個冒牌貨，似乎不夠聰明，沒資格坐在那裡。每次滿腦子都是那種想法時，我就想蹺課……眞的，我只想抓起錢包，從後門溜走，再也不回去了。」

●「表面上，我的人生看起來很好，有個好老公，舒適的房子，可愛的孩子，該有的都有了，但是內在完全不是那麼一回事。要不是我們非常在乎別人怎麼想，我們早就離婚了。我們夫妻之間幾乎無話可聊，兩個孩子在學校也唸得很勉強，我們需要捐很多錢贊助學校，才能確保學校不將他們退學。現在要維持一切假象愈來愈難了，偶爾我知道有些朋友瞥見了眞相，他們也都有各自的包袱。當我覺得他們可以看穿一切時，我自己都覺得噁心。」

●「身爲母親，我覺得自己老是遭到評斷，好像我不管做什麼都不對或者不夠好似的。最糟的莫過於被其他媽媽排斥的時候，只要別的媽媽以異樣的眼光看我，我就覺得自己好像被捅了一刀。」

●「我沒告訴任何人我經歷過什麼，我不希望別人爲我感到難過，或對我有不同的看法，把自己經歷過的一切埋藏在心底比較容易。光想到自己因為過往而遭到責難或評斷，就讓我難以呼吸。」

- 「沒人知道我和先生之間的關係有多糟，要是他們知道了，會更看不起他，也會因為我還跟他在一起而看輕我。我經常說謊和編造故事來掩飾一切，我說謊時，覺得自己好像做了偷偷摸摸的事，感到很羞愧。」

這些故事聽起來很熟悉嗎？對多數人來說，答案是肯定的。自卑很普遍，我們多多少少都知道，社會逼我們追求完美與融入群體的壓力。我們也都知道，自己的外貌、工作、親子教養、花錢的方式、家人或是我們無法掌控的生活經驗遭到評斷或取笑時，那感覺有多痛苦。而且，那不見得是有人貶抑我們或評斷我們，最痛苦的感覺往往是自己造成的。

我們想要獲得接納、受到敬重，那壓力是無止境的。我們把許多時間和心力投注在滿足他人的預期，以及在乎別人對我們的看法上，因此老是感到憤怒、怨恨和恐懼。有時我們把這些情緒往內壓抑，說服自己真的不夠好，也許我們真的很糟，遭到拒絕是應該的。有時我們對外發洩，無緣無故對另一半或孩子大吼大叫，或是對朋友或同事酸言酸語。無論是往內壓抑或是往外發洩，最後我們都感到精疲力竭，不堪負荷，又極度孤單。

我們花了很多時間和精力來解決表面的議題，但鮮少產生有意義又持久的改變。當我們深入底層探索時，發現自卑往往是導致我們厭惡自己的身材、害怕遭到拒絕、停止冒險，或隱藏經驗與部分生活，以免遭人評斷的原因。感覺自己是「失格的母親」，或覺得自己太愚蠢或受教育不多而不敢發言，也是出自類似的情況。

在我們正視「自卑」以前，也許可以暫時解決一些表面的問題，但無法阻止大腦突然冒出「你有問題」之類的自我質疑。例如，在職場或學校裡，偶爾會覺得自己像個冒牌貨，那感覺鮮少和我們的能力有關，而是因為我們內心有個可怕的聲音在責問自己：「你以為你是誰？」**自卑導致我們太在意別人怎麼想，使我們在迎合他人的預期時迷失了自己。**

自卑：普遍沉默以對

當你花好幾年的時間研究「自卑」這種主題時，很容易就忘了大家有多討厭與恐懼這個議題。我先生經常提醒我，有人聽到我說「我是自卑研究者」時，萬一他們臉上出現類似「我剛聞到什麼怪味」的表情，別放在心上。兩三年前的一次親身經歷，讓我更瞭解自卑，更清楚為什麼勇氣和包容對克服自卑來說如此重要。

當時我正搭機前往克里夫蘭市，去凱斯西儲大學（Case Western Reserve University）演講。我坐入靠窗的位置後，一位充滿活力的女性走到我旁邊那個靠走道的位置。剛剛我看到她在機場和其他候機的乘客及地勤人員聊得相當起勁。現在她站在走道上塞行李，擋住走道的流通五分鐘以上，好不容易才把行李塞到她前方的座位底下。她一屁股坐下來以後，轉向我，自我介紹。我們聊了休士頓的天氣約一分鐘後，她問我：「你在哪裡高就，為什麼要去克里夫蘭？」這時飛機開始起飛，所以我稍微提高音量回應：「我是研究學者，我要去凱斯西儲演講。」她回應：「眞不錯！你研究什麼呢？」飛機的引擎聲還是很大，所以我靠向她說：「女性與自卑。」

她瞪大了雙眼，熱切地說：「喔，哇！」整個人靠了過來，上半身懸在我倆之間的空位上。「女性與速配！眞有趣，我想多聽聽。」這時引擎聲靜了下來，我笑著說：「不是女性與速配，是女性與自卑。」她震驚又失望地問道：「自卑？」我回應：「對，我研究自卑，以及自卑對女性生活的各種影響。」

語畢，我們的交談就此結束了。她轉移視線，告訴我她需要休息一下，我們各自靜靜地坐在座位上三個小時。偶爾我可以感覺到她以眼睛的餘光偷瞄我筆電的螢幕。最初幾次，我轉過頭去對她微笑，但她又馬上裝睡。有一次她甚至刻意發出輕輕的鼾聲，我當然知道那是假的，因為她的腳一直抖著。

我回休士頓後，和一位專門研究暴力的同事共餐。我急著跟她分享那個「女性與速配」的小插曲，因為只有研究冷門主題的人能瞭解那種心情。我們笑談「女性與速配」可能眞的比「女性與自卑」有趣，她坦言其實多數人對她的研究主題很感興趣，反而是她需要在飛機上裝睡。「我不懂耶，」我說，「自卑和暴力都是嚴重的問題，大家眞的覺得自卑比暴力還難以啓齒嗎？」她想了一下，然後說：「我想不是。自卑和暴力都是嚴重的問題，但是大家面對自卑時，通常是沉默以對，大家瞭解暴力，也願意談論，但大家還是害怕自卑，連講出那個字眼都覺得渾身不對勁。你研究的是大家從小就學習不去碰觸的議題，它和暴力一樣危險，但是大家一直假裝那沒發生過。」

我想我同事說的沒錯，自卑是大家普遍沉默以對的問題。那問題很普遍，因爲每個人都受到影響。我們之所以沉默以對，是因爲我們無法或不願意公開談論與探索自卑影響個人生活、家庭、社群和社會的方式。**我們的沉默迫使我們掩飾自卑，使它以潛匿的破壞方式，滲透我們私下與公開的生活**。自卑曾經遭到多數社會學家的誤解與忽視，如今有愈來愈多的研究學者和從業人員探索自卑，以及自卑在心理與公衛議題中扮演的角色，包括憂鬱、焦慮、成癮、飲食失調、霸凌、自殺、性侵、各種暴力行爲（包括家暴）等等。

自卑就像暴力，是個日益氾濫的現象，如今詭異地變成一種自保的形式，也變成熱門的娛樂來源。辱罵與抹黑取代了大眾對宗教、政治、文化的討論。我們以羞辱的方式來教養、指導與管教孩子。電視節目只要端出明爭暗鬥、爾虞我詐、爭鋒相對、排擠羞辱的戲碼，收視就開出紅盤。在此同時，我們也常用羞辱的方式來捍衛自己，自娛娛人。我們不解這個社會爲何變得如此可怕，政治變得如此血腥，孩子承受愈來愈多的壓力和焦慮，大眾文化墮落到谷底，愈來愈多人感到孤單與疏離。

就像許多流行病一樣，我們似乎身陷其中，自顧不暇，看不清前因後果，無法把它視爲大規模的問題來處理。我們看不出這個問題的龐大，以爲它只是個人問題或自尊問題，而不是嚴重的社會問題。

爲了幫大家更瞭解自卑的現象，我想先介紹蘇珊、凱拉、泰瑞莎、珊卓拉等人出場。我在研究之初有機會訪問她們，幾年後，當她們把克服自卑的技巧落實在生活中時，我又有機會再次訪問她們。在本書中，我會一再舉她們的故事爲例來說明，鼓起勇氣、展現包容、與人相連的力量有多麼強大，以及有時候要做到那樣有多麼困難。

蘇珊和我第一次見面時，是坐二望三的年紀，已婚三年，有個剛滿一歲的女兒。蘇珊很喜歡復健師的工作，但是孩子出生後她一直待在家裡。後來手頭愈來愈緊，她決定重返職場，先從兼職做起。我訪問她時，她回憶某天有一份她覺得很適合的工作找上門，她興奮極了。不僅那份工作正好是她想做的兼職復健師，教會裡的托嬰服務也剛好有空缺，可以收她的女兒。她迫不及待地和姊姊分享這個好消息，姊姊聽完以後，非但沒恭喜她，還說：「我實在不懂，如果你沒興趣照顧孩子，當初又何必生呢？」蘇珊覺得自己好像挨了一拳，她說：「我幾乎無法呼吸，備受打擊，我腦中的第一個反應是：『我是個糟糕的媽媽。』當晚我就對那份工作有疑慮了。」

我訪問凱拉時，她大約四十五歲，在廣告業做得有聲有色，獨自住在美國東岸的大城市裡。她父親最近剛檢驗出阿茲海默症，她成了父親的主要照護者，努力在工作及照顧父親之間拿捏平衡。她說最難的問題是應付她的老闆南希，她說南希是那種「你絕對不能對她透露私密」的人。我請她進一步說明時，她說南希很擅長人身攻擊，她愈瞭解你的生活，攻擊你的武器愈多。兩年前凱拉的母親過世時，凱拉也得了憂鬱症，她向南希透露自己的憂鬱狀況，結果南希大刺刺地在同事面前提起那件事。凱拉說，這次父親生病，她雖然擔心南希那個大嘴巴會講出去，但她知道她去找長期療養所時，可能會疏忽一些工作，所以她向南希解釋了父親的狀況。沒想到後來開員工會議時，南希宣布她要把凱拉手上的案子都抽走，凱拉說：「她正眼看著我，對全體同仁說：『你們也都瞭解凱拉，她總是有些突發狀況。』」凱拉說她當下簡直是晴天霹靂，「我整個人愣住了，彷彿挨了一記悶棍，感到自己渺小無用。南希那樣說對嗎？我眞的一無是處嗎？我怎麼會蠢到相信她呢？」

我第一次見到泰瑞莎時，她三十五歲，有三個小孩，年齡在三到十一歲之間。她描述某個經歷時，前後頂多只有五分鐘而已，但是對她來說，那是她這輩子遇到最大的痛苦之一。她記得當時站在鏡子前，極度焦慮，厭惡自己的身體。她說：「有時候我穿遍每條牛仔褲都塞不進去。」她說她會掐著大腿內側或副乳自言自語：「噁心死了，好噁心！」在此同時，她也聽到孩子在另一個房間裡爲了看電視而爭吵，家裡的電話響個不停卻沒人接，讓她更加煩躁。她開始對孩子大吼：「你們沒人去接那該死的電話嗎？我知道家裡不是只有我聽到電話聲而已，要死了！」最後她雙手掩面，開始啜泣。當她抬起頭時，看到三歲的孩子站在幾呎外，以驚恐的聲音說：「媽媽難過，對不起。」她凝視孩子時，感到無比羞愧與自責。泰瑞莎告訴我，她永遠忘不了那一天，她說：「有時候我恨透了一切——我的身材、孩子、房子，整個人生都厭惡至極。我腦中對一切事物都有個渴望的形象，但現實從來不是那麼完美，我就是沒辦法達到那樣。此外，當我把氣發洩在孩子身上時，更是覺得無地自容。」

珊卓拉是年約五十五歲的高中教師，她告訴我：「以前我很愛和小叔辯論政治，我們這樣辯了幾年。某個週日夜晚，我和先生外出吃飯，開車回家時，他告訴我，他討厭聽我和他弟弟辯論，他說一直以來他都覺得很討厭，還說：『唐納很聰明，他有碩士學位，我希望你別再跟他辯了。』接著又說，我辯論時聽起來像沒受過多少教育，論調愚蠢，他覺得很丟臉，後來我完全疏離了他們的家人。」珊卓拉又氣又難過地說。

蘇珊、凱拉、泰瑞莎、珊卓拉的問題只是因爲自尊太低嗎？不是。自卑和自尊是完全不同的兩碼事：我們是**感受**自卑，**思索**自尊。**自尊是我們長期看待自己（優缺點）的方式，是我們對自己的看法。自卑則是一種情緒，是我們碰到某種體驗時的感受**，當我們感到自卑時，就無法看清大局，無法精確地思考優缺點，只會覺得自己孤獨無助、有嚴重的缺陷。我的朋友兼同事瑪麗安．曼金（Marian Mankin）對於自卑和自尊的差異提出以下的解釋：「說到自尊，我會想到我實際的樣子，相對於我想成爲的樣子、我以前的樣子，以及我克服與完成了什麼。當我感到自卑時，會回到一個渺小到失去存在感的地方，那個地方小到看不見其他的一切，孤獨又渺小。」

如果上述的故事和自尊無關，那可能是她們的同伴造成的嗎？蘇珊只是因爲遇到口無遮攔的姊姊嗎？凱拉只是閒言閒語的受害者嗎？泰瑞莎追求完美只是單一事件嗎？珊卓拉的先生是唯一的問題所在嗎？以上問題的答案都是否定的。如果你看上述四個有關母職、工作、完美主義、暢所欲言的例子，會發現這些文化戰爭裡的主要武器都是自卑和羞愧。

我們經常以「那樣做對孩子來說不是最好的」或「那選擇很自私或無知」來威脅母親，讓母親感到愧疚。同樣的，凱拉的經歷也是職場上常見的羞辱文化，外界預期我們在職場上要公私分明，不可混為一談，她老闆的評論就是那種文化下的產物。雖然有一種論調告訴我們：「工作不是你的全部」，你也想相信那句話是真的，但是雇主、同事、媒體還是會強調「你做什麼、做得多好、爭取到什麼」才代表你是什麼。

至於泰瑞莎的情況，我們需要瞭解自卑就是完美主義的聲音，無論是談外表、工作、母職、健康或家庭，**真正讓人痛苦萬分的不是追求完美，而是達不到那遙不可及的預期時，令人產生的莫大自卑**。珊卓拉的故事就是描述自卑讓人噤聲的力量。想讓人噤若寒蟬，沒有比讓人自卑更有效的方法了。

由此可見，自卑不光是閒言閒語造成的，也不單是自尊低落的問題，而是一種基本的人性體驗，那已經變成文化中愈來愈強大的分裂與破壞力。我們在某個期間和情況下，總是覺得自己不夠好，擁有的不夠多，歸屬感不夠。我發現克服這些不足感的最有效方法，就是彼此分享經驗。當然，在這個文化中，把自己的故事說出來需要勇氣。

勇氣、包容與連結

「勇氣」（courage）是跟心臟有關的字眼，courage的字根是cor，是拉丁文「心臟」的意思。courage最早的意思是「真心誠意地說出內心所想」，後來隨著時光荏苒，它的定義逐漸改變，開始和英勇行為有關，但我認為這個定義並未肯定內在的力量，以及開誠布公地說出真正的自己及正負面經驗所需的執著，我覺得由衷表達才是我所謂的「平凡勇氣」（ordinary courage）。

我不確定「平凡勇氣」一詞最早出現在哪裡，我是在研究者安妮・羅傑斯（Annie Rogers）探討女性的文章中看到的。我覺得平凡勇氣是指把自己的故事說出來。在這個普遍存在自卑感的文化裡（充滿恐懼、責難、抽離的文化），要展現平凡勇氣格外困難。不過，練習本書傳授的技巧可以幫我們找回勇氣和力量，甚至開始改變文化。

想瞭解文化是如何影響自卑的，我們需要回想孩提或青少年時代，那時我們剛學會受到喜愛、融入團體、迎合他人的重要。那些啟示往往是在感到羞愧以後才學到的，有的隱約，有的公開。無論那是怎麼發生的，我們都記得那些遭到拒絕、貶抑、嘲諷的經驗。最後，我們對那種感覺產生恐懼，學會改變行為、思想與感受以迴避那種羞愧感。在過程中，我們改變了過去的樣子，也改變了現在的樣子。

文化教導我們什麼是自卑——決定什麼是可接受的，什麼是不可接受的。我們並非生來就渴望擁有完美的身材，害怕講述自己的故事，擔心自己老了沒有價值，或是一邊瀏覽高價的居家用品型錄，一邊為了債臺高築而傷神。自卑是外來的，是文化灌輸我們的訊息和預期。至於我們內在散發出來的，則是想要有歸屬感、產生共鳴的人性需求。

我們先天就渴望與人連結，那是生理天性。襁褓時期，我們需要連結是為了生存。隨著年齡的增長，連結意味著身心靈與智慧的蓬勃發展。連結很重要，因為我們都渴望獲得接納、歸屬感和重視。

自卑拆開了我們和他人的連結。事實上，我常說自卑是因爲害怕連結中斷——擔心別人覺得我們有缺陷，不值得接納或歸屬在群體中。自卑讓我們不敢講述自己的故事，也阻止我們聆聽他人講述故事。我們因爲害怕連結中斷而噤聲不語，壓抑內心的祕密。當我們聽到別人談論他們的自卑時，我們常責怪他們，以免自己感到不安。聽別人談起自卑的經驗時，有時就像自己親身經歷一樣痛苦。

同理心和包容就像勇氣一樣，是克服自卑的要件。包容讓我們傾聽自卑，同理心是最強而有力的包容，那是一種情感技巧，讓我們以有意義、關懷的方式應對他人。同理心就是設身處地爲他人著想，瞭解對方的體驗，思索他當下的感覺。當我們向他人透露痛苦的體驗時，對方以開明、深有所感的方式回應，那就是同理心。培養同理心可以讓我們的伴侶關係、同事關係、家人關係、親子關係更加深厚。在第二章中，我會深入探討同理心的概念，你會學到它的運作及養成方式，以及爲什麼「感到自卑」正好和「展現同理心」相反。

展現同理心的先決條件是包容，當我們願意聆聽他人的痛苦時，才有可能展現同理心。我們有時候會以爲包容是一種聖人般的美德，其實不然，只要能接受人性先天的掙扎（恐懼、不完美、失落與自卑），任何人都能展現包容。唯有充分接納自己的故事（包括自卑等等），才能慈悲地回應別人講述的故事。包容不是高不可攀的美德，而是一種眞情投入，不是先天有或沒有的東西，而是我們選擇要不要做的事情。你能和感到自卑的人在一起，敞開心胸聆聽他講述故事，分擔他的痛苦嗎？

本書概要

本書包含前言，共分成十一章。在第一章中，我會分享一些故事和例子以定義自卑，以及區別自卑與內疚、丟臉、尷尬之間的差異。在第二章中，我們會探索克服自卑的基礎，亦即同理心、勇氣、包容與連結。

第三章到第六章是把焦點放在克服自卑的四要素。我從研究中發現，善於克服自卑的女性有四個共通點，落實這四點時，就可以走出自卑。在這四章中，我會分享一些幫我們擺脫自卑的技巧，以及落實這些技巧時，如何克服女性遇到的常見障礙。

自卑的文化是由恐懼、責難、抽離所驅動的，那往往是醞釀完美主義、成見、八卦流言、成癮問題的溫床。在第七到第九章中，我會在克服自卑的情境中探討這些議題。最後一章是針對實際改變文化提出建議：對小孩、男人，以及我們的精神生活、職場和家庭來說，克服自卑是什麼意思？

自卑是個棘手的議題。有些故事雖然令人痛苦，但是那些眞切的事實也證明了，本書的資訊和想法的確爲女性帶來了無窮的希望。**我相信我們都能培養出克服自卑的能力**，我們都能把自卑造成的痛苦轉變成勇氣、包容與連結。同樣重要的是，我們也都有能力幫助他人這麼做。

不過，我們也應該瞭解，克服自卑確實不是一件容易的事，不是依循四個簡單步驟或一套簡單方法就能做到的。想要解決自卑或任何複雜的人性議題，並沒有一套固定的指南。事實上，如果我們相信這類問題有簡單的補救方法，反而可能因爲抓不到重點而自責，變得更加自卑。

俗話說，**眞正的自由是放手讓他人也得到自由**。秉持這個強大的定義，我眞切地希望我們都能拋開歧見，突破自卑，彼此交流故事，和需要聽到「不只你這麼想」的人相互連結。

第 1 章

瞭解自卑

自卑是每個人都會感受到的情緒。我們克服自卑的能力，不是完全取決於辨識那些行爲和情緒的能力，那也和我們與他人建立連結的能力有關。那些連結需要我們瞭解，我們和他人在自卑方面有哪些共通點。爲了克服自卑，我們需要知道與瞭解什麼？我們如何展現眞實自我，並和他人培養有意義的連結？爲什麼探索自卑時，光是瞭解所有經驗之間的深度關連，就可以感受到強大的力量和自由？

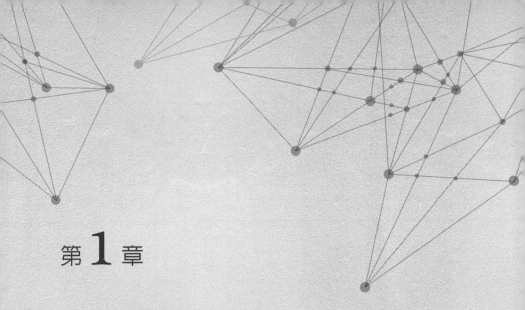

每次有人問我，當初是如何走上研究自卑這條路的，我都說我的職業生涯歸結到底，是以一句話為基礎：「羞辱或貶抑他人，並無法讓人改變行為。」我二十幾歲時，在兒童醫院工作。某天開工作人員會議時，監督兒童療程的臨床主任教我們如何幫孩子做更好的選擇，他說：「我知道你們都想幫這些孩子，但是你們必須瞭解一點：**羞辱或貶抑他人，並無法讓人改變行為。**」

接著他又解釋，無論我們是有意或無意的，都無法以貶抑、要脅或當眾羞辱對方的方式，來逼人做出正面的改變。我一聽到那句話，當下為之震撼，後續幾週，那句話一直在我的腦中盤旋。然而，無論我多努力思考那句話，想得再久，或是反覆說多少次，我還是想不透。有時候我甚至覺得那句話頂多只是痴心妄想，但有時候我又覺得那是我聽過最中肯的說法了。不過，我雖然感到困惑，我也體認到深入瞭解自卑的重要。於是，後續的十年，我開始研究自卑以及自卑對我們生活的影響。

後來，我離開兒童醫院，攻讀研究所，往後的七年，我拿到了社工碩士與博士學位。我整個教育就是受到那句「羞辱或貶抑他人，並無法讓人改變行為」的強大主張所驅動的。我想瞭解我們是如何使用羞辱的方式，以及為什麼會採用那種方法。我也想知道，試圖以羞辱來改變他人會有什麼後果。我並不是公開「研究自卑」，我只是聆聽、學習、測試每個新訊息是否應驗了那句說法。以下是我得到的啟示：

- 使用羞辱的方式可以改變他人或行為嗎？**有時可以，有時不行。你可以試試看，事實上，**

如果你鎖定某個明顯的弱點加以攻擊，你會看到迅速的行爲轉變。

- 那改變會持久嗎？**不會。**
- 會痛苦嗎？**會，非常折磨。**
- 會造成傷害嗎？**會，可能讓羞辱他人及遭到羞辱的人都留下傷痕。**
- 羞辱是大家常用來改變他人的方式嗎？**沒錯，每天時時刻刻都在發生。**

我也發現，多數人的生活都和羞愧有關。個人、家庭、社群常用羞辱的方式來改變他人及尋求自保，因此，我們都不知道羞愧對我們的精神以及家庭與社群的靈魂造成多大的傷害。

我們之所以沒發現個人的掙扎和更大的文化議題有關，那要歸因於前面提過的「沉默以對」現象。我們不談論自卑，只體會到、感受到自卑，有些人就這樣默默地承受一輩子，悶不吭聲。你上次認眞地談論自卑是什麼時候？如果你跟多數人一樣，答案可能是從未認眞談過。儘管如今的社會已經能夠比較開明地討論恐懼與憤怒之類的情緒了，但是相較之下，自卑仍是禁忌話題。

我想我們需要瞭解，不是只有「一般老百姓」會避而不談自卑，就連心理專業人士、研究學者、醫生與其他專家也避談這種社會上的普遍現象，但是我們往往需要依賴他們才能啓動討論。我完成研究的第一部分以後，花了七個月的時間走訪全美各地，向心理專家簡報我的研究。他們之中有很多人雖然在醫療或心理治療領域從業數十年了，卻是第一次出席探討自卑的研討會。在會後的意見表中，很多與會者寫道，那是他們參加過最難的研討會之一。很多與會者也表示，那是他們第一次接觸自卑研究。

「自卑」不同於專業人士研究的其他主題，是一種「不分你我」的現象。專業人士無法抱著局外人的心態說：「我來好好研究這個影響病人的主題，以便幫助他們。」自卑是一種普遍的現象，無人能倖免。如果我們無法談論自卑，無法檢視自卑對生活的影響，我們肯定無法幫助他人。

當然，有些研究人員和從業人員對女性和自卑做了非常重要的研究。例如，衛斯理學院史東中心（Stone Center）的研究人員和臨床醫生茱恩．湯妮（June Tangney）和蘭達．狄林（Ronda Dearing）；海瑞亞．勒納（Harriet Lerner）；克勞蒂雅．布萊克（Claudia Black）等等。不過，我的經驗是，專業心理界和一般大眾都是沉默面對自卑這個話題。

我們應該瞭解這種「專業沉默」的現象，因爲研究指出，心理疾病患者最主要的情緒感受就是自卑。自卑比憤怒、恐懼、悲傷、焦慮還要常見。所以，如果連專業的心理圈和公衛圈都不談論自卑，或不提供足夠的安全空間，幫病人解決自卑的議題，我們還要等什麼時候才開始談論呢？如果我們連談都不想談，那要如何因應那種感受或體驗？

定義自卑

這些問題顯示自卑的確是有力量的，自卑是每個人都會感受到的情緒，但是當我們試圖去描述它，好讓別人瞭解時，卻找不到貼切的字眼來形容。即使找到了字眼，也鮮少有人願意聆聽。自卑是一種痛苦的感受，光是聆聽他人陳述自卑的經歷，那感覺幾乎一樣痛苦。

我很快就發現，瞭解自卑的第一步，是想出一套共用的語言，幫我們交流經驗。所以，我的第一步是定義自卑。我請研究的參與者定義自卑時，有些人提出自己的定義，有些人是舉自己的親身經歷來說明，以下是一些他們的定義：

- 自卑就是你心底那個幽暗的凹洞，痛得要命，你不能談論它，不能講那種感覺有多糟，因爲你一講出來，大家就知道你那「不可告人的小祕密」。
- 自卑就是被拒絕。
- 你努力展現大家想看到的樣子，但是面具背後是你不討喜的部分，感覺見不得人，那就是自卑。
- 自卑就是感覺像局外人，沒有歸屬感。
- 自卑就是討厭自己，知道別人爲什麼也討厭你。
- 我覺得自卑是一種自我厭惡。
- 自卑就像監獄，但是你關在裡面是罪有應得。
- 自卑是你明明想掩藏缺點，卻被暴露出來了，讓你覺得無地自容。

從上述的例子可以看出，想要解釋自卑，幾乎一定都會提及那個大到讓人難以招架的感受。我問「自卑是什麼感覺」時，女性使用的字眼是**令人崩潰**、**有害**、**傷神**、**折磨**、**心如刀割**、**渺小**、**丟臉**、**孤寂**、**被拋棄**、**最糟的感受**。我常把自卑稱爲「全面觸動情緒」（full-contact emotion），當我們感到自卑或聆聽朋友談起自卑的經歷時，往往身心都有深刻的感受，不只情緒上覺得難以招架，身體也感到震撼。

聽了許多不同但相關的定義以後，我覺得如果有一個簡單的定義，可以一語道盡訪談時聽到的情緒和意義，那會更有幫助。所以我把大家的定義匯集起來，加以分析，得出以下的概念：

> 自卑（自慚形穢、自我價值低落），是一種極其痛苦的感覺或體驗，認爲自己有缺陷，所以不值得被愛，也不值得擁有歸屬感。

這定義給了我們一個起點，不過眞正讓我們瞭解自卑的，是女性想辦法以貼切的字眼描述那個概念時，所透露的親身經歷。

- 自卑就是我媽到現在還嫌我太胖，每次我帶先生和小孩回娘家，她一見到我就脫口說：「天啊，你還是那麼胖！」我踏出家門時，她對我說的最後一句話是：「希望你能減一些體重。」她已經把我踐踏得一文不值了，你以爲她會就此罷休，但沒有，她還是唸個不停。

● 我不討厭性愛，也說不上喜歡，但不完全討厭。我有三個孩子，既然孩子都生三個了，我甚至覺得性愛已經沒必要了。如果性愛就此消失，我也無所謂，我知道這想法很不正常，我覺得很羞愧，好像自己眞的有問題似的。我討厭文章中說一般夫妻平均每週有三次性愛，我心想：「天啊，我沒有。」爲此，我感到非常羞愧，因爲即使以後再也沒性愛了，我也覺得無所謂。那感覺很糟，因爲我知道我先生不是那樣想，他可能就是一週需要三、四次性愛的人。

● 我讀高中時，我媽自殺了。她在自己的臥房裡上吊，是轄區員警發現的。從那天起，我就變成「她媽媽上吊自殺的女孩」。那是我這輩子能想到最糟的事，我爸逼我在當地唸完高中，但是我後來就沒回家了。兩年前我父親過世，就某方面來說，我也鬆了一口氣，因爲我不想再看到或回去那個鄰里。我覺得有趣的是，如果我媽是死於癌症或其他病因，大家可能會更加體諒，不會那麼殘忍。但是自殺就完全不同了，在他們的眼裡，我媽變成上吊的瘋女人，那表示我應該也瘋了。我甚至覺得有些朋友的家長很怕我和我爸，那就是自卑的感覺。

● 我的大兒子有毒癮，他的弟妹都看不起他。他回家過週末或停留一下時，家裡的氣氛總是很僵。我女兒總是說：「媽，把値錢的東西都藏起來，錢包別放在桌上。」天啊，他們講的可是自己的哥哥，我知道他們說得沒錯，但我不知道我做了什麼，爲什麼會發生這種事，我爲他感到羞愧，也爲我們對待他的方式感到羞愧，我想那是我們家現在最棘手的問題。

● 我讀中學時，遭到姑姑的男友性侵，我告訴姊姊，她告訴我爸媽。我不記得他們確切說了什麼，我只記得他們把我和姊姊叫到客廳，告訴我們別跟任何人提起這件事。我媽說她會跟姑姑談，我不知道發生了什麼事，但是後來我再也沒見過那個男人了。我姑姑從來沒對我提起那件事，我姊姊很生氣，爲此氣了我爸媽好幾年。我則是變得沉默寡言，深感羞恥，默默不語。

● 我覺得整個身體都讓我很自卑，彷彿我永遠看不到正常的身體，或永遠讀不到正常身體的相關資訊。我老是在想：「別人的胸部也長這樣嗎？」「別人的這裡也長毛嗎？那裡也沒有毛嗎？」「別人也有這種味道嗎？」「這東西長得像這樣嗎？」「這裡會長青春痘嗎？」只要是你無法從電視或雜誌的完美男女身上看到的身體部位，你都會納悶，是不是只有你長得那麼奇怪，你自己覺得很噁心，那就是自卑。所謂自卑，就是你覺得自己很噁心，自己的身體令你作嘔、厭惡。我想找一本涵蓋所有資訊的書，例如，這東西可能有二十種味道、這是五十種「正常女性」的乳房模樣。這樣一來，你就知道「喔，還好，我很正常。」但是你又不禁想問：「誰會想拍那種照片？」會拍的人可能都不太正常吧，那你不就是拿自己和瘋子比較嗎？大家從來不談詭異的東西，因爲怕自己是唯一有那種詭異東西的怪人，然後驚覺：「糟糕！」這下更慘了，因爲你覺得無地自容，自慚形穢。

● 五年前我辭去工作，先生和我拿房子去抵押貸款，我們拿那筆錢去創業。兩年後，我必須結束網路服飾店，那件事對我的打擊很大。我們常聽到有人放棄一切去追逐夢想，結果發展得很成功，事業得意。我卻背了債務，換了糟糕的新工作，對於自己創業失敗感到自卑。我當初讓大家爲我感到興奮並參與創業，卻失敗了，我爲失敗感到慚愧。

- 我和妹妹從小到大都在吵誰和我媽最親，現在變成吵誰負責照顧我媽，或是我媽要住誰家……那感覺就像你看著你自己和你的孩子，你心想：「天啊，以後孩子也會爲了誰負責照顧我而爭吵嗎？」接著你又想：「我的情況不一樣，那種事情不會發生在我身上。」但是我記得我媽也說過一樣的話，於是你又想：「喔，天啊，萬一媽知道我們爲了誰負責照顧她而爭吵，那怎麼辦？」我不知道我妹妹是否感到羞愧，但是爲了照顧我媽而感到掙扎，我覺得非常羞愧。
- 不孕讓我很自卑，因爲那感覺很孤獨，好像沒人能瞭解我的痛苦，尤其是我周邊有小孩的人。你覺得自己好像有問題，或是自己好像做錯事而遭到懲罰。你不禁懷疑這是不是命中注定，因爲你不適合當母親。
- 我先生是個事業有成的企業主，在教會裡擔任領導者，是個好丈夫，也是個好父親。我知道他沒什麼大問題，但我覺得他沉迷於成人網站。我們從來沒談過這件事，除了我妹妹以外，我也沒告訴過任何人。我妹叫我不要擔心，我只知道我先生每天都上網直到深夜，我們的信用卡帳單上有很多網站的收費，我本來也不知道，後來我上我們的電子郵件信箱查某人的電郵時，看到色情網站寄來的電子郵件，噁心死了，那時我才去查信用卡帳單。萬一這件事被任何人知道了，我實在無地自容，大家不僅會覺得他是個變態，也會覺得我有問題，而且大家多多少少也會怪我，因為他上色情網站肯定是為了抒解性慾。我甚至不敢跟他提起這件事，要是被別人發現，我會丟臉死了。

上述故事中的痛苦顯而易見。當我們的社會喜歡採取羞辱、指責、評判、否決等方式時，接納和歸屬變得更加重要。換句話說，「融入」變得極其困難，但是大家對「融入」的重視，以及「融入」的重要性，也達到前所未有的高點。

喚起包容心

如果這本書要成為克服自卑的實用工具，我想我們一開始就應該坦言，閱讀書裡的一些個案會讓人感到痛苦。當親友對我們透露他的羞愧故事，或是我們在書中讀到陌生人的自卑經歷時，我們通常會有兩種反應。

如果我們自己也面臨同樣的議題，感同身受，那體驗通常很痛苦，但也帶有一種奇怪的安慰感。我們之所以痛苦，是因為被迫想起我們亟欲掩蓋的事實；我們之所以安慰，是因為發現自己並不孤單，不是唯一陷入掙扎的人。

自卑如此的強大，是因為它會讓人感到孤獨，彷彿我們是唯一有那個問題的人，或是和別人不一樣。當我們聽到類似的自卑經歷時，也因此知道自己並不孤單。當然，如果對方透露的故事正好擊中我們的痛處，在聆聽的當下，我們可能會覺得無地自容，不再聆聽與回應對方，而是陷入自卑的深淵，覺得難以承受。

當對方透露的自卑故事是我們沒經歷過的情況時，我們的第一個反應往往是抽離，例如：「我媽絕對不會那樣說。」「我沒遇過不喜歡性愛的女性。」「她好天眞，她先生根本是個變態。」那種抽離很快就轉爲指責、評斷與分離，導致自卑更加嚴重。我以自己爲例來說明發揮同理心的困難。

我訪問艾莉森時（那位母親上吊的年輕女子），對於她的朋友、鄰居，甚至老師的反應大爲震驚。她母親過世後的那幾個月，她無論走到哪裡，都可以聽到大家竊竊私語，刻意迴避她，或是大喇喇地問她母親自殺的細節。一開始，艾莉森覺得自己受到排擠很無辜，她知道那不是她的錯，她母親有精神問題並不表示她也有問題。但是，當閒言閒語持續時，她開始覺得母親的自殺，意味著她也「有缺陷」（她自己的說法）。於是，她開始產生自卑，感覺自己完全遭到排擠，孤立無援。

那次訪談內容在我的腦中盤旋了兩週，我對艾莉森充滿了同情與憐憫，但是我也陷入憤怒、評斷、責難的感覺中。對於她周遭那些缺乏同理心的人，我感到憤怒。我花了好幾天的時間思考，如果我是她的鄰居或朋友，會作何反應，最後我發現一些殘酷不爭的事實。

首先，如果我們要瞭解自卑，不僅需要瞭解艾莉森的經歷，也要瞭解她周遭那些人的反應。我們不能單純把自卑從艾莉森的身上，轉爲羞辱那些缺乏同理心的鄰人，因爲羞辱鄰人和朋友的破壞力也一樣嚴重。第二，我們應該深入探索，坦白思考，換成我們是她的鄰居或朋友時，我們會有什麼反應。

如果我下班回家，看到隔壁鄰居的門口停著救護車和警車，我會馬上找附近的鄰居打聽發生了什麼事，我可能不會走過去隔壁觀望，因爲我相信自己不是那麼愛看熱鬧的人，或至少我不希望鄰居覺得我是那種人。但是我可能會打電話給剛剛走過去的人，那樣做可能更糟。除非我很清楚自己在做什麼，刻意不加入八卦，否則我可能也會跟著閒言閒語、臆測原因、瞎問細節、亂下結論。我可能聽到大家閒聊「我知道那裡不太對勁」或「某天我看到她……」，就對艾莉森的父親或艾莉森的心理穩定狀態做出假設。我可能會覺得讓女兒去她家玩很不放心。

換句話說，我可能變成我討厭的那種人，一開始就拒絕瞭解。爲什麼會這樣？因爲我像艾莉森的老師、鄰居和朋友那麼糟糕嗎？不是，那是因爲人性使然，那樣的情況本來就會讓我們陷入恐懼、焦慮、悲傷，有時甚至會讓我們感到自卑。爲了抒解那種令人難以招架的感覺，我們轉向他人尋求連結，有時是以傷害很大的方式，例如八卦流言、排擠他人等等。

如果我們眞的想要直搗問題的核心，不只需要瞭解自卑是什麼感覺，還需要瞭解何時我們最有可能讓別人感到自卑以及爲什麼，還有如何擺脫那些行爲，及如何避免造成他人的自卑。本書提到的故事，不見得大家都有類似的經歷，但是我猜，很多故事可能聽起來很熟悉，令人不安。我們克服自卑的能力，不是完全取決於辨識那些行爲和情緒的能力，那也和我們與他人建立連結的能力有關。那些連結需要我們瞭解，我們和他人在自卑方面有哪些共通點。

自卑入門

爲了克服自卑，我們需要知道與瞭解什麼？我們如何展現眞實自我，並和他人培養有意義的連結？爲什麼探索自卑時，光是瞭解所有經驗之間的深度關連，就可以感受到強大的力量和自由？

這些都是複雜的問題。在回答這些問題以前，我們需要先解釋自卑的基本概念。在這個單元裡，我們開始培養大家對自卑的瞭解，包括自卑和內疚、丟臉或尷尬有什麼不同，自卑在生活中的運作方式。有了基本概念以後，生活中很多看似難以捉摸的連結都會開始明朗起來。

尷尬、內疚、丟臉和自卑

自卑之所以不易談論，有個比較簡單的原因——詞彙問題。我們常交替使用**尷尬**、**內疚**、**丟臉**、**自卑**這幾個詞。走出洗手間時，發現鞋底黏了衛生紙，我們常不假思索地低語：「好丟臉喔！」看到小孩子在桌上塗鴉，而不是塗在著色書上，我們也會不經意地喊出：「你眞丟臉！」

或許要求大家以恰當的用語來形容某種體驗或情緒，實在太龜毛了，但是重點不光只是語義的問題而已。辨識這些情緒正是克服自卑的四大要件之一。

在研究圈裡，關於尷尬、內疚、丟臉、自卑之間的關係，有一些有趣的辯論。有一小群研究人員認爲這四種情緒是相關的，代表相同的核心情緒，只是程度不同罷了。但是絕大多數的研究人員認爲，這四種情緒是截然不同的體驗。我的研究就像多數的自卑研究一樣，強烈支持多數研究學者的論點：尷尬、內疚、丟臉、自卑是不同的情緒反應。

「尷尬」是這四種情緒中最輕微的一種，女性覺得尷尬的情境，不像內疚或自卑那麼嚴重。根據定義，尷尬一下子就過了，通常最後會覺得好笑、很正常（例如滑倒、講錯話等等）。無論那情況有多尷尬，我們知道或至少聽過別人也犯過同樣的錯，一下子就沒事了。我不想腳底黏著衛生紙走出洗手間，但是萬一眞的遇到那種情況，我又不是第一個或唯一做過那種事的人。

內疚可能是最常和自卑搞混的詞。不幸的是，這種混淆的效果不只是語義混淆或是用詞搞混而已。當我們想以羞辱的方式，讓人感到自卑，進而改變他人的行爲時，都沒想到自卑和內疚的差異。那差異很重要，因爲內疚往往是促成正面改變的動力，但是自卑常導致更糟的行爲或麻木，原因如下。

內疚和自卑都是自我評估的情緒，不過，兩者的相似處就只到這裡而已。多數的自卑研究者都認同，**自卑和內疚的差異是：一個是指「我不好」**（自卑），**一個是指「我做了不好的事」**（**內疚**）。**自卑和你這個人有關，內疚和你的行爲有關**。如果我因爲考試作弊而內疚，內心的自我對話可能是：「我不該作弊的，那樣做太蠢了。我不認同作弊的行爲或不想那樣做。」如果我對考試作弊感到自卑，內心的自我對話比較可能是：「我是個騙子，我眞笨，爛透了。」

內疚是把自己的行爲拿來和道德、價值觀、信念做比較。當我們衡量那個行爲（例如作弊），發現行爲和理想不符時，就會感到內疚。自卑是把焦點放在我們是誰，而不是我們做了什麼。當我們說自己爛透了、是騙子、很糟糕時，久而久之我們可能會信以爲眞。覺得自己很爛的人，比感到內疚的人更有可能繼續作弊，讓那個標籤變成事實。

我和許多研究人員都認爲，**自卑比較可能是破壞行爲的根源，而不是解決破壞行爲的答案**。想要獲得肯定和重視是人之本性。當我們感到自卑時，會覺得失去連結，亟欲獲得歸屬感和肯定。當我們感到自卑或害怕自卑時，更有可能出現自我破壞的行爲，攻擊或羞辱他人，或是在看到需要幫助的人時，反而默不作聲。

另一方面，當我們爲犯錯道歉，彌補他人，或是改變自己覺得不對的行爲時，那往往是內疚促成的。「**承認自己犯錯**」和「**認爲自己是個錯誤**」是截然不同的。當然，你可以用羞辱對方的方式讓人說出「對不起」，但是那種道歉鮮少是眞心的。

常有人問我，同樣的經驗是否有可能讓某甲感到羞愧，卻讓某乙感到內疚或尷尬。沒錯！這也是爲什麼我們需要小心，對於什麼會讓人感到自卑，切勿做出任何假設。爲了說明這點，我舉一個無傷大雅的例子：記住別人的生日。我忘記別人的生日，尤其是家人或好友的生日時，有時會覺得非常尷尬，心想：「我眞不敢相信我竟然忘了。」通常我會馬上回神，打一通簡單的電話說：「我忘了你的生日，實在很不好意思，希望你生日過得很愉快。」

有時候我忘記別人的生日時會覺得很內疚，因爲那不只是一時疏忽而已，更反映出我生活的輕重緩急有問題（例如討厭的事情變成了首要之務，我想要改變）。

不過，當我生完女兒艾倫又回到職場後，忘記生日或是忘記回覆是否出席派對之類的小事，總是讓我產生強烈的自卑感。我常因爲忘了回覆或送禮而捏造漫天大謊。那段期間，我覺得我做任何事情都不稱職。我覺得自己是個平庸的教員，平庸的母親和配偶，平庸的朋友、妹妹和女兒。所以，當我忘記別人的生日時，我不會覺得：「哦，天啊，我不敢相信我竟然忘了。」而是說：「天啊，我真笨，我什麼事都做不好。」

艾倫現在七歲了，最近我在家陪第二個孩子查理幾個月後又回到職場。我還是常忘記生日，有時覺得自己難以負荷，平庸至極，但我不再感到自卑了，而是回到內疚，因爲記住生日雖然重要，但我覺得平衡工作和養兒育女需要很多的彈性和事先規劃。現在，我直接買很多事後生日賀卡和一般生日賀卡，囤積備用。從這個例子可以看出，我們可能對同樣的情況產生尷尬、內疚或羞愧感，就看我們所處的人生情境而定。

丟臉也是常和自卑混淆在一起的詞彙。唐納．克萊因（Donald Klein）一語道出了自卑和丟臉的差異：「**自卑是應該的，但丟臉是不該的**。」如果你回頭看研究參與者最初對自卑下的定義，你會看到好幾個定義裡都有「應不應該」的概念。一位女性說：「自卑就是討厭自己，知道別人爲什麼也討厭你。」另一位女性甚至用了「應該」這個詞：「自卑就像監獄，但是你關在裡面是罪有應得。」

我舉個例子來說明自卑和丟臉的差異。最近我研究以羞辱的方式來教養和教育孩子的影響，如果老師在全班面前宣布某個孩子不及格，說他「很笨」，那孩子可能感到自卑或丟臉。如果孩子覺得老師宣布成績及辱罵他是不公平、不應該的，他比較可能會覺得丟臉，而不是自卑。相反的，如果孩子相信老師說的話，眞的認爲自己很笨，也覺得老師當著同學的面前數落他是應該的，那會導致他自卑。

根據我對羞辱教育的研究，自卑的破壞力通常比丟臉還大，原因有兩個。第一，在學校給孩子貼上「愚笨」的標籤已經夠糟了，讓孩子相信他眞的很笨，那危害更大。如果你以羞辱的方式讓孩子相信他眞的很笨，孩子可能一輩子都難以出頭。

第二，我發現覺得丟臉的孩子比自卑的孩子更有可能回家告訴父母或保母學校發生的事。當孩子告訴我們他的丟臉經歷時，我們有機會幫他安度那經驗，並找老師與學校管理人員討論那件事。但是感到自卑的小孩會把老師的話加以內化吸收，開始出現調皮搗蛋的宣洩行爲或是沉默不語。

當然，我們也需要明白，一再丟臉往往會變成自卑。如果小孩尊敬的人（例如師長或家長）反覆說那孩子很笨，久而久之他可能信以爲眞。事實上，每個人都很容易把丟臉經驗轉爲自卑，尤其當貶抑我們的人和我們有重要的關係，或是對方權力比我們高的時候，例如老闆、醫生或神職人員。

一旦我們懂得區分尷尬、內疚、自卑和丟臉，就可以開始來看爲什麼我們會感到自卑，以及自卑如何影響我們。瞭解「如何與爲什麼」非常重要，因爲克服自卑不是只求安度自卑時刻而已，如果我們想在生活中妥善因應自卑，就必須瞭解爲什麼會感到自卑以及自卑對生活的影響，包括日常的行爲、想法和感覺。

自卑網

多年來我深入研究自卑，遇到最難回應的問題是：「那些女性的自卑經驗有什麼共通點？」那些參與研究的女性在種族、民族、年齡、性向、宗教信仰、身心特質與家庭角色方面都大不相同。約四十一％的女性表示她們是白人，二十六％是非裔美國人，二十五％是拉丁美裔，八％是亞裔。女性參與者的年齡介於十八歲到八十二歲，平均約四十歲。

我閱讀她們的訪談內容時，分析她們的故事和經驗，搜尋其中的共通點。顯然，某些人感到自卑的事情，不見得對其他人有影響。有些人覺得崩潰的經歷，別人可能只覺得心情稍微受擾。然而，當你閱讀那些敘述，聆聽數百位女性的故事時，可以明顯看出每個人的自卑經驗都有個核心訊息。

以下是我的發現：

女性最常感受到的自卑，是一張綿密複雜的細網，層層交疊著相互衝突的社群預期，這些預期要求：

- 女人該扮演誰？
- 女人該是什麼樣子？
- 女人該如何做才對？

一旦陷入這張網內，女性心裡往往充斥著恐懼、責難和抽離感。我想，這三個概念各自分開來看都已經夠嚇人了。如果我們知道自卑是恐懼、責難、抽離感交織出來的，就可以清楚明白自卑之所以如此強大、複雜、難以克服的原因了。

促成那張細網的預期，往往是以種族、階級、性向、年齡或宗教等特徵爲基礎，可能是源自於我們扮演的不同角色，例如母親、員工、合作夥伴、姊妹或某團體的成員。但是，追根究柢，強化那自卑的預期，和外界對「**女性**」身分的預期有關。自卑是按性別來分的。導致女性更加自卑的預期，是源自於文化對女性的觀感（亦即文化認定哪些事情是女性該做或不該做的）。在對男性的研究中，我發現讓男性更加自卑的預期，是源自於文化對男子氣概的觀感（亦即男人該如何，該是什麼樣子，該做什麼）。

這種性別導向的預期往往是從大環境產生的，不過那也會以不同的方式滲透到多種社群中，所以我稱之爲「社群預期」（social-community expectations），例如，女性在外表方面承受多種社群預期，外界期待女性年輕、美麗、性感等等。不過，在我的社群裡，大家對髮色或膚色沒什麼預期，但是在某些社群裡，那可能就是議題了。最近我收到一位女性來信：「我是膚色暗沉的非裔女性，孩子是混血兒，在非裔社群裡，遇過許多有關種族、膚色、審美標準的痛苦經驗。當我必須跟孩子解釋，美麗無關膚色、眼珠顏色或髮色時，內心充滿了困窘不安，你的研究爲我當時的感覺解開了疑惑，也給了我肯定。」

心理健康是另一個例子。一般預期，社會只能容忍或接受些許的「瘋狂」。不過，在某些社

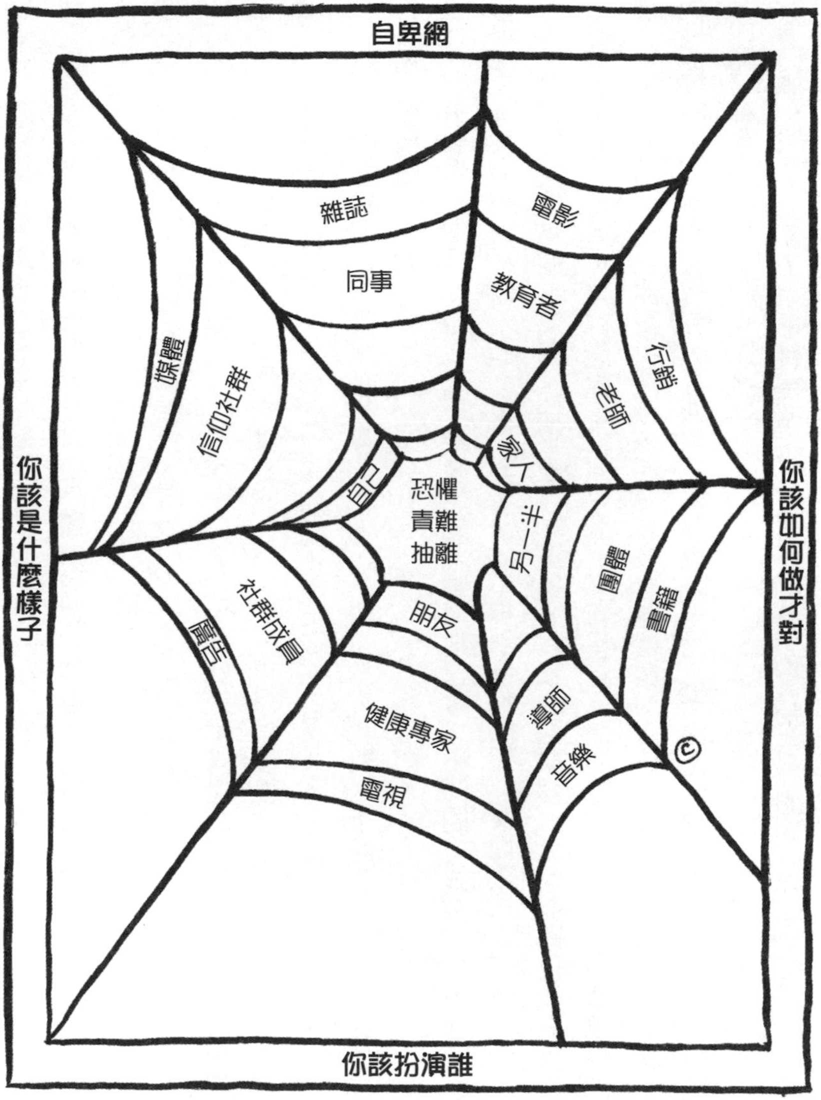

自卑網
雜誌
電影
同事
教育者
媒體
信仰社群
行銷
老師
家人
自己
恐懼
責難
抽離
另一半
團體
書籍
你該是什麼樣子
你該如何做才對
社群成員
廣告
朋友
健康專家
導師
音樂
電視
©
你該扮演誰

群裡，在家庭以外談起心理問題會令人感到羞愧，但是在另一些社群裡，每個人都有治療師。

我們應該注意，所謂的社群，不是光由地理位置決定，多數人因種族、民族、社會階層、團體成員的身分、意識型態、信仰、政治等議題而分屬不同的社群。

自卑和恐懼

自卑完全是一種恐懼。我在前言提過，我們先天在情感、社交、認知上就需要與人連結，很多人對於精神上的連結也有強烈的需求。自卑是擔心「連結中斷」的恐懼，當我們感到自卑時，深怕遭到譏笑、貶抑或被當成有缺陷的人。我們擔心暴露出來的部分自我會危及我們與他人的關係，損及他人接納我們的程度。

當我們覺得陷入自卑、無法脫身時，會強化這種恐懼。這種無法脫身的恐懼，和自卑網中「預期」vs.「選擇」的誇張比例有關。首先，外界對我們有無數的預期，很多預期根本無法達到或不切實際。第二，我們達到預期的選擇相當有限。爲了具體說明自卑網，以下是和多數人有關的例子：身體意象。即使我們都很清楚媒體操弄和飲食失調的問題，但這個議題似乎從未好轉。事實上，我訪問的女性中，約九十%把身體意象和體重視爲自卑議題。

從前面那張圖可以看到，另一半、家人、朋友和自己最接近那張網的中心，我們最怕和最親近的人失去連結。換句話說，當我們自己或最親近的人（另一半或親朋好友）硬是把預期加諸在我們身上時，自卑感最爲強烈。從中心往外擴散，還有來自專業人士（醫生、治療師等等）、社群成員、團體、教育者、同事、信仰社群等等的預期。

如果我們從小成長的家庭環境非常重視那些難以達成的體型，即使日後遇到的伴侶接納我們的身材，也非常希望我們對自己的身材感到自在，我們仍會持續把不合理的預期加諸在自己身上。相反的，我們的伴侶可能對我們的身材有嚴苛的預期，但是朋友可能給予我們支持，或是對於我們過於在乎節食而感到不以爲然。但是即使面對這樣相反的預期，我們還是希望受到這些團體的接納和關愛，於是我們想盡辦法迎合所有的人，在無法達成相互衝突的各項要求時，便陷入自卑。

在那張自卑網的外圍，我們可能感受到來自醫生、同事或團隊成員的壓力。在那些人之外，還有更大、更險惡的系統性議題需要面對。例如，研究顯示，超重或肥胖的女性年收入較低（比不胖者少六千七百美元），貧窮的比例較高（高十％）。

你看那張自卑網的最外圍時，會看到媒體。電視、廣告、行銷的東西強化了自卑的文化。電影裡看到的，音樂裡聽到的，報章雜誌中讀到的都是。說到身體意象，追求「窈窕」無疑是主流。更糟的是，當「纖瘦飄零」和「削瘦病態」之類的復古形象又流行起來時，新的理想身材依舊窈窕，但又多了渾圓的豐臀和撩人的巨乳。這種「瘦骨、豐臀、巨乳」的組合先天少見，卻是大家追求的形象。

無論我們多努力迴避媒體的影響，身處在這個社會裡就是逃脫不了。我最喜歡的研究者兼作家基爾孟是辨識與解構媒體訊息的專家，即便是隱約的訊息也逃不出她的法眼。她在著作《經研究證明，廣告會控制你的欲望》（*Can't Buy My Love: How Advertising Changes the Way We Think and Feel*）裡寫道，一般美國人每天接觸三千多則廣告，一輩子看的電視廣告累計長達三年之久。在如今的文化中，想要逃避媒體的影響猶如痴人說夢，就像以停止呼吸來避免空氣污染那樣不切實際。

基爾孟也解讀女性雜誌封面上相互矛盾的資訊。她指出那些封面上常印滿「十天內減十五磅」或「夏天來臨前健康瘦身」之類引人注目的標題，但是配圖永遠和那些標題不符。「現在就瘦身！」的標語是掛在雙層巧克力慕斯蛋糕上，而不是在跑步機上大汗淋漓的八十公斤女人身上。

所以，當我們爲了即將來臨的夏天減重時，又需要騰出時間來製作「本月糕點」，並吃個一兩片。基爾孟也指出，同一本雜誌的封底可能又是讓人把窈窕和抽菸聯想在一起的香菸廣告。這裡可以輕易看出，預期是如何層層交疊，變得相互衝突，自卑網就是這樣運作的。我們能用來達成這些預期的實際選擇很少，我們擁有的選項大多感覺像「雙重束縛」。作家瑪麗蓮・弗萊（Marilyn Frye）形容雙重束縛是「**一個選擇有限，而且無論怎麼選，都會讓我們受到懲罰、責難或剝奪的情境。**」

當我們的選擇有限時，每個選擇都達不到預期，我們被迫只能從「糟糕」或「更糟」的選擇中二選一：

- 你要窈窕，但是不要太在意體重。
- 你要完美，但是不要爲了完美大費周章，不能從家人、伴侶或工作等任何事物中挪出時間來達到完美。只要靜靜地讓完美呈現，讓你看起來很美好就好了，我們不需要聽你說怎麼做到的。
- 做自己，沒有什麼比自信更性感的了（只要你是年輕、窈窕又美麗……）。

如果我們不能面面俱到——減重、烤蛋糕又吃蛋糕、抽菸又看起來很酷、健康又窈窕、買所有的產品，同時又愛自己——那就是不及格！於是我們陷入自卑網中無法脫身，接著，自卑開始變成責難和抽離。

自卑、責難和權力

當我們感到自卑和恐懼時，責難總在不遠處。有時候我們會開始自責，有時候是向外攻擊，責怪別人。當我們自責時，常發現自己陷入自我厭惡和自卑的循環，於是我們的情緒靜靜地內爆。當我們以責怪他人的方式來擺脫自卑和恐懼的痛苦時，往往是對外發洩，把氣出在孩子、員工、伴侶或甚至眼前的客服人員身上（我們將在第八章探討責難和怒氣之間的關係）。無論是情緒內爆或對外發洩，我們大多不知道自己在做什麼以及爲什麼會那麼做，**我們以責難的方式來因**

應自己的無力感。

權力對女性來說是個棘手的議題。我訪問的多數女性都對「強勢女性」的概念感到不安，很多人會馬上聯想到討人厭或「賤貨」的概念。但是另一方面，我訪問的每位女性都承認，力不從心的感覺很可怕，令人絕望。這種對權力又愛又恨的感覺，嚴重威脅到女性充分發揮自我的能力。

另一個讓女性對權力更加無所適從的因素是：權力至少分兩種，我稱之爲「威權」和「眞實權力」。可惜的是，我們聽到「權力」一詞時，多數人會自動聯想到威權，亦即掌控、利用或逼迫他人的能力。我們覺得權力是有限的，就只有那麼多，所以如果我想得到一些權力，就必須從你那邊奪取。

威權是一種危險的權力。常上《歐普拉有約》（*The Oprah Winfrey Show*）節目的心理學家羅賓·史密斯博士（Robin Smith）描述最隱約的威權形式如下：「我會定義你是誰，然後我會讓你相信，你就是那個定義的樣子。」這種令人不寒而慄的威權描述，一語道盡了自卑掌控我們的方式，它逼我們穿上性別的束縛，接著讓我們相信那是我們自己加諸在身上的，而且還很樂於穿上那束縛。過去一年，我在工作上看到一個明顯的「威權」例子。我對很多團體演講時，談到自卑和身體意象。幾年前多芬（Dove）推出「自信美」廣告，我問女性她們看到「眞實」的女人穿著內衣出現時，感覺如何（相對於那些超瘦的模特兒），有半數女性說她們不喜歡那個廣告，我並不意外。很多女性的反應如下，「我知道那可能是件好事，但是我看到那個廣告時，情緒反應很負面。」有些女性則是「為那些真人模特兒感到尷尬」，有些人說：「那沒有激勵我變得更好或減重。」

基本上，兩年前我聽到的看法，直到今天我仍常聽到：「我知道那個廣告給人力量，很美好，但我的直覺反應是⋯⋯**你太胖了，不夠完美，把衣服穿上吧**。」這裡有一點很重要，那些難以接受多芬廣告的女性，大多看起來就像廣告中的模特兒那樣。這就是「威權」影響我們的實例，完全呼應了史密斯博士的定義，外界常悄悄地為我們定義美麗，所以我們現在全盤接受那個定義，彷彿那是我們自己定的。結果很悲慘：我們不想看到雜誌反映我們的真實形象，因為我們不完美，不夠瘦或不美麗，沒資格受到重視。諷刺的是，讓我們從威權中解脫的唯一方法，是奪回真實的權力——亦即自己定義並照著那個定義生活的權力。

《韋氏字典》把**權力**定義為「行動或產生效果的能力」。真實的權力，基本上就是有能力改變你想變的東西，亦即讓改變發生的能力。真實的權力是無限的，不需要爭奪，因為到處都有。真實的權力之所以那麼好，是因為我們有能力自己創造，不必從他人的身上奪取，那是我們和他人一起創造出來的。

當我們談論自卑和無力感時，其實是談真實權力的三要件：**意識**、**選擇和改變**。為了有效改變及解決生活中的問題，我們首先需要意識到問題的存在。第二，我們需要有能力解決及找出解決問題的選擇。知道問題及選擇以後，我們需要有能力促成改變，亦即實踐那些選擇。

這裡正好適合介紹茱莉安。我是二〇〇二年首次訪問茱莉安的，二〇〇五又訪問一次。我現在先告訴你第一次訪談的情況，稍後會提到當她開始克服自卑時的改變。這個故事說明了自卑如何讓我們充滿恐懼感與責難。第一次訪問茱莉安時，她告訴我最近一次讓她感到崩潰的自卑經驗。

茱莉安和兩個孩子及先生史考特難得一起享受悠閒的週六，他們夫妻倆坐在中庭裡，孩子在後院玩耍。她翻閱著當週的郵件，看到一封寄給她五歲兒子的生日邀請函。

她打開邀請函來閱讀，突然感覺到複雜的情緒一擁而上，她說那股情緒「結合了恐懼、憤怒和焦慮」。她描述當下的情緒反應：「我開始發飆，突然站起來，對孩子大吼他們太吵了，罵我先生的車庫太亂了。我衝進屋內，甩上房門。」史考特尾隨她進入屋內，站在門外扭動鎖住的門把，一直說：「老天，茱莉安！你怎麼回事？你是吃錯藥了嗎？」

我問茱莉安是什麼引爆她情緒失控，她說：「有好幾天，我自己也搞不清楚，我一直覺得我瘋了，因爲那不是第一次，後來我想到那封信是泳池派對的邀請函，信中提到家長必須和孩子一起下水游泳。」茱莉安說她對於在「一群窈窕又完美的媽媽」面前穿泳裝這件事，感到非常自卑。她說：「有時候我感到自卑時，會陷入恐懼，然後就抓狂了，我感到不知所措，甚至不知道發生了什麼事。」

茱莉安和我繼續談論她對派對邀請函的反應，以及她怕在一群「完美的媽媽」面前穿泳衣的恐懼。她解釋，她向來對自己的身材感到不安，自從懷孕變胖以後，她又變得更在意了。當我請她多談談人母身分及身體意象時，她搖頭說：「我無法接受。」

她解釋，她在等候剪髮時，翻閱時尙雜誌，雜誌的夾頁廣告是超級名模和小孩在海灘上的照片。她開始閱讀那篇文章，文中引述一位名模的話：「我雖然是媽媽，那不表示我就能鬆懈下來，孩子不想要邋遢的胖媽媽，我的孩子以我現在的樣子爲榮。」茱莉安一臉驚訝地告訴我這件事，「我甚至沒發現那句話就此印在我腦海中了。」

當然，要不是我們的心靈已經很脆弱了，光是看到雜誌可能不會觸發那麼強烈的自卑感。但是，把那些照片和引述的話以及多數人難以接受的身體意象結合在一起，就變成很強大的組合。從這個例子可以清楚看到茱莉安感到恐懼、受困、力不從心。

當我們感到自卑時，很難維持力量。首先，自卑的時候，多數人並未意識到自己的感受以及爲何會有那種感受。自卑往往讓人產生難以招架又痛苦的困惑、恐懼、憤怒和評斷，或是亟欲逃脫或藏匿起來。當我們試圖管理這些強烈的情緒時，很難發現自卑其實是核心問題所在。很多女性在受訪時，都提到自卑當下的強烈無力感：

- 「自卑就像熱浪襲來，當下你心想：『天啊，我可以往哪裡躲？我如何消失？』」
- 「自卑就是認爲你不值得任何人關心或關愛。你覺得自己糟透了，甚至無法指責別人不關心你，你簡直無地自容。」
- 「自卑令我整個人爲之凍結，完全失去反應能力。」
- 「突然間一切都暗了下來，你卡住了，你不知道發生了什麼事，不知道該怎麼辦。」
- 「我就只是黯然離開，從來不給人添麻煩，就直接消失。如果有人認爲我那麼糟，我會自己躲起來，省得別人還要應付我。」

- 「有一次我去加油，信用卡刷不過，對方讓我相當難堪。我把車子開離加油站時，三歲的兒子哭了起來，我開始吼叫：「閉嘴……閉嘴……閉嘴！」信用卡沒刷過讓我覺得很羞愧，我整個人瘋了，後來我又因爲對兒子大吼大叫而覺得自己很糟糕。」

當我們感到自卑時，往往會陷入危機模式。大多時候，我們幾乎無法完全因應自卑衍生的各種副作用——恐懼、責難、抽離。事實上，新的大腦研究顯示，自卑可能造成很大的威脅，不是交由大腦新皮質處理（大腦新皮質是讓我們思考、分析、反應的先進部位），而是指示大腦進入最原始的「非戰即逃或愣住不動」的狀態。

在這種模式下，會完全跳過大腦新皮質，先進、理性、平靜思考與處理情緒的能力幾乎都消失了。大腦的原始部位啓動運轉，這時我們充滿攻擊性，想跑去躲起來，或是頓時麻痺，動彈不得，有時完全不知道爲什麼。幸好，只要練習克服自卑，我們可以改變那樣的反應，我們將在第三章中深入探討。

自卑與抽離

如果與人相連是一種受到重視、接納與肯定的感覺，那麼抽離就是一種遭到貶抑、拒絕、輕視及不當回事的感覺。我問茱莉安為什麼不想在朋友面前穿泳衣，她當下的第一個反應是：「我不希望遭到歧視或批評，我一想到她們在我背後談論我穿泳衣的樣子，就令我不寒而慄，我沒辦法承受。」我問她，她覺得朋友會在乎她看起來怎樣嗎，她想了一下回答：「可能不會吧，但是我沒辦法冒著被傷害的風險，我會覺得孤立無援。」

培養人際關係時，難免都需要因應自卑及抽離感，但是當抽離感變成孤立感時，可能會變得更嚴重。我所謂的孤立感，不是指孤獨或寂寞，衛斯理學院史東中心的關係文化理論家珍・貝克・密勒（Jean Baker Miller）和愛琳・史蒂芙（Irene Stiver）以下面的文字，充分描述孤立令人難以承受的特質：「我們認為，一個人所能經歷最可怕的創痛就是心理孤立。那跟孤獨不一樣，孤立，是指一個人不可能再有任何人際關係，也無力改變狀況。在極端的情況下，心理孤立可能導致失落與絕望感。一般人會竭盡所能地擺脫那種絕望的孤立和無力感。」

這段定義中，我覺得有助於瞭解自卑的關鍵片段是「一般人會竭盡所能地擺脫那種絕望的孤立和無力感」。自卑可能讓我們陷入絕望，當我們亟欲擺脫這種孤立與恐懼時，每個人的反應各不相同，從行為失控與宣洩，到憂鬱、自殘、飲食失調、上癮、暴力、自殺等等，不一而足。

就我自己來說，我發現我有自卑感時，常做出和自我期許不相符的事情。在這種情況下，我們常看到非戰即逃或愣住不動的反應。許多受訪者也以她們的用語，表達了同樣的情緒：

- 「我自卑時，就像個瘋子，會做出平常絕對不會做的事，說出平常絕對不會說的話。」

●「有時候我只想讓別人體會我有多痛苦，只想對每個人發飆。」

●「我自卑時會變得絕望，好像求助無門，找不到人傾訴。」

●「我感到自慚形穢時，心理和情緒會開始放空，連家人都不理。」

●「自卑讓人感覺遭到世界遺棄了。」

我想使用自卑網以及恐懼、責難、抽離的概念，來擴充前面的定義，藉此說明爲什麼女性會感到自卑以及如何感受自卑。以下是本書後面會持續用到的完整定義：

自卑（自慚形穢、自我價值低落），是一種極其痛苦的感覺或體驗，認爲自己有缺陷，所以不值得被愛，也不值得擁有歸屬感。女性陷入層層交疊、相互衝突的社群預期大網時，往往會感到自卑。自卑讓人產生恐懼、責難、抽離的感覺。

第 2 章

克服自卑以及同理心的力量

我相信包容需要用心投入，不斷地練習。在無需辯解或譴責自己的前提之下，我們勇敢地接納痛苦。我們從失敗中學到的包容力，和我們從成功中學到的一樣多。在培養包容時，我們是借鑑自己全部的經驗。包容不是療癒者和受傷者之間的關係，而是對等的關係。唯有在我們清楚瞭解自己經歷的黑暗時，才能對他人經歷的黑暗感同身受。當我們發現彼此共通的人性時，包容也變得更加真實。

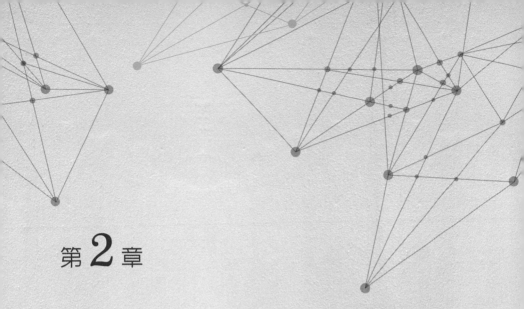

自卑該如何克服？該如何避免自己困在自卑網中？可惜，沒有方法可以幫我們永久擺脫自卑。只要連結依舊重要，中斷連結的威脅就是生活的一部分，就可能讓我們感到自卑。

幸好，我們都能培養克服自卑的能力。所謂的「克服」，我是指感到自卑時有能力辨識，能在過程中保持眞實自我，並從經驗中成長。在這種用心體驗的過程中，我們可以和生活中的互動對象培養更深厚、更有意義的連結。

就像爲了瞭解「自卑」需要先定義與描述自卑一樣，想要「克服自卑」，也要先瞭解它的意義。首先，克服自卑並不是全有或全無的主張，而是有程度之別。爲了說明，我提出「克服自卑的連續量表」（Shame Resilience Continuum）概念。

在那個連續量表的最左邊是自卑，自卑下面是它的副作用：恐懼、責難和抽離。爲了達到勇氣、包容和連結，我們必須探索什麼可以讓我們從自卑中復原。爲此，我們回顧那些受訪女性談論自卑經驗的內容。

我訪問了許多女性，她們都分享了克服自卑的方法和技巧。我提出以下的問題來分析那些資訊：

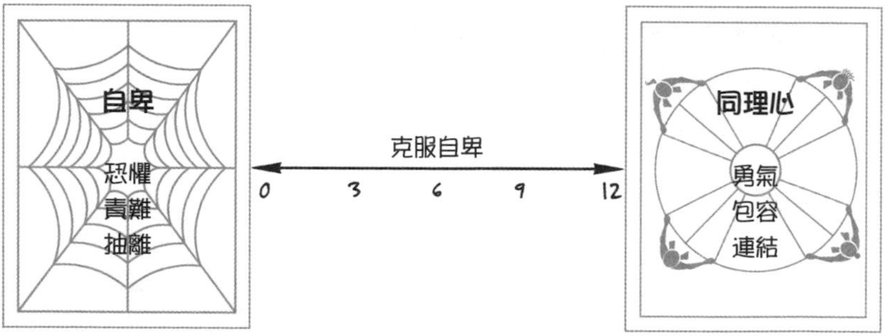

- 什麼因素讓女性培養出克服自卑的復原力？
- 她們如何拋開恐懼、責難、抽離的感覺？
- 什麼因素讓女性走出自卑？

我屢次聽到受訪的女性表示，**同理心**是克服自卑的最佳解藥。那不只是滿足我們對同理心的需求而已，而是以同理心待人。**擅長克服自卑的女性既是同理心的接收者，也是同理心的施予者。**

你還記得中學時自然科實驗室裡的培養皿嗎，那些小小的圓形淺碟？如果你把自卑放入培養皿中，再施加評判、沉默和保密，它會繁殖得一發不可收拾，吞噬眼前的一切，你等於是提供自卑一個蓬勃發展的溫床。相反的，如果你把自卑放在培養皿裡，施加同理心，自卑就失去了力量，開始萎縮。同理心創造出不利自卑繁衍的環境，讓它無法生存下去。

我請女性分享她們克服自卑的例子時，她們提到自己和有同理心的人談及自卑的情況，她們說聽到對方說出以下的話語時，會感受到無比的力量：

- 「我懂，我也遇過。」
- 「我也碰過同樣的情況。」
- 「沒關係，你的反應很正常。」
- 「我懂那是什麼感覺。」

就像自卑一樣，克服自卑的故事也都有一個共同核心，同理心是它們的共通點。

同理心——談何容易

眞正的同理心不只是隨口說說，還需要用心去做。發揮同理心不光只是知道對自卑者說什麼比較妥當而已。言語的效用，要看我們眞心聆聽對方陳述及感同身受的能力而定。

我把同理心定義爲運用自身經歷來體會對方感受的技巧或能力。另一個我喜歡的定義是來自阿恩．艾維（Arn Ivey）、保羅．彼得森（Paul Pederson）、瑪麗．艾維（Mary Ivey）撰寫的輔導教材。他們形容同理心是「從他人的觀點理解情況的能力，去觀看、聆聽、感受對方的獨特世界。」我認爲同理心是一種技巧，因爲擁有同理心或是發揮同理心的能力，並不是與生俱來或直觀的特質，我們可能先天對他人的反應比較敏銳，但是同理心不光只是敏銳而已。以下是我朋友棠恩發揮同理心幫我度過羞愧時刻的例子。

我的世界偶爾會崩解，也許一年崩個兩三次吧。那些都不是小小的時間衝突，而是大撞期，幾乎牽涉到我扮演的每個角色。兩三年前五月的某個週末，我就遇到一次大撞期。我女兒第一次上台表演芭蕾舞，那個週末剛好也是大學的畢業典禮。芭蕾舞表演和畢業典禮重疊了兩小時，對我來說那壓力實在太大了，因爲學生選我在畢業典禮上扮演要角。

除了畢業典禮和芭蕾舞表演以外，週日又是母親節，我娘家和婆家的人都從外地來我家過節。那週五又是我在春季班授課的最後一天，也是艾倫上學的最後一天。對我來說，最後一天意指我必須幫學生打出學期成績。對艾倫來說，那是謝師日。

史蒂夫和我很早以前就主動表示，我們會負責帶餅乾去參加謝師派對。但是我忙著幫學生結算成績，參加畢業典禮的排演，帶女兒去試穿芭蕾舞衣，整理家裡以便親戚來訪，完全忘了準備餅乾。週五早上史蒂夫帶艾倫去上學，等我去學校接她放學時，那張派對的自願登記名單還掛在門口，我瀏覽那張名單時，看到我的名字旁邊寫了「點心」，整個人慌了起來。我眞的很喜歡艾倫的老師，也很尊敬他們，我怎麼會完全忘了這檔事呢？

我迅速打探當時的狀況，決定溜進去，趁大家不注意時，抓了艾倫就溜。但是我悄悄在走廊上走動時，剛好遇到艾倫的老師，我馬上進入緊張模式，講話音調也高了起來。「嗨，您好，派對還好嗎？」艾倫的老師說：「很棒啊，謝謝，眞的很有趣，食物也很棒。」

喔，天啊，眞是哪壺不開提哪壺？她肯定發現了。我馬上從高音模式切換爲說謊模式，我說：「史蒂夫今天早上有帶餅乾來嗎？」艾倫的老師一臉困惑地說：「我不確定耶，他送艾倫來上學時，我不在這裡。」於是我墊起腳尖往她的肩後望去，伸出手指，指向教室後方，假裝觀望著食物桌，然後說：「喔，就在那裡，嗯，看起來眞好吃，太好了，我很高興他準時把餅乾送來了。」

老師以溫和但會意的眼神看著我說：「幾週後夏季班開學時，我們再見囉，休假愉快！」我找到艾倫，帶她溜回車上，幫她繫上安全帶，我坐回前座，眼淚不禁滑落臉頰。我坐在那裡，緊抓著方向盤，不曉得究竟哪個行為比較糟糕：是忘了帶餅乾卻謊稱帶了？還是知道艾倫的老師肯定心想：「那是我見過最糟的職業婦女窘態了」而感到羞愧？

艾倫的表情看起來有點擔心，於是我一再告訴她：「沒事，媽媽只是有點眼淚，想哭出來，沒什麼大不了的。」我就這樣一路哭著回家。一進家門，我馬上打電話給朋友棠恩，棠恩看到來電顯示我的名字，接起電話就問：「怎麼了？」

我迅速輕聲地說：「我剛從艾倫的學校偷了其他家長帶的餅乾，然後跟老師謊稱那是我們帶來的。」棠恩一聽馬上回應：「什麼樣的餅乾？」我說：「不不不，你聽我說。」她不再開玩笑，而是仔細聆聽。

聽我說完以後，她說：「你已經盡力了，眼前要面對週末那麼大的陣仗，你只是想盡力兼顧一切，又不希望讓艾倫的老師覺得你不感謝她。你喜歡那個老師，她又對艾倫很好，所以那反應完全可以理解，沒有什麼大不了的。」

我一直問她：「你確定嗎？確定嗎？」她最後說：「我知道你覺得未來三天，你肯定無法兼顧一切，但是你可以的。你可能無法做到盡善盡美，但你會做到的。我知道那可能對你來說真的很難，但我們都遇過這種事，眞的沒關係。」

在那當下，我的羞愧轉化成我能應付的情緒，讓我從「我好蠢，我是個糟糕的媽媽」轉變成「那很蠢，我是個手忙腳亂的媽媽」。棠恩在我的培養皿裡挹注了正好足夠的同理心，讓羞愧感開始退散。她並未評判我，也沒讓我覺得我應該閉口不談我的失誤。我眞的覺得她聆聽了我的想法，關心我，確認我「幾乎無法撐下去」的恐懼，也肯定我對老師的感謝。最重要的是，她瞭解我經歷的世界，也能夠表達出來讓我知道。

她沒說我對老師說謊的行爲是可取的，但是她讓我覺得自己受到接納和瞭解。當我感到羞愧時，我無法成爲好伴侶、好老師、好母親或好朋友。如果我面對週末的心情是「我是個不稱職的母親及偷餅乾的騙子」，我應該會撐不下去。

她也忍住了笑意，現在我自己想起那件事也想笑，但是當時我覺得一點也不好笑。她大可笑著對我說：「你太大驚小怪了，那沒什麼，別擔心。」但是那樣說就沒有同理心了，那可能反應出她的感覺，但肯定沒表現出她瞭解我經歷了什麼。開玩笑的回應可能會讓我覺得沒人聆聽，未受尊重，甚至因爲我不只偷了餅乾還反應過度而更加羞愧。

那時我羞愧到無地自容，無法說出：「棠恩，我做了很糟的事，我只是想把事情做好，我知道我並不完美。」我太恐懼了，感覺像困獸之鬥，無計可施。如果棠恩沒發揮同理心，我可能那個週末會像行屍走肉一樣，我肯定會在幾小時後就遷怒史蒂夫，氣沖沖地告訴他：「你不知道我的壓力有多大！」那對週末的家族大團聚來說並不是很好的開端。

同理心教育

我唸研究所時，幾乎每門課都會傳授加強同理心的技巧。在研究所攻讀心理學、社工、諮詢、婚姻及家庭治療等專業學位的人，幾乎都會遇到類似的情況。

在愈來愈多的同理心研究中，我們發現成功的領導者通常都有過人的同理心，同理心和學術及專業的成就有關，可以減少攻擊心態及偏見，增加無私的想法。研究也顯示，同理心是婚姻美滿及組織有效運作的關鍵要素。總之，同理心是培養有意義、相互信賴關係的要件，也是人人都渴望與需要的人際關係。既然同理心能克服自卑，又有助於培養多種不同的關係，我們更應該好好學習，練習實踐。

幸好，同理心是可以學習的。英國的護理學者泰瑞莎．懷絲蔓（Teresa Wiseman）指出同理心的四大屬性：**⑴以他人的眼光來看世界⑵不評判⑶瞭解他人的感受⑷傳達出你瞭解他人的感受**。

爲了瞭解同理心的複雜性，我們逐一來看這幾個屬性。如此一來我們就會瞭解，眞正的同理心是很難能可貴的技巧，需要用心與練習。

以他人的眼光來看世界。有時這種技巧稱爲「角色取替」（perspective taking）。我覺得以「視角」來比喻，可以幫大家瞭解什麼是角色取替。我們都是從多重視角來看世界，這些視角代表我們是誰，以及我們觀看世界的觀點。有些視角不斷地改變，有些則是與生俱來的。當我們思考視角這個比喻時，就可以輕易瞭解衝突了。二十個人可能目睹同一個事件，聽到同樣的新聞，或分析同樣的情況，但是二十組不同的視角卻讓他們看到、聽到與推斷出不同的東西。

爲了發揮同理心，我們必須辨識與確認自己的視角，並試著透過當事人的視角來觀看那個事件。例如，身爲研究者，我需要瞭解我訪問的對象是如何看世界的。我必須努力避免以自己的視角來看他們的故事，在他們描述所見所感時，仔細聆聽他們的說法。在餅乾那個例子裡，棠恩就是從我的觀點發揮同理心來回應我。

小孩很善於學習角色取替的技巧，他們先天就對世界及別人的舉動充滿好奇心，比較不會堅持自己的觀點是「正確」的。如果我們從小就學會角色取替的技巧，應該要好好感謝父母。小時候沒學會這種技巧的人，成年後需要多費心思才能學會。

無論我們多努力學習，我們畢竟都是人，有時難免會以自己的觀點來看別人的生活和故事，而不是從對方的觀點來看。不幸的是，當我們面對自卑者時，如果我們也有類似的自卑，更有可能堅持自己的觀點。如果棠恩最近才剛體會過「愧疚母親」的經驗，她可能也無法放下自己的觀點，改從我的觀點來看那件事，我的餅乾案例可能會讓她想起切身之痛。所以，過度在乎他人的體驗，可能和完全不在乎一樣，都有礙角色取替。

角色取替雖然不容易，卻是可以做到的，需要用心、努力、勇氣，不怕犯錯，又願意面對錯誤。此外，我們也必須相信，我們看到的只是一**個**觀點，而非**唯**一的觀點。

不評判。在培養同理心的過程中，我們會碰到的一大挑戰就是戒除評判他人的習慣。我們都會評判他人，多數人經常這麼做，那已經是我們思維模式的一部分，我們甚至不知道自己爲什麼會這麼做。我們需要用心地內省，才會發現自己有那種壞習慣。

我們之所以會評判他人，往往是因爲我們需要衡量自己的能力、信念和價值觀。席德尼．許洛格（Sidney Shrauger）和瑪麗翁．派特森（Marion Patterson）的研究顯示，評判他人讓我們評估與比較自己和他人的能力、信念和價值觀。這點解釋了爲什麼我們最常評斷他人的議題，大多是我們生活中最在意的事。

例如，我訪問女性時，我一再聽到受訪者覺得自己在外表及母職方面受到其他女性的評斷。相反的，我訪問男性時，他們都提到其他男性老是把彼此的財力、智力和體力視爲一種權力的衡量。有時候，在僵化的性別理念壓抑下，我們誤以爲評斷他人就能擺脫壓力。（例如「跟她比，我算很好了」）。

自卑、恐懼和焦慮都是醞釀評判的主因。當我們對某個議題感到自卑、焦慮、受到威脅或恐懼時，想要避免評判似乎不可能。我在訪談中發現，有三種主題常讓受訪者受到痛苦又嚴苛的評判。令人意外的是，那不是墮胎、政治、宗教或任何熱門的重大議題，而是最切身的議題，例如上癮、親子教養、外遇等等。女性常因爲自己評斷他人而懊悔，但是談到那些議題時，她們又覺得自己憤怒的評斷是合理的。

例如，一位女性告訴我，父母批評她養育孩子的方式時，她覺得很羞愧，她說：「說到親子教養，每個人都有意見。鮮少人告訴你，你哪方面做得很好，他們只會從你做的事情中找碴。」她說她找了教養教練，讀了很多教養書，眞的很努力，只希望有人能肯定她的付出，接著她又說：「重點是，我很努力想成爲稱職的家長，我努力不生氣，不大吼大叫，不失去耐心。萬一我失去耐心發火了，我會很難過，我從來不打罵或說惡毒的話，但有時候我會生氣。我很努力想成為好媽媽，如果你是那種會打小孩或把小孩扯來扯去的媽媽，我不想認識你。如果你會打小孩屁股，我們可能沒有共通點。如果你會對小孩講惡毒、傷害的話，我不想聽，也不想在你附近。」

既然她那麼在意自己遭到評斷，我們很容易就把她對別人的批評視為「僞善」，但我覺得那並不正確，至少在這個例子裡並不正確，因為我在她身上看到的恐懼和自卑比憤怒還多。

這是一種惡性循環。別人對我們的評判讓我們感到受傷與羞愧，所以我們也評判他人，好讓自己覺得好過一些。當我聽到更多女性談論這個現象時，我發現要擺脫評判，必須相當注意我們的思考、感受和話語。「不評判」是裝不出來的，從眼神、聲音、肢體語言中都可以看出你對他人的評判。眞正的同理心需要遠離評判，當我們不自覺時，那很難做到。我們必須先知道與瞭解自己，才能知道與瞭解他人。

瞭解他人的感受。為了做到這點，我們必須先熟悉自己的感受與情緒，並在更廣大的情緒和感受世界裡感到自在。對很多人來說，這個世界是全然陌生的，是充滿新語言和思維的新世界。例如，失望和憤怒之間有微妙、但重要的差異，如果我們連自己的失望和憤怒都無法分辨差異了，想要發現他人的差異幾乎是不可能的事。當我們感到恐懼時，如果自己無法辨識，也說不出個所以然，那要如何發揮同理心去感受他人的恐懼呢？情緒往往難以辨識，更難以名狀。成長的過程中，如果沒人傳授我們在這種情緒世界中遊走的詞彙和技巧，想要辨識與描述那些情緒更是難上加難，不幸的是，多數人都是如此。

以棠恩為例，她以下面的話語清楚讓我知道，她瞭解我的感受：「你只是想盡力兼顧一切」，

「我知道你覺得你肯定無法兼顧一切。」她沒必要說：「聽起來你非常焦慮，又怕其他人失望。」她大可那麼說（畢竟她是社工人員），但是她不需要，我甚至不確定那樣說的效果比較好。她只需要向我傳達，她瞭解我的觀點和感受就行了。

傳達出你瞭解他人的感受。對我來說，最後一步有時候感覺很冒險。我教研究所學生同理心的技巧時，這裡往往是他們失誤的地方（這也是我們都容易失誤的地方）。假設棠恩誤解了我的感受，或是沒完全瞭解我的觀點，她的回應變成下面這樣：「我懂，那很令人沮喪，史蒂夫明明可以記得帶那該死的餅乾去學校的，爲什麼我們需要記住每件事？」那會完全搞砸這次發揮同理心的機會嗎？當然不會，同理心不光是言語表達而已，而是充分設身處地瞭解對方的經歷。如果我知道棠恩已經設身處地幫我想了，但誤會了我的意思，我可能會說：「不，我不是在生史蒂夫的氣，我只是嚇壞了，因爲我把事情搞砸了，況且週末的大陣仗還沒開始。」

如果棠恩並未設身處地爲我著想，也沒用心聆聽，我可能不想再多說什麼及尋求慰藉。我可能會直接接受她對史蒂夫的評語，回應：「對啊，壓力都是由母親承擔。」然後就不再多提了。但是，當我告訴她事情並不好笑時，她馬上靜了下來。我知道她在聆聽，她想聽我好好述說。

同理心、勇氣和包容

故事需要聲音說出來，需要耳朵去聆聽。只有在有人說和有人聽的情況下，故事才會培養連結。我在分享我對女性和自卑的研究時，希望完成兩件事：讓沉默者發聲，讓無人聞問者獲得傾聽。我的首要目標是讓女性透露那些長久以來因自卑而羞於啓齒的複雜故事，我想讓她們講出來，因爲那些也是我們的故事，應該說出來。我的第二個目標是傳達這些故事，讓大家都能聽到。通常問題不在於聲音本身，而在於耳朵，那些聲音一直都在（歌唱、尖叫、獲得聆聽的渴望等等），但是恐懼和責難掩蓋了聲音，讓我們聽不到。

勇氣讓我們發聲，包容讓我們聽見。少了勇氣和包容，就沒機會展現同理心和產生連結。我還是要強調，我不是在講英勇事蹟或豪言壯語，我說的是平凡勇氣——由衷說出故事的勇氣。打電話給棠恩並告訴她餅乾那件事需要勇氣，棠恩需要展現包容，她需要有意願在自己的世界裡騰出空間，容納我的痛苦體驗。在後面的兩個單元中，我們會分開探索勇氣和包容的概念，但是首先，我想先強調兩者一起運作的重要。

包容和勇氣

在前言中，我談到「courage」（勇氣）這個字眼的重要歷史。一個字隨著時間而更改意義並不少見，但很多人認爲courage的定義變化呼應了文化轉變，那轉變貶抑了女性發聲和女性故事的價值。一九九〇年代末期，一百五十位治療師齊聚於佛蒙特州，討論勇氣及那個字眼的演變。伊麗莎白．伯恩斯坦（Elizabeth Bernstein）是會議的主辦者之一，也是治療師，她解釋勇氣不只是屠龍的氣魄，也是忠於自我，坦言心聲。

長老會牧師兼同性戀人權鬥士珍．史帕爾（Jane Spahr）也參與了那次會議，史帕爾牧師舉了聖喬治和聖瑪爾大的故事爲例，來說明我們思考勇氣的不同方式。她解釋，聖喬治屠龍是因爲那條龍是邪惡的，但是聖瑪爾大是以馴服的方式來善待龍。她接著又說：「那是消失的女性主義神話之一，勇氣可以是指屠龍，但那是否也可以指我們馴服了恐懼？」

我聽蘇珊、凱拉、泰瑞莎、珊卓拉、茱莉安及其他受訪女性講述故事時，她們的坦率陳述令我驚訝。但我愈是聆聽，愈明白那不只是坦率而已，而是勇氣。每位參與研究的女性爲了讓我們學習，都願意接納自己的恐懼。當我們把自己的故事講出來時，也改變了世界。我知道這聽起來似乎很誇張，但我相信經驗分享的確有那個效果。我們永遠不會知道自己的故事對他人的人生（孩子、朋友、家長、伴侶、聽到故事的陌生人，或是從書中讀到故事的讀者）可能有什麼影響。

但是勇氣，尤其是大膽說出來的平凡勇氣，並不容易，也不是輕易就能取得的。我們常聽人說：「你就說出來聽聽嘛！」或「打開天窗說亮話！」其實說出來沒那麼簡單，遠比那複雜多了。有時我們擔心，坦言心聲或說出故事可能會有什麼威脅和後遺症。事實上，當你開始瞭解克服自卑的四要素時，你會發現多數人站出來分享故事以前，需要先做很多準備。有時候包容是指聆聽他人述說故事，有時候包容是指陪伴對方，因爲對方仍感到恐懼，尚未準備好陳述故事。

安妮．羅傑斯在談論女性平凡勇氣的文章中寫道：「想要瞭解courage這個字的語源，有一種方式是把它的演化史想成一連串失去的過程。在一〇五一到一四九〇年的五個世紀間，courage脫離了它和時間、心、感受等根源的關係。換句話說，courage慢慢地脫離傳統西方文化認定的女性特質，變成意指『面臨危險時，毫無恐懼或畏縮的內心特質』，那定義變成和男子的英勇及英雄氣概有關。courage這個字意逐漸佚失的歷史，似乎反映了西方文化中女性勇氣的逐漸隱匿。」

少了勇氣，我們就不敢透露自己的故事。當我們不說出故事時，就失去了體會同理心，進而克服自卑的機會。

同理心與包容

如果同理心是援引自己的經驗，以設身處地爲他人著想的技巧或能力，那麼包容就是開放接納這個過程的意願。爲了準備寫這本書，我讀遍了一切有關包容的資訊，最後終於在美國佛教比丘尼佩瑪・丘卓（Pema Chödrön）的作品中，找到強烈呼應我訪談內容的東西。丘卓在著作《轉逆境爲喜悅：與恐懼共處的智慧》（*The Places That Scare You*）裡寫道：「當我們練習包容時，可能會害怕痛苦。練習包容需要放膽而爲，學習放鬆，緩緩地朝著驚嚇我們的東西移動。祕訣在於持續接觸那種情緒悲痛而不轉爲厭惡，讓恐懼軟化我們，而不是硬化成抗拒。」

當我們聽到或看到某人述說她的自卑故事時，我們能夠感受到她的痛苦不安嗎？當艾莉森述說母親自殺的過往，以及那件事對她的意義時，我們能體會她的痛苦嗎？當那位孩子有毒癮的母親述說她的痛苦時，我們能體會她的羞愧嗎？還是我們覺得應該改正那件事或是轉移話題？如果我們願意開明地接納對方，就有練習包容的意願。

我用「練習」兩字，是因爲我相信包容需要用心投入，不斷地練習。丘卓教我們必須誠實，原諒我們何時與如何封閉了自己。「在無需辯解或譴責自己的前提之下，我們勇敢地接納痛苦。那痛苦可能是來自於我們忍受障礙，或接納自己或他人的悲傷。我們從失敗中學到的包容力，和我們從成功中學到的一樣多。在培養包容時，我們是借鑒自己全部的經驗——我們的痛苦、同理心，以及我們遇到的殘酷和恐怖。包容一定要用這種方式才行，包容不是療癒者和受傷者之間的關係，而是對等的關係。**唯有在我們清楚瞭解自己經歷的黑暗時，才能對他人經歷的黑暗感同身受。**當我們發現彼此共通的人性時，包容也變得更加眞實。」

永不嫌遲

常有人問我，會不會覺得有時表達同理心爲時已晚了？錯過發揮同理心的時機以後，能夠再回頭彌補嗎？有趣的是，很多女性在受訪過程中提到這點，她們的回應都是「永不嫌遲」。「後來才補上的同理心」可能和「當下就表達的同理心」效果不一樣，但它仍有強化關係的效果。我舉一個親身的經驗來說明。

最近我和一位朋友共進晚餐，當時我們都生完孩子不久，她繼續當全職母親，在家裡照顧新生兒及三歲的幼童，我已經準備好回歸職場了。她說她和先生可能再也不會生孩子了，爲此她感到相當難過，雖然當下要照顧兩個小孩已經忙昏頭了，但她一直想生三、四個孩子，要她放棄那樣的家庭願景，她實在很傷心。

她一邊說，我一邊聽，不過我腦中的聲音蓋過了她的聲音：「噢，天啊，她在想什麼？兩個孩子很棒啊，我很開心，兩個對我來說剛剛好。」

所以我的回應大致是：「兩個孩子剛剛好，等孩子上小學，會更難應付，況且，你可以重返職場或去唸研究所之類的。」她聽我這麼一說，看起來有點震驚，結結巴巴地想找恰當的話語回應，「我現在很喜歡跟孩子一起待在家裡，要是再生一個，即使我很想重返校園或職場，孩子也不會是阻擋我的因素，我並不怕在生了三、四個孩子以後重返職場或校園。」

我半開玩笑地說：「你應該感到害怕才對。」

她很快地轉移話題，後續的十分鐘，我們有一搭沒一搭地閒聊，不久就各自開車回家了。我感覺很過意不去，我們駛離停車場兩分鐘後，我打手機給她，問道：「你在哪裡？」

她語氣驚訝地回應：「就在附近的轉角，怎麼了？你還好嗎？」

我說我需要跟她談談，問她能不能把車子開到對面的加油站。

我把車子停在她的車後，走向她，她下車問道：「怎麼了？」我解釋：「我需要爲我說的話以及沒說的話道歉，你告訴我可能無法再多生幾個孩子很難過時，我沒安慰你，我眞的很抱歉，我是眞的想瞭解與支持你，我看得出來你眞的很難過，你願意再給我一次機會嗎？」

我很幸運，她很勇敢。她哭了起來，說道：「嗯，我聽你那樣說，確實心情受到影響了。我是眞的很難過，我很難接受不能再多生幾個。」我也哭了起來，我們聊了一下，接著擁抱彼此。

她謝謝我回頭找她，我謝謝她接受我的道歉，再給我一次機會。

向他人透露你的悲痛，需要莫大的勇氣。若要透露兩次，更需要加倍的勇氣，尤其對方第一次聽而不聞的時候。

我後來反覆思索那次對話的情境，發現當她開始對我說她無法多生幾個孩子時，我馬上聽出她言語中的悲傷，也嚇了一跳。事實上，那悲傷的語氣讓我的包容心頓時停擺了。我知道如何因應憤怒或恐懼，甚至自卑，但是碰到悲傷，我完全束手無策。當時爲了著作的截稿日期，我正承受強大的壓力，極其焦慮，也對於即將重返職場、離開新生兒而感到難過。我以我的情緒過濾了她的故事，換句話說，我自己的事情阻礙了我的包容心。

有些時候我們會錯失發揮同理心的時機，心理專家稱之爲「同理心不足」（empathic failures）。有些時候我們周邊的人可能無法提供我們需要的慰藉，發生這種情況時，如果我們用心去彌補同理心的不足，多數的關係仍會維繫下去，甚至蓬勃發展。不過，人際關係屢次遇到同理心不足的打擊時，也會不堪連番的受創。當我們一再辯解我們無法對他人發揮同理心的原因，或是合理化解釋別人無法給我們同理心時，人際關係就有可能受損。

當時我大可告訴自己：「你那樣講沒錯，她需要聽聽那樣的話。剛生完孩子又想再生，簡直是瘋了。」如果那些話令她傷心，我很抱歉，但是總要有人對她講實話。」朋友聽到我請她再給我一次機會時，她也大可回應：「那沒什麼，我沒事。」

培養同理心並不容易，自卑是一種複雜的問題，需要複雜的解答。同理心的四大屬性都需要我們瞭解自己，展現眞實自我，眞心誠意地爲他人著想。這種同理心才能對抗恐懼和抽離，讓人從自卑中復原。

同理心和連結

對女性來說，連結就是相互支持，交流經驗，彼此接納，有歸屬感。從76頁的圖可以看出，個人與團體的預期可能在某個領域讓人感到自卑，但是在其他領域變成培養連結的重要來源。

在人際關係中，我們彼此牽連，我們用這些彼此牽連的線來織成網絡，這個網絡可能變成羈絆，也可能變成支撐網，就看我們的選擇而定。例如，面對職場上的自卑經驗時，同事可能提供我們強大的連結，但同事也可能說三道四或強化某些刻板印象，引發其他方面的自卑，例如針對母職或性傾向等議題大放厥詞。

研究學者兼行動份子蘿蘭．古提蕾絲（Lorraine Gutierrez）和艾迪絲．安．露易絲（Edith Anne Lewis）提出的「連結」概念，說明了「連結」足以對抗那些促成自卑網的訊息、預期和刻板印象。她們寫道：「**連結有兩個目的：培養人脈支援、透過互動來創造力量**。當你和他人有類似的經驗時，就有方法彼此協助；有機會效法榜樣，學習新技巧；有策略因應可能的體制反動；有潛在的權力基礎，在未來採取行動。」

當我們培養與練習同理心、勇氣和包容時，就會從抽離轉爲連結。這也創造出我們需要的解

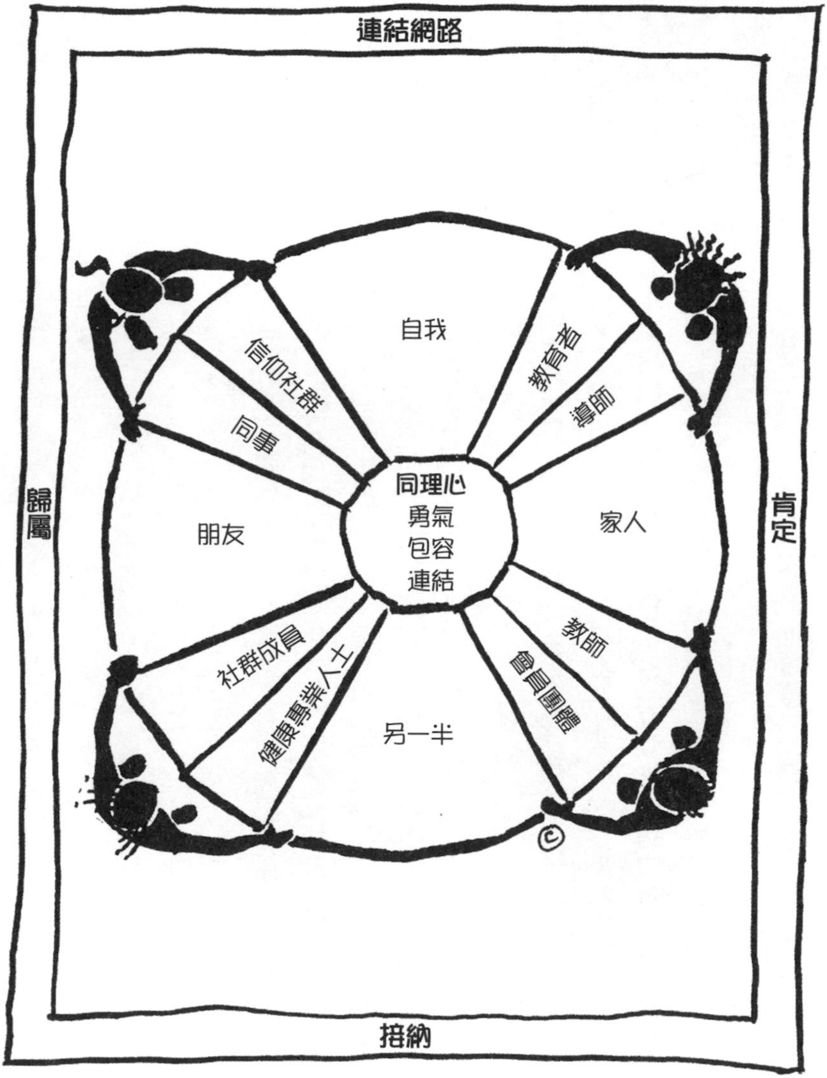
連結網路
歸屬
肯定
接納
自我
信仰社群
同事
朋友
教育者
導師
家人
同理心
勇氣
包容
連結
教師
會員團體
社群成員
健康專業人士
另一半

放感，讓我們享受我們重視的事物，不受他人的期望所限制。當我們準備好發揮同理心時，應該先從最重要的關係開始著手——亦即我們和「自我」的關係。我會在第九章談到「自我慈悲」（self-empathy），不過我想在這裡先提一下。我們必須知道，除非我們對自己慈悲，否則我們無法對他人展現同理心。

例如，如果我們對自己太苛刻，無法或不願承認自己的情緒，我們也很難和他人共處。當我們犯錯時，卻對自己說：「我眞蠢，什麼事都做不好。」我們更有可能對犯錯的孩子或伴侶傳達同樣的感受（即使我們不明講出來）。培養同理心和連結需要我們先瞭解與接納自己，才能瞭解與接納他人。

同理心的障礙

同情心vs.同理心

說到同理心，我們常把它和同情心搞混了。不過，我訪問女性時，她們都很清楚同情心和同理心的差別。當她們談到克服自卑的能力時，顯然是指同理心，亦即對能夠瞭解及感同身受的人透露她們的感受。相反的，女性則是以「討厭」、「鄙視」、「受不了」等字眼來描述她們對「博取同情」（亦即裝可憐，尋求憐憫）的感受。

尋求同理心是因爲我們需要知道自己並不孤單，別人也曾有類似的感覺，那經驗不會阻礙我們受到接納與肯定。同理心幫我們從自卑中復原，相反的，同情心可能讓自卑更加嚴重。

爲了說明同情心和同理心的差異，我們回到前面的餅乾例子。我和棠恩講完電話一週後，史蒂夫與我和一對夫妻一起用餐，他們給人的感覺一向是超級能幹的家長，事業家庭兩得意。用餐時，他們提到有些家長竟然好意思去買現成的點心來參加他們七歲兒子的同班派對。

當然，相較於買現成點心的家長，我又更低級了，我還假裝自己買了餅乾。所以我聽完他們的故事後回應：「我記得帶點心時，通常都是去商店買現成的，我鮮少有時間自己做。」他們客氣地扮鬼臉回應，彷彿心想：「嗯，我們記住了。」

不知怎的，他們的反應讓我不禁提起了那個餅乾故事，也許我是想試探一下他們的看法吧（既然他們對現成的點心有意見，我們可能是同一國的嗎？）。棠恩顯然展現了同理心，但是她當時還沒爲人母，也許我想獲得這對超級家長的認同吧，如果他們能理解我的話，那我肯定沒問題了。

總之，我一開始講得很起勁，想盡量眞實地表達，但是講到一半時，我意識到對方的接受度不高，於是我跳過最糟的細節，草草結束。我不知道我當初預期得到什麼反應，但我肯定沒預期到他們聽得目瞪口呆，雙手掩面（彷彿看著我會瞎掉似的）。我講完時，他們一致搖頭，以憐憫的眼神看著我。那位太太靠向我說：「噢，天啊，太慘了，我無法想像我做出那種事，眞抱歉。」

他們的同情彷彿賞了我一記耳光。當你展現同情時，那好像在說：「我在這裡，你在那裡，我為你感到遺憾和難過，**而且**！我雖然很遺憾你遇到那種事，我們還是要講清楚，我是屬於這裡的，跟你不一樣。」那不叫包容。

在多數情況下，當我們發揮同情心時，我們不會設身處地站在對方的立場瞭解情況，而是從自己的觀點看對方，為對方感到遺憾或難過。同情本身蘊含著以下的意義：「我不瞭解你的世界，但是在我看來，那情況滿糟的。」如今回想起來，她對我說的話中，最糟的一句可能是：「我無法想像我做出那種事。」

她那樣說時，很顯然她看到的情況和我看到的不一樣。她是從她的世界看我的經驗，那不是同理心。再者，我確實感覺自己受到評判了，我完全沒聽到她說她瞭解我的感受，她也沒傳達出她瞭解我的體驗。當我們需要同理心卻收到同情心時，往往會讓我們更加羞愧，覺得更孤獨和疏離。**同理心可以促進連結，同情心則是讓人疏離**。

博取同情

相對於「尋求同理心，卻收到同情心」的則是「某人博取同情，你卻表達同理心」。在博取同情的背後，其根本情緒往往是：「同情我吧，因為我是唯一碰到這種事的人」或「我的情況比其他人還糟」，那樣做通常會造成抽離和疏離。博取同情的人並不是在找同理心或共同經歷，而是在找人肯定他們的特殊性。

我在研討會裡討論「博取同情」時，與會者通常會開始激動，鼓譟起來。我很早就學會如何安撫那種情境，我只需要問：「你們有誰認識喜歡博取同情的人，剛剛我解釋那個概念時，你馬上聯想到那個人？」每次我這麼問，全場都舉起手來，每個人都想說他聯想到的那個人有多討厭。

很多人告訴我，他覺得自己受到博取同情者的操弄和擺佈。我甚至聽過治療師那樣說，當病患陷入博取同情的模式時，他們常感到不耐。

面對有人博取同情時，產生反感或輕視的反應並不罕見。有人博取同情時，那感覺對任何人都沒好處。一方面，對方告訴我們，他碰到的情況比任何人還糟，沒人能瞭解；但另一方面，他又希望我們能認同他的想法。

一位受訪的女性告訴我：「在我們家，我先生是唯一有資格獲得聆聽的人，即使我經歷的事情跟他一樣或比他還糟，焦點都必須在他的身上。他不是在求助，他只是希望我告訴他，他的人生很辛苦，受到不公平的對待，比我還慘。他覺得他工作比較努力，睡得比較少，做得比較多。相信我，事實並非如此。」

面對有人博取同情時，有時最好的應付方式是虛應故事：「是啊，那眞的很辛苦。」或「哇，聽起來很苦。」但是我們內心可能在想：「拜託……你有完沒完啊」或「那又沒什麼」或「博取同情也夠了吧」。有時這類博取同情的作法令我們生氣、討厭，甚至無法好言好語地回應。無論對方是以什麼方式博取同情，我們都可以輕易看出爲什麼這類互動鮮少促成眞正的連結和瞭解。

博取同情的人往往把自己的處境描述得很特別，不過，要讓別人知道自己「感到孤獨」及「感覺像唯一的受苦者」並不需要博取同情。同情心和同理心的差別，在於我們透露苦難的背後動機。諷刺的是，**博取同情的動機往往是出於自卑**。

我第一年攻讀博士班時，就做了很多博取同情的事。不出所料，我愈是博取同情，愈感到孤單。當時課程壓力大到令我難以招架，自卑和失敗的恐懼太過眞實、逼得太近，逼得我不得不說：「我不行了，撐不下去了，萬一我放棄或失敗的話，我的人生就完了。」雖然我認識的人幾乎都能體會那種情緒，但我當時實在沒搞清楚自己的眞實感受，更別說是清楚陳述了。

我說：「你不懂那壓力有多大，那不像取得大學學位或找工作那麼簡單。」對我周遭的人來說，那句話聽起來像：「這比你做過的任何事還重要，所以你眞的要同情我。」當親友敷衍地表達同情時，我會鑽牛角尖，心想：「我就知道！他們根本沒唸過博士班，不知道那有多痛苦。」

當我們發現自己在博取同情時，退一步思考我們眞正的感受、追求什麼、眞正需要什麼，那樣做很有幫助。相反的，當有人向我們博取同情時，我們需要決定是否給予同情，應付了事，還是試著培養連結，發揮同理心。

如果我們想培養連結及增進瞭解，有時展現包容的最佳方法是說：「聽起來很辛苦，我想多瞭解，你多說點吧。」或「你說的沒錯，我不太清楚實際的狀況，那是什麼樣子？你多講一些吧，我想瞭解。」

有時候，我在引導小組討論時，甚至會對學員說：「你告訴我們，沒人能夠瞭解，卻又希望我們瞭解，那我們該怎麼辦呢？我們想要培養連結，你卻告訴我們不可能。」通常以這些問題爲基礎的對話，可以促進大家發揮眞正的同理心，建立連結。

誰比我慘

還有一種阻礙同理心的障礙，我稱之爲「誰比我慘」。就很多方面來說，那和博取同情的行爲有關。我一再聽到女性指出，她們好不容易鼓起勇氣透露自己的故事時，對方卻回以「你以爲你那樣很慘嗎」，使她們更加崩潰，例如：

- 你說：「你母親酗酒」，我更慘：「我妹有毒癮」。
- 你說：「你三十歲未婚」，我更慘：「我是單親媽媽」。

當我們計較誰比較慘，誰受到的壓迫最眞實，或誰的病情比較嚴重時，我們忽略了一個事實：我們的掙扎大多出自於相同的原因：無力感和抽離。如果我們只花心思跟別人比慘，或是爲了掙脫自卑而踩著彼此往上爬，自卑永遠還是凌駕我們，因爲當別人告訴我們「那算什麼」時，我們可能眞的覺得自己一無是處。多數人因爲擔心自己的經歷沒別人慘，或是還沒糟到值得他人同情的地步，所以選擇沉默面對，那反而會讓自卑感變本加厲。

二十出頭的蘿蘭談到她的自卑經驗，她說她好不容易鼓起勇氣向大學室友透露，她十幾歲的弟弟在以藥物治療精神狀況以前，曾有精神分裂症和暴力病史。「她問過我弟的事好幾次，我終於告訴她實情，我哭了起來。我解釋我不會為了我弟而感到丟臉，但我爸媽把他送到治療中心，讓我覺得很丟臉，我室友聽完以後並未回應什麼。」

我問蘿蘭，她講完後，接下來發生什麼事，她說：「我室友就只是站起來說：『那沒什麼，坎黛兒（同一棟宿舍的朋友）的妹妹車禍身亡，那更慘。』接著她就去浴室了，我頓時覺得自己很卑微渺小，微不足道，眞希望我剛剛什麼都沒講過。」

我們不知道為什麼蘿蘭的室友無法或不願發揮同理心回應，也許她怕看到蘿蘭的情緒，又或者她只是不想知道事實，原因可能很多。我們來看幾個其他常見的回應，這些例子顯示我們很容易就忘了展現同理心：

「我覺得我的婚姻快完蛋了。」

回應A：「怎麼會，你和提姆是絕配，我相信一切都會沒事的。」

這是「沒聽進去」及「沒那回事」的回應法。

回應B：「至少你還有婚姻，約翰和我的婚姻早就名存實亡好幾年了。」

我稱這種是「把話題帶回自己身上」的回應法，完全欠缺關心和同理心。同理心其實沒有太多確切的原則，以下可能是少數需要注意的一點：展現同理心時，不適合一開口就說「至少」這兩個字。

「我流產了。」「至少你知道你還能懷孕。」
「我診斷出癌症。」「至少發現得早。」
「我妹眞的有酗酒問題。」「至少不是嗑藥。」
這種「至少」回應法顯示出我們自己的不安。當你以「至少」來回應他人時，等於是要對方閉嘴。

反應C：「眞遺憾，那應該很無助吧，我可以幫點什麼忙嗎？」

這種回應展現了同理心，不評判，而是反映對方的感受。即使她不是感到無助，她有機會回應你，她也知道你想瞭解她的世界。

「搞清楚」或「講對話」的壓力，可能是讓人無法發揮同理心與包容心的最大障礙。爲了講一些得體的話，我們開始感到焦慮，結果在不知不覺中就錯失了展現同理心與包容心的機會，於是我們覺得自己毫無用武之地，便改變話題或走開了事。蘿蘭的室友其實不需要回應多了不起的話，她可以說：「你的家人想必都很辛苦。」或「如果是我，我也很難接受，你弟在治療中心還好嗎？」

光是聽別人談自卑經驗，通常會讓人想把自己隔絕於外，我們並不想聽，因爲光是聆聽都覺得很痛苦。同理心和包容的效果之所以如此強大，原因之一在於那等於是告訴對方：「我聽到了，那很辛苦，但我可以在這裡陪你。」

深入挖掘

我們迴避發揮同理心的另一種方式，是說服自己我們無法眞正瞭解沒遇過的體驗。蘿蘭的室友可能心想：「我不知道有個精神異常的弟弟是什麼感覺，我怎麼會知道該怎麼回應？」然而，重點在於：如果我們想要建立連結網絡——亦即眞正幫我們從自卑走向同理心的網絡——我們不能只對那些有同樣經歷的人展現同理心。我們必須學習瞭解他人描述的情境和事件，以貼近他們感受的情緒。

例如，一位受訪者提到身爲醫學院黑人學生的痛苦，以下是她描述的經歷：

- 對我來說，自卑就是：在學校時，我的膚色太黑，但是在親友眼中，我又太像白人。在醫學院裡，大家都覺得我是不屬於那裡的，我總覺得他們在懷疑我是不是靠「平權法案」的保障名額進來的。我遇到的不只是種族問題而已，我來自清寒家庭，是拿獎學金上大學的。我家鄉的朋友大多連高中都無法畢業，在學校裡，我顯然和大家不同。等我回到家，家人也沒讓我覺得好過一些。有一次我祖母說：「把你的白色外衣和白人態度留在門外，在家裡別以爲你是維爾比醫生[1]。」雖然我的言行舉止並未改變，但他們都認爲我自以爲

1 Marcus Welby，美國影集《維爾比醫生》裡的主角。

比他們優越。我從來沒那樣想過，我只是想要有融入感。

我猜想，我們絕大多數都不是醫學院的黑人學生，大多沒有同時橫跨於醫學界（由白人男性主導）和黑人家庭的經驗。如果我們聽完她的描述後，只是沉默地離開，心想：「哇，那聽起來很辛苦，但是我眞的無法體會。」那就錯失了發揮同理心的機會。這點很重要，因爲我們從自卑中復原的程度，是同時看我們接受同理心及表達同理心的能力而定。

關於錯失發揮同理心的機會，史東中心的研究者兼治療師密勒和史蒂芙寫道：「同理心是各種人際關係的基礎。當我們面對人際互動中無可避免的感受時，我們要不是面對彼此，就是轉身離開。如果我們不肯定對方的感受就離開，對方難免會覺得自己受到輕忽。我們也可能沒充分運用過去的經驗替對方著想就離開，以不夠恰當的方式回應，那就是疏離。」

如果我們深入回想過往的經驗，多數人其實都可以體會橫跨兩種不同世界的感覺。當我仔細思考在醫學院和家庭生活之間拿捏平衡的掙扎時，我馬上聯想到自己橫跨於母職和學術界（由男性主導）之間的感受。

我在其中一個世界時，聽到的訊息是：「你當母親很好，但是我們眞的不想在這裡看到你那個身分。萬一你的小孩生病了，你還是需要來上班。萬一托兒所休假，我們還是希望你別把孩子帶來這裡。」所以我有一腳是跨在這個世界裡，這裡接納我的母親身分，卻又希望我的母親身分不要干擾到我的學術重心。我的另一隻腳是跨在母職的世界裡，那裡接受我去追求我覺得重要的事物，但是萬一那樣做影響到家裡的事情時，那就不行了。

有些時候，我可以維持兩邊的平衡，有些時候我很擔心兩個世界離得太遠，害我兩邊都踩空。對我來說，最糟的感覺是，我覺得我是唯一一個快要劈成兩半的人。

我不是醫學院的黑人學生，但是說到在兩個看似互斥的世界之間保持平衡，我有類似的經驗。對我來說，那經驗令我感到孤單，覺得自己不稱職，好像自己出了什麼問題似的。所以當我讀到她對自卑的描述時，雖然我不想把個人經驗投射在她身上，但我的確想去觸碰內心一些類似她的情緒，以便和她的說法產生共鳴。

我不需要對她透露我的故事，我肯定不會說：「我完全瞭解你的意思。」因為我並不瞭解，我可能知道想要平衡不同角色是什麼感覺，但我不知道種族歧視的感覺，不知道為了「融入」不同的文化而在兩個文化之間不斷地切換有多累人。我不認為我們能夠完全瞭解種族歧視、性別歧視、同性戀歧視、年齡歧視，或其他形式的壓迫，除非我們親身經歷過。不過，我的確認為每個人都有責任不斷加強自己對各種壓迫的瞭解，並承認自己在不知不覺中促成那些現象的延續。發揮同理心是個強大的起點。

我常發現我們先天獲得的特權扼殺了同理心。我所謂「先天的特權」，是指我們先天身為白人、異性戀，或特定族群的成員而獲得的特權。我們陷入所謂的「特權羞愧」（privilege shame），那和「特權內疚」（或白人內疚）截然不同。轉寄有種族歧視意味的電子郵件，或是開傷人的玩笑，可能會讓人感到內疚，內疚會讓人想要改變，讓日後的選擇更符合自己的價值觀。

羞愧則無助於改變。如果我們是因爲無法體會不同族群的內心感受，或是因爲無法和遭到不公平歧視的人產生共鳴而感到羞愧，我們只會卡在原地不變。如果我們心想：「我無法體會她的感受，我眞糟糕」或「我擁有這些，他們沒有，我眞糟糕」，我們只是陷入無計可施而已。如今我覺得，擺脫偏見比迴避指控（說錯話或做錯事）更重要。我學到，接受自己曾有許多跟別人一樣的偏見比逃避更好。這樣一來，我可以把精力放在擺脫與改變那些偏見上，而不是花心思去證明我毫無偏見。

當我們坦然接受自己的錯誤時，就比較不可能陷入羞愧中。**這很重要，因爲羞愧減少了我們發揮同理心的能力**。最終而言，感覺羞愧其實延續了種族歧視、性別歧視、同性戀歧視、階級歧視、年齡歧視等等。我不需要知道「你確切的感受」，我只需要運用我一部分的人生體驗，敞開心胸聆聽你的體驗就行了。如果我能聯想到那一小部分的個人體驗，就不會去評判他人，就能發揮同理心，那可以是個人療癒與社交療癒的起點。

試想，如果我們只對那些和我們有相同經驗的人發揮同理心，我們都會很孤單。生活體驗就像指紋一樣，沒有兩個體驗是完全相同的。此外，即使我們以爲自己的經歷和別人一樣，我們卻永遠不會知道別人的確切感受。回到前面提過的「視角」比喻，任何人體驗同一件事都牽涉到太多的變數，不可能感受完全相同。

以下是我從研究中擷取的五個自卑或羞愧經驗。針對每個經驗，我把訪談中聽到的一些情緒標示出來。我也提出幾個同理心問題，那些問題可以幫大家產生共鳴。

經驗：說到自卑，我就想到幼時遭到性侵的往事，想到那件事對我人生的影響以及如何改變了一切。你要因應的不只是性侵那件事，而是這輩子必須因應的一切。你感覺自己和別人不一樣，對你來說，任何事情都不再正常了，一切都和那件事有關，我無法再過正常的生活，那件事造就了今天的我，也毀了一切，對我來說那就是自卑。

情緒：感覺自己被貼上標籤，受到輕視、誤解、降級，牽涉的情緒包括悲傷、失落、沮喪、憤怒。

深入探索：你曾被某個經驗定義嗎？覺得自己被冠上某個名聲，或是和某個「事件」牽扯在一起，無法擺脫？你曾被貼上不公平的標籤嗎？有人硬是把你的行爲歸因於不屬於你的身分嗎？你曾經努力擺脫什麼，卻發現別人不願拋下那過往嗎？

經驗：我感到羞愧，因爲我一直很痛恨我的生活。不管我擁有什麼及擁有多少，我還是對生活感到失望。我常想：「要是我有這個或那個，我會很快樂。」但是，等我獲得這個或那個以後，我還是不快樂。我覺得自己有那種想法很糟糕，不知道該怎麼改變。我無法告訴任何人，因爲大家已經聽厭我隨時都在抱怨了。這就是讓我羞愧的原因，我似乎永遠都不知足，永遠都找不到快樂。

情緒：無計可施，憤怒，不知所措，失望，困惑，失落，孤單。

深入探索：你總是覺得快樂就在眼前嗎？你曾經設下過讓自己快樂的目標嗎，例如減重二十磅、買新房、再生一個孩子或升遷？你是以自己沒有的東西來定義成就嗎？你曾經蔑視你擁有的東西，只因爲你覺得你既然已經擁有了，就肯定沒那麼好嗎？你曾經覺得大家已經厭倦聽你抱怨或發洩了嗎？

經驗：自卑就是我先生拋棄我去另結新歡，兒子卻告訴我，那是因爲我是「肥婆」。他才十四歲，我想他那樣講不是有意的，至少我希望不是，他只是習慣聽他父親那樣說而已。而且他正好在生氣，或許他確實覺得那是我的錯，或許我也覺得那是我的錯。

情緒：傷心、失落、憤怒、恐懼、悲傷、自責、迷惘、孤獨、受困。

深入探索：你曾經努力避免自責嗎？你曾是別人發怒和難過的對象嗎？你曾經自顧不暇，卻還要照顧別人嗎？你曾聽到孩子模仿你伴侶的辱罵嗎？

經驗：我在律師事務所升任合夥人以後，陷入嚴重的憂鬱症。我努力追求的一切似乎都是假象，每天我去上班時心想：「噢，天啊，他們何時會發現我其實不知道自己在做什麼？我沒資格升上這個位子，沒資格擁有合夥人的身分，他們會發現我其實並不好。」那壓力大到我受不了，最後我自己放棄職位，我猜大家再也不會尊重我了。我眞的沒辦法坐那個位子，我不知道我是否眞的那麼好，眞的有那個資格，還是我其實從來就沒那麼好，一切都是裝出來的，我自己也分不清楚了。

情緒：恐懼、自責、困惑、不知所措、孤獨、不安、失落、失望。

深入探索：你曾經覺得自己是冒牌貨，實力不如別人想的那麼好嗎？你曾經擔心自己露餡被逮，但是你又沒做錯什麼事？你曾經因爲怕別人失望或自己失望而倍感壓力嗎？

我們很容易就以爲，抽離比深入探索同理心更安全，但是社工人員瑪琪．麥克米蘭（Marki McMillan）寫道：「同理心是一種肯定的禮物，無論我們對他人發揮幾次同理心，它總是讓我們回到眞實自我。同理心在療癒他人的同時，也療癒了我。」

難道我們不需要一點羞愧感以約束自我嗎？

另一個阻礙同理心的因素，和我們對羞愧的看法有關。如果我們認爲羞愧是一種有益的情緒，可能就沒興趣展現同理心了，我們可能聆聽他人的經驗後心想：「你應該感到羞愧才對！」

我開始研究自卑和羞愧時，不太確定羞愧有沒有好壞之分。有一小群研究學者認爲，羞愧有負面與正面的結果，尤其是從演化或生物學觀點出發的學者。他們主張，羞愧的正面結果是作爲道德行爲的羅盤，他們覺得人類因爲有羞愧感而懂得自我約束。我花了七年的時間驗證「羞愧並無法讓人改變」，再加上我也找不到實際的資料佐證上述的主張，所以我對那派說法有些疑慮，但我願意讓研究結果自己來說分明。

不久，我就得出了結論：羞愧毫無正面效益，無論是任何形式、在任何情境下，或透過任何傳送系統，羞愧都是有害的。所謂「羞愧有好壞之分」的說法，在我的研究中絲毫得不到證實。

當我和女性討論羞愧是否有正面結果，或能否用來指引正面行爲時，她們都清楚表示羞愧令人痛苦難耐，無論是什麼意圖，羞愧都阻止她們以眞實的方式成長、改變與因應。相反的，內疚往往是促使她們改變的強大動力。

當然，有些研究人員不認同這種說法，他們持續相信羞愧也有正面意義，但現在有愈來愈多的證據否定那種說法。茱恩．普萊斯．湯妮（June Price Tangney）和蘭達．狄林（Ronda L. Dearing）撰寫的《羞愧和內疚》（*Shame and Guilt*）是最詳盡探討自卑和羞愧研究的書籍之一。她們在書中概略說明了羞愧和內疚的相關文獻，針對這些情緒提出一些她們的原創研究。

在該書的「羞愧有任何調節功能嗎？」單元中，她們解釋，早期的羞愧概念並未考慮到目前大家自我評價和體會他人感受的方式。她們寫道：「現代人有日益複雜的角色取替和歸因能力，所以能夠區分自我和行爲，能夠從他人的觀點思考，也能對他人的痛苦感同身受。早期的道德目標在於減少可能的致命攻擊，釐清社會階層，增進社會規範的遵循；現代的道德目標則在於承認自己的過失，承擔責任，進行彌補。就這方面來看，內疚可能是新千禧年的道德情感。」

如果你有興趣閱讀更多有關羞愧的研究，例如羞愧和內疚的區別、如何在研究中衡量羞愧等等，那是一本絕佳好書，不過有些人可能會覺得內容太學術了。說到正面的行爲結果，爲了幫大家釐清羞愧和內疚的差異，我想提出那本書中的兩項重要研究。

第一個是她們的道德情感研究，她們追蹤近四百位兒童長達八年的時間，使用一種測量儀器，那儀器可以呈現出讓人羞愧或內疚的情境，結果發現五年級學生容易羞愧和自卑的程度，是預測他們日後休學、嗑藥（包括安非他命、鎮靜劑、迷幻藥、海洛因）、自殺意圖的有力指標。相反的，他們發現，容易內疚的五年級學生，日後比較可能申請大學、投入社群服務，比較不可能自殺、嗑藥，或是在飲酒或嗑藥下駕車，開始有性行為的時間也比較晚。

第二項研究是狄林、史度維格（Stuewig）和湯妮做的菸酒藥物濫用研究。研究人員發現，羞愧傾向（shame-proneness）愈高，菸酒藥物濫用的問題愈多。在同樣的研究中，他們發現內疚傾向（guilt proneness）可能讓人避免菸酒藥物濫用，我在第九章中會更深入探討這項研究。

當我們更瞭解內疚的正面效益時，我認為我們應該記住一點：只有在我們眞的為特定結果、事件或行為負責時，內疚感才有調節改善的功能。在我們的研究中，女性往往為了自己不必負責的事情而遭到責怪，為不該負責的事情扛起責任。克勞蒂雅．布萊克博士（Claudia Black）在著作《改弦易轍》（*Changing Course: Healing from Loss, Abandonment and Fear*）裡，指出這種內疚是「假性內疚」，她寫道：「為他人的行為與行動感到內疚是『假性』內疚，為我們無法掌控的事情內疚是假性內疚。人生在世要負責的事情已經夠多了，那些事情才會讓人產生『眞實』的內疚。」

這裡不是在呼籲大家養出容易內疚的孩子，而是要進一步證明，「羞愧可促進正面行為」的說法有待質疑。我想，每個人都記得自己羞愧到無地自容的經驗，我可以誠實地說，在那些羞愧的當下，我只覺得自己遭到鄙視，自慚形穢，丟人現眼。那時的我更有可能做出不當的舉動，不像我覺得受到接納及自我感覺良好時，比較可能自然地選擇正面的行為。

當我們開始探索「羞愧都是負面、有破壞性的」概念時，那確實迫使我們重新評估以下的作法：以羞辱來教養孩子、和伴侶爭吵、在社群與社交上以羞辱來懲罰對方等等。在這個仍會使用「你該爲自己感到羞愧」、「你眞是丟人現眼」、「你有沒有羞恥心？」等用語的世界裡，我們應該開始探索，不沉溺於羞愧的世界是否比較安全。

爲了幫你思考這些概念，我想請你比較以下兩種對付「家暴男」的方式。家暴對身爲社工人員的我來說是很重要的主題，我也花了很多時間和精力去瞭解這個議題。勒納在《可以溝通，眞好》（*The Dance of Connection*）中提到榮恩的故事，榮恩對妻子雪倫施暴，揮拳打了妻子的臉和肚子，後來在法庭的強制下去上治療課程。勒納提到，榮恩拒絕和一群家暴者一起上課，但願意加入一群難以掌控憤怒的男性，甚至還對那課程很感興趣。

勒納寫道：「榮恩拒絕讓罪名來定義他。你可能會說榮恩明明就是施暴者，任何軟化或模糊那眞相的用語，都會減少他爲自己的行爲負責。但是，當榮恩覺得自己不是施暴者時，更有可能接受那責任，且感到懊悔。要讓人正視自己的有害行爲，並爲那行爲負責，你必須給他一個自我價値的平台，讓他可以在上面立足。加害者唯有從較高的觀點才能看清眞相，進而道歉。」

勒納接著解釋，拒絕接受自己的惡行所定義的身分，是一種正常的反抗。如果榮恩的身分和他的暴力行爲劃上等號，他不會承擔責任，也不會眞心懊悔，因爲那會讓他覺得自己很無用。勒納以下面的文字做出結論：「當我們的身分是由我們最糟的行爲來定義或侷限時，我們無法生存下去。每個人都必須把自己視爲複雜、多面向的。當這個事實模糊不明時，人會以層層的否認把自己包裹起來以求生存。我們只可能為自己做的事情道歉，而不是為自己的身分道歉。」

看完勒納對家暴和自我價值的看法後，我們來比較法官泰德．波（Ted Poe）的看法。波法官如今是美國的眾議員，曾因為主張對犯罪者採取「羞辱懲罰」而受到當地與全國的關注。在兩起不同的案件中，波法官下令毆妻者在休斯頓市中心的家庭法院前面公開道歉。

道歉是在午休時間進行，在市中心當著數百位上班族的面致歉。波法官在《休士頓紀事報》（*Houston Chronicle*）的社論中為自己的判決提出辯解，他寫道：「讓那些毆妻、竊盜鄰居財產、虐童的人感受到不為社群所容的痛苦，在大眾面前聽到自己遭到點名，付出代價，讓他們無地自容。」

我想讓你自己思考以下的問題。如果你先生毆打你，他被迫站在市政廳的前面，當著數百人的面道歉，你會希望他遭到公眾羞辱後，回家面對的是你嗎？根據我們對羞愧的瞭解以及羞愧對我們的影響，你覺得哪種情況下你比較安全：是他感到羞愧的時候，還是他彌補羞愧的時候？我們以羞辱的方式來懲罰別人，是因為我們覺得那樣做真的可以讓對方改變嗎？還是因為當我們感到恐懼、憤怒或受到評判時，讓對方痛苦可以讓自己覺得好過一些？

培養克服自卑的能力

培養克服自卑的能力（亦即自卑時朝著同理心移動的能力）並不容易。要是很容易的話，自卑就不會是生活中那麼普遍具有破壞性的力量了。培養克服自卑的能力時，最大的挑戰在於，自卑其實會讓我們更無法接納或發揮同理心。自卑爲了鞏固它的力量，會讓我們難以接觸化解自卑的解藥。當我們感到自卑時，會覺得接觸同理心很危險，風險很大。當我們感到自卑，有人對我們伸出援手時，我們通常難以深入探索，只會看到恐懼、憤怒和責難。

我檢視那些勇敢女性的訪談內容時，試著從中尋找幫她們培養克服自卑能力的特質。那些克服自卑的女性有什麼共通點嗎？那些發揮與接納同理心的女性，相較於難以掙脫自卑的女性，是否擁有不同的資訊或技巧？

以上兩個問題的答案都是肯定的，我發現善於克服自卑的女性都有四個共同的特質，分別是：

1. 辨識自卑的能力，瞭解引發自卑的原因。
2. 對自卑網有高度的思辨覺察（critical awareness）。
3. 接觸外界的意願。
4. 談論自卑的能力。

爲了在書中有條理地陳述，我把這四大要素以條列的方式呈現，那也是我在訪談中最常聽到的順序。不過，大家必須注意的是，那順序因人而異。有些女性是從第四項要素開始談起，有些女性是從第二或第三項要素開始談起。你最瞭解自己，所以請以你的生活與體驗爲背景來思考本書的資訊，從你最放心的地方開始培養克服自卑的能力或練習同理心。一開始的成功會帶給你自信，讓你繼續往你認爲比較困難的地方努力。

此外，在描述克服自卑的四要素時，我也加入一些書寫練習。我已經請數千位女性做過那些練習了，很多女性發現那些練習幫她們啓動學習的流程。你也可以跟進效法，自己做練習，寫筆記，或純粹閱讀思考也可以。你可以上我的網站（www.brenebrown.com）下載格式化的練習。

很多人告訴我，他們是和一位朋友、兄弟姊妹或一群朋友一起練習。很多女性把那些練習納入團體治療，我覺得找人一起練習是最有效克服自卑的方法之一。自卑因人際互動而生，也因人際互動而癒。當你對人際關係有些信任和信心時，探索這些概念會比較放心。

我也覺得把想法寫下來並反覆閱讀思考是有力量的。我設計那些練習時，都考慮到書寫的效果。你還是可以選擇單純閱讀思考或是全部寫下來——挑一種對你有意義的方式。

第3章

第一要素：辨識自卑，瞭解引發自卑的原因

辨識自卑是重新掌握力量的重要工具，辨識自卑的能力讓我們在對外發洩或封閉自己以前，就先找到處理情緒和釐清思緒的空間。辨識與瞭解引發自卑的原因，基本上和辨識與瞭解我們的脆弱是一樣的，那是一種力量的來源。如果我們已經知道自己在那方面特別脆弱，就比較可能根據當下的直覺判斷，去尋求支持，以擺脫困惑、恐懼及遭到評斷的感覺

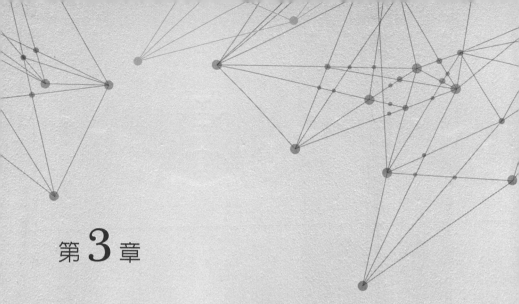

想要培養克服自卑的能力，需要先學會辨識自卑。由於自卑讓我們充滿恐懼和責難之類的強烈情緒，我們常反應不當，脫離眞實自我，甚至讓自卑加劇後，才發現發生了什麼事。

例如，那位刷卡沒過的母親當下覺得太羞愧了，把氣發洩在哭泣的孩子身上。有孩子的人對那種情況並不陌生，那種事情往往是發生在一瞬間。所以我們的目標是學會儘速辨識自卑，以免波及周遭的人。或者，在上述的例子中，既然已經對小孩吼叫了，我們希望學會馬上停止，冷靜下來，深呼吸，做出彌補。

矛盾的是，身體對自卑的反應往往比意識還快。每次我問受訪者在哪裡及如何感受到自卑時，他們往往覺得那個問題很奇怪。但是對多數人來說，自卑是一種感覺，一種身體及情緒的感覺，所以我常說自卑是一種「全面觸動情緒」（full-contact emotion）。女性描述身體的自卑反應包括：胃部緊縮、噁心、顫抖、臉部與胸部發燙、自覺渺小的畏縮和刺痛感。如果我們能辨識身體的反應，就可以減少陷入自卑的無助感。

我開始研究自卑時，並不知道我自己對自卑的身體反應，我是訪問五十位女性以後，才開始探索這個議題。當時我才發現，善於克服自卑的女性會辨識及描述她們自卑時的身體反應。一位女性告訴我：「我覺得嘴巴變得很乾，難以吞嚥，我會試著辨識，馬上把它講出來。」我問她怎麼做，她說她會開始喃喃自語：「痛，痛，痛，痛，痛，痛。」她說一旦她承認發生什麼事情以後，就可以選擇比較好的因應方式。

我本來覺得這招有點奇怪，但是我自己試過以後，發現效果還不賴。我懷疑這招人人適用，但我覺得這個例子充分說明了，辨識身體的反應更有可能注意到自卑，幫我們更有意識地因應。

以下的問題是爲了幫我們辨識身體對自卑的反應。花點時間思考這些問題或寫下答案，有些可能適合你，有些可能不適合。

自卑時，我身體的______會感覺到。

那感覺像______。

當我覺得______時，我知道我很羞愧。

如果我能嚐出羞愧的感覺，那嚐起來像______。

如果我能聞出羞愧的感覺，那聞起來像______。

如果我能摸出羞愧的感覺，那摸起來像______。

辨識自卑是重新掌握力量的重要工具，例如，我知道我感到自卑時，需要至少十五到二十分鐘的獨處時間。現在我知道自己的身體徵兆後，常把那些徵兆當成迅速離開的提示。一旦獨處後，我可以私下體會那感受，我可以哭泣或深呼吸。我訪問的女性大多提到獨處幾分鐘很重要，獨處讓她們「振作起來」或「釐清感受」。有些女性告訴我，她們喜歡去慢跑、散步或走向戶外。

當我們知道自卑是什麼感覺時，就有了重要的復原工具。我們常在想到自卑以前就先感受到自卑，辨識自卑的能力讓我們在對外發洩或封閉自己以前，就先找到處理情緒和釐清思緒的空間。檢視經驗的下一步，是瞭解引發我們自卑的原因。

引發自卑的原因

我剛開始研究自卑時，目標之一是找出各種引發自卑的原因。我的想法很簡單，如果我們知道引發自卑的議題，就可以維持警覺性，即使不去迴避，至少也可以對那些容易造成自卑的情境提高警覺。當然，不久我就發現，自卑是一種因人而異的體驗，引發自卑的原因並不適用於每個人身上。我和其他的研究人員發現，引發自卑的議題和經驗就像女性、她們的人際關係、她們的文化那樣形形色色，五花八門。我也發現，我們每天都會感到自卑或羞愧，無論我們多會辨識引發自卑或羞愧的因素，想要迴避自卑或羞愧都是不可能的。

不過，當我訪問女性時，我看到訪談中出現一個非常顯著的型態：**善於克服自卑的女性都會辨識自卑，也瞭解引發自卑的原因**。善於克服自卑的女性在談及自卑時，顯然都知道那是什麼原因造成的，也知道爲什麼有些議題比較容易引起自卑。

辨識和瞭解引發自卑的原因，並不是我們先天就知道怎麼做的。那是一種流程，希爾維亞的故事是說明克服自卑第一要件的絕佳實例。

希爾維亞三十幾歲，是活動策劃者，她接受訪談時，一開口就說：「我眞希望你是半年前訪問我，那時的我深陷在自卑中，和現在判若兩人。」我問她是怎麼回事，她解釋她是從朋友口中得知我的研究，並且主動要求受訪，因爲她覺得自卑改變了她的人生。最近她在職場上遇到了重大改變，她發現自己被歸入「輸家榜」。

前兩年雇主都說她「表現優異」，但最近她第一次犯下大錯，那個錯誤害公司失去一個大客戶，老闆因此把她歸入「輸家榜」。她說：「一瞬間，我從贏家榜轉爲輸家榜的榜首。」希爾維亞提到「輸家榜」時，我大概不自覺地顫了一下，因爲我還沒來得及回應任何話，她就說：「我知道，那感覺很糟，我老闆在他的辦公室外掛了兩張白板，一張上面寫著贏家榜，另一張上面寫著輸家榜。」她說後續幾週，她像行屍走肉一般，幾乎無法工作，信心盡失，做起事來開始丟三落四。自卑、焦慮、恐懼主宰了她。

某晚，希爾維亞向妹妹提起「輸家榜」那件事，她頓時明白問題出在哪裡了。希爾維亞和妹妹在中學時期都是優秀的運動員，希爾維亞甚至因此獲得升大學的獎學金，但她拒絕了。希爾維亞和妹妹討論時，妹妹提到父親以前動不動就使用「**輸家**」那個字眼，例如「沒人喜歡輸家」、「輸家永遠不會改變」。父親還把她們跑步的時間貼在冰箱門上，同時在旁邊黏上便利貼，上面寫著「**成爲贏家！**」

希爾維亞說：「我跟妹妹講完電話後就哭了，我開始更新履歷表。我發現我再也無法在那裡工作了，不只『輸家』那個字眼讓我感到自卑而已，而是那個二分法的概念令我無法忍受：你要不是很好、就是很糟。你只要哪天不順或是做錯決定，你就是不好。你只要跑得成績太差，就不是優秀的跑者。我感到尷尬，或許更明確地說，我覺得很丟臉，因爲我以前就是那樣，在我登上

「輸家榜」以前，我也像我父親和老闆那樣取笑輸家。我很後悔在大學裡沒機會競爭，我其實可以拿獎學金進入更好的學校，現在我知道我沒去那所學校，是因爲在那種競爭環境下，我無法永遠當贏家。現在我害怕自己不夠完美，我妹仍有飲食失調的問題，可見在我們家裡輸家的壓力有多大。」希爾維亞後來告訴我，她和妹妹約好，以後只要她們一出現「輸家自卑感」，就打電話給對方。

這表示希爾維亞以後再也不怕失敗或被當成輸家而感到自卑了嗎？當然不是。克服自卑的能力再怎麼強，都無法讓我們避免自卑。上述轉變只是表示，希爾維亞以後再遇到類似的情況時，會對自己的感受更有警覺性，這個流程讓她更能退一步思考發生了什麼事，以及事情發生的原因。接著，她可以開始以有益的方式走出自卑。

嫌棄身分

想要辨識引發自卑的原因，首先需要看一下「**嫌棄身分**」（unwanted identities）的概念。在訪問的過程中，有十二個類別是女性最容易感到自卑的領域，那分別是外貌與身體意象、母職、家庭、親子教養、金錢和工作、身心健康、性愛、老化、宗教、刻板印象或標籤化、暢所欲言、從創傷中倖存。

這些領域之所以讓我們容易自卑，是因爲每一類都涉及一種「嫌棄身分」。例如，很多女性以「多嘴」和「愛現」等形容詞來描述和暢所欲言有關的「嫌棄身分」。女性提到，她們在各種訊息與刻板印象之間難以伸張，因此避免針對議題提出不受歡迎的看法或讓人不舒服的意見。

研究人員塔瑪拉．弗格森（Tamara Ferguson）、海蒂．艾爾（Heidi Eyre）、邁克．艾徐貝克（Michael Ashbaker）主張，「嫌棄身分」是引發自卑的典型因素。他們解釋，嫌棄身分是破壞我們「理想」自我的特質，有時候我們覺得別人把那些嫌棄身分加在我們身上，有時候是我們自己加上去的。例如，我想，沒有人會覺得自己愛現又多嘴，也沒有人會希望別人那樣形容自己。這種傷人的刻板印象常用來壓抑女性，讓女性保持沉默，而且效果很好。我們即使不愛現或不多嘴，也很怕被貼上這些標籤（我們已經被社會化了，完全接納這個概念）。

這些嫌棄身分究竟是從哪裡來的？最強大的訊息和刻板印象，是從原生家庭中學到的。這裡的「原生家庭」是指養育我們成長的家庭。我在訪問男性和女性時發現，**很多讓我們自卑的「嫌棄身分」是源自於從小聽到的觀念**，以及父母或養育者灌輸我們的刻板印象。有時候，老師、神職人員、生活中其他的重要成人也會塑造我們的思維，不過最具影響力的還是父母和養育者。我甚至覺得，說到那十二項自卑類別，每個家庭都有他們重視的身分，也有他們視為羞恥、無法接受或不足取的嫌棄身分。

例如，在我家，「生病」是嫌棄身分，我們從來不談生病，我從來沒聽過我父母談論過生病或健康議題，我從小就覺得生病是軟弱的。有趣的是，我父母不會拿「生病」來羞辱我們，他們看到鄰居或家人生病時，會發揮同理心，給予協助。但是他們自己生病時，都對自己相當嚴苛，硬撐下去，絲毫不放慢步調。即使動了手術，也是馬上返回工作崗位。

所以，如果你把這種成長背景和鄙視病人的文化結合在一起，就會明白爲什麼生病對我來說是那麼強大的嫌棄身分。那嫌棄身分原本從來都不是個問題，但是當我懷孕不適時，我不僅病了，還診斷出「妊娠劇吐症」——懷孕造成的極度噁心、嚴重孕吐和脫水現象。每天吐二十五次，整天啃冰塊，因嚴重脫水而住院，虛脫時還在思考哪個病房可以上網，或是史蒂夫可不可以從病床上幫我錄製教學帶，這樣一來，院長就不需要去找其他的講師來代課了。

我不斷地告訴史蒂夫，「這不可能發生，我強得很，不會生病。」最後他出於無奈，關愛地捧起我的臉說：「顯然，你的確生病了，現在沒那麼強，你跟我們一樣都是凡人，眞的需要好好養病，請假幾個月。這很重要，你現在就需要服用一些你的自卑解藥。」

從小灌輸的家庭觀念根深蒂固，難以根除，很多時候是以潛移默化的方式影響我們，那些觀念變成我們家庭信念的一部分。在我們辨識與瞭解它們爲什麼影響我們的生活及如何影響之前，我們會持續照著那些觀念生活，代代相傳。我覺得我父母並不是有意把生病和軟弱的觀念帶進我們家中，事實上，等我年紀更大以後，我能以更清楚與客觀的方式回顧以前的情況，我相信他們只是那些觀念的俘虜。我父母從小成長的家庭，似乎都把堅強和軟弱的概念融入基因裡了，他們只是在不知不覺中把那些概念代代相傳而已。

我必須花很多心思，才不會把同樣的觀念傳給孩子。而且，從我的經驗可以看出，那和我說的話或我待人的方式毫無關係，我必須注意我生病時的行爲及對待自己的方式。當然，嫁給一位善於包容的醫生很有幫助，他常提醒我「強」其實是運氣好，疾病上身時，再強也沒有用，我們都一樣脆弱。

當然，家庭不是在真空狀態下運作的，家庭就像個人一樣，受到文化和歷史的影響。我訪問六十幾歲的狄卓拉，她說多年來母親為了金錢及「放縱行為」等議題常出言羞辱她。狄卓拉說，她的房子雖不高級，但還算可以。每次母親來訪時，都會在屋裡走動，隨手拿起東西就評論：「你看看你這個地方！你以為你是誰啊？富可敵國的女王嗎？你就只會亂花錢，你已經把孩子寵壞了，過著揮霍無度的日子，我真不敢相信你是我生的。」狄卓拉的母親是從經濟大蕭條時代成長的，對她來說，任何不必要的物質享受都是奢侈浪費。奢侈和浪費都是她用來羞辱女兒的嫌棄身分。

除了原生家庭代代相傳的觀念和刻板印象以外，我們和伴侶、同事、親友、社群成員也活在電視及報章雜誌為我們設定預期，以及定義什麼可接受、什麼不可接受的世界裡。我不想否定這些因素在我們生活中扮演的重要角色，不過，我的研究清楚顯示，**我們在原生家庭中承受的羞辱傷害，往往是導致日後自卑的原因**。

很多人問我，自卑是不是只會出現在家長或養育者羞辱我們的領域，我不這麼認為。我確實覺得原生家庭造成的自卑因素會讓我們比較脆弱，不過，我訪問過很多有自卑困擾的人，他們的自卑是來自其他的領域，亦即文化訊息和刻板印象，尤其是未滿四十歲的女性和男性。對這個年齡層的人來說，媒體是他們生活中主要的故事敘述者。電視和家庭一樣，都為他們設定預期及定義嫌棄身分。

脆弱的力量

我剛開始撰寫自卑議題時，其實是把克服自卑的第一要素寫成「承認我們的脆弱」，而不是「瞭解引發自卑的因素」。我之所以更改，是基於以下幾個原因。第一，過去兩年，我收到數百位讀者來信。他們都利用本書的技巧，學習克服自卑。他們常在信裡提到「發現引發自卑的原因」很有效。我想，就很多方面來說，讀者覺得「引發自卑的原因」比「承認脆弱感」更能引起他們的共鳴。第二，我想大家還是比較難以理解「脆弱」兩字。我們常把脆弱視同爲軟弱，在我們的文化中，鮮少東西比軟弱更令人厭惡。

無論我們選擇什麼字眼，辨識與瞭解引發自卑的原因，基本上和辨識與瞭解我們的脆弱是一樣的，那是一種力量的來源。**脆弱不是軟弱**，有時候我們擔心，承認某個東西存在，會讓它變得更糟。例如，如果我承認「成爲大家眼中的好媽媽」很重要，又承認母職對我來說是個疲於因應的議題，我對這個議題的自卑感會增加嗎？不會，那樣想是錯的。當我們爲某個經驗感到自卑時，常會有強烈的困惑、恐懼及遭到評斷的感覺。如果我們已經知道自己在那方面特別脆弱，就比較可能根據當下的直覺判斷，去尋求支持，以擺脫困惑、恐懼及遭到評斷的感覺。

前面提過的餅乾個案就是一個好例子。我想當個好媽媽，希望別人覺得我是好媽媽，所以當別人的話語或是某種東西威脅到那個「好媽媽」的地位時，就引發了我的自卑。當我發現自己爲那件事感到羞愧萬分時，我並不意外，我可能仍會感到痛苦、困惑、恐懼、遭到評斷，但是我有剛好足夠的資訊，可以更快地反應（比我不知道母職是引發自卑的因素時，反應更快）。

自卑往往會讓我們感到困惑、恐懼、遭到評判。這時，我們很難知道自己需要評估選擇，彷彿墮入五里霧中，一籌莫展。我和艾倫的老師談完後，我知道我需要從我的支持團體中找人談談，但是那還是很難的決定。以下是四位女性描述發現自卑原因或承認個人脆弱的重要性：

- 我每年只去找治療師三、四次，每次去我爸媽家回來，我都會去治療師那裡報到。我知道我爸媽很愛我，但我也知道他們常嫌我胖，碎唸我不結婚。我去看他們是為了我們每個人好，但是事後我必須為了我自己去找治療師。
- 如果要說我學到什麼，那就是千萬別在我婆婆面前談錢。要是讓她開始擔心我和我先生，她就會開始碎唸我們買太多東西，我花了好幾年才學到這個教訓，不過學乖了以後，一切就好多了。我們不再爭吵，我也不再躲她了。
- 我治療不孕症的第二年，終於接受「我不該參加產前派對」這個事實。年紀到了三十出頭，會覺得每個週末好像都有產前派對。以前我常出席，卻老是搞得烏煙瘴氣，我會大肆談論沒有小孩有多麼自由自在，問分娩時有多恐怖之類的愚蠢問題，只有最好的朋友知道我一直很想生孩子。某次派對的氣氛真的搞得很糟，好友終於忍不住對我說，我那樣做很「壞心眼，不像我」。她問我是不是因為不孕症的問題才那樣做，當我發現她說的沒錯時，整個人崩潰了。她幫我恢復平靜，也幫我瞭解不參加產前派對其實沒有關係。

● 我先生過世幾年後，我開始和骨牌社裡的一位男士交往。我們交往半年後，我問女兒能不能跟她聊聊性愛，我不是想跟她聊「性知識」，我生下她就已經足以證明我知道性愛是怎麼回事了。她是中學的衛教老師，我聽她談過愛滋病。我那個朋友幾年前曾經輸過血，我想知道感染愛滋的風險如何。我坐下來向女兒解釋我的問題，她卻說：「媽！你在跟我開玩笑吧！太噁心了！我永遠不想再談那件事。」我一聽，整個人愣住了，我說：「噁心？你是指什麼？」她說，我想和我那個年齡的人有性愛關係很噁心。在那之前，我壓根兒沒想過那件事，我以爲我問那個問題很自然，我以爲我問正確的問題是好事。當她說我很噁心時，感覺充滿了輕視，我完全失去了信心，整個畏縮了起來。我心想：「我在想什麼？我在做什麼？」不過我知道，女兒可能眞的把我惹毛了，她可能像她父親那樣表現出「我比你高尚」的樣子。幸好，我有幾位很親近的朋友，我跟他們談了，他們幫我瞭解狀況，於是我照著自己的計畫行事，都沒讓她知道。我想，你可以說我們母女之間有「不過問，不多說」的政策。

當我們承認自己的脆弱時，不只強化克服自卑的能力而已。其他領域的研究也提出許多有利的證據，證實承認脆弱的重要，包括健康心理學和社會心理學等領域。健康心理學的研究顯示，承認脆弱的能力大幅提升了我們堅持某種健康習慣的機率，例如我們可能瞭解某種疾病的資訊，在一百題的測驗中拿高分，認識罹患那種疾病的人，但是如果我們不覺得自己容易罹患那種疾病，並不會做任何事情來避免自己罹病。健康心理學的研究人員認爲，要讓病人遵守療程，就必須讓病人承認自己的脆弱。就像培養克服自卑的能力一樣，**重點不在於我們的脆弱程度，而是在於我們承認自己有多脆弱**。

社會心理學方面，影響力和說服力的研究人員也研究了個人的脆弱，他們檢視廣告和行銷對人的影響及說服力。在一連串有趣的研究中，研究人員發現，覺得自己不容易被不實廣告影響的參試者，反而最容易被騙。研究人員解釋：「以爲自己絲毫不受影響，並不是有效的防禦之道，那樣做反而破壞了眞正保護我們的反應。」

這個概念乍看之下似乎不合常理，因爲它完全質疑了我們對脆弱的看法。衛斯理學院史東中心的關係文化理論家朱迪思．喬丹（Judith Jordan）指出承認個人脆弱的另一個困難，她寫道：「當我們覺得自己可以向外尋求支持時，才有可能承認脆弱。爲此，我們必須對我們的人際關係有些信心。」我們有沒有勇氣承認自己的脆弱，就看我們能不能對信賴及放心的對象談起那些脆弱而定。

如果我們的生活中沒有值得信賴的人，或是還沒培養出那樣的人際關係，就必須往親友圈以外尋求專業的協助。治療師和諮詢師的工作，主要是幫人找出與瞭解自己的脆弱，所以他們常幫病人培養或找出可作爲連結網絡的人際關係。

如果我們想要找出與瞭解引發自卑的原因，首先需要接受一點：承認脆弱需要勇氣。我們必須小心，別把脆弱視爲軟弱。要做到那樣並不容易，不過我很幸運，我母親在脆弱與勇氣方面教了我寶貴的一課。一九八〇年代末期，我舅舅羅尼（我母親唯一的弟弟）不幸死於暴力槍擊。他過世後的那幾個月，我外婆整個情緒和心思都完全放空了。我外婆大半輩子都有酗酒的問題，所以遇到這樣的創痛時，欠缺需要的情緒資源來支撐她走下去。她連續幾週都在鄰里間遊蕩，一再問同樣的那幾個人，有沒有聽到我舅舅的死訊。

舅舅的告別式結束後，我母親馬上就崩潰了，我以前看過她哭一兩次，但是從未看她哭得如此失控。妹妹和我都很害怕，也跟著哭了起來，因爲我們看到她哭成那樣，都覺得很恐懼。最後我告訴母親，我們不知道該怎麼辦，因爲我們從來沒看過她那麼「軟弱」。她看著我們，以慈愛但有力的聲音說：「我不軟弱，我比你們所想的還要堅強，我只是現在很脆弱。如果我是軟弱，我早就死了。」在那瞬間，我知道我母親可能是我認識最堅強、最勇敢的女性。她不只讓我們使用「脆弱」那個字眼，也教我們承認**脆弱才是眞正展現了平凡的勇氣**。

探索引發自卑的原因

我們要如何辨識引發自卑的原因？想要承認脆弱，需要做什麼？我想，我們一開始需要先檢視每個自卑類別，試著探索導致自卑的嫌棄身分。我訪問男性和女性時，常聽到受訪者一再提起幾句相同的話語。我一再聽到：「我不希望別人把我當成……」「我不希望別人覺得我……」這幾句話還有幾種大同小異的說法，例如「要是別人覺得我是……，我會很想死。」或「我受不了別人覺得我是……」

這些句子顯示自卑和觀感有關，自卑是我們透過他人的觀點所看到的自己。我訪問女性的自卑經驗時，總是和「別人怎麼看我」或「別人怎麼想」有關。「我們想成爲的樣子」和「我們希望別人看我們的方式」往往是脫勾的。例如，一位七十幾歲的女士告訴我：「我獨自一人也沒有關係，我知道我在改變，我知道步調正逐漸緩慢下來，一切感覺不再像以前那樣。我只是無法忍受別人看到我年老，不把我當一回事。受到忽視的感覺令我覺得很自卑。」

另一個好例子是身體意象。我們可能裸體站在鏡子前面，心想：「嗯……不完美，但還算可以。」不過，當我們想到別人看我們時，尤其那個人又很重要時，就馬上感覺到一股強烈的自卑感襲來。即使當下只有自己一個人，我們還是會馬上拿東西遮住裸體。遮好以後，我們開始努力擺脫「被看透」的念頭，那就是自卑。

爲了幫大家辨識引發自卑的原因，我們來看我在研討會中使用的一些問題。我們從下面的填空句開始看起，你需要針對每個自卑類別，分開填寫這些句子。

我希望別人覺得我是＿＿＿＿，＿＿＿＿，＿＿＿＿，＿＿＿＿和＿＿＿＿。

我不希望被當成＿＿＿＿，＿＿＿＿，＿＿＿＿，＿＿＿＿和＿＿＿＿。

這些都是很簡單的句子，但是當你針對十二種自卑類別思考這些問題時，這可能是很強而有力的探究起點。切記，這只是開始而已，我在本書裡會一再強調，這沒有簡單的答案或迅速的解決之道。

下一步是探索這些引發自卑的原因是來自何處。研究的受訪者談起引發自卑的原因時，他們都知道這些原因爲什麼會出現在他們的生活中，是如何醞釀出來的。希爾維亞的個案就是一個很好的例子。對她來說，贏家/輸家的分別就是引發自卑的原因。那原因的起源，遠溯及以前她當田徑選手的時候，父親給她的極大壓力。

當我們檢視自己的嫌棄身分時，以下三個問題可以幫我們發現引發自卑的起源：

1. 這些觀感對你的意義是什麼？
2. 爲什麼那些身分那麼討厭？
3. 助長那些身分的訊息是來自何處？

說到自卑，瞭解是改變的先決條件。我們只有在知道自己在想什麼以及爲什麼會那樣想時，才會決定改變行爲。希爾維亞在瞭解自卑的來源以前，自己也曾以贏家/輸家的思維來取笑別人。要改變那行爲，她需要知道那樣做對她的生活有什麼影響，以及瞭解那影響力的來源。

我們在前言裡介紹過蘇珊、凱拉、泰瑞莎、珊卓拉。我們來看看她們描述引發自卑的原因，以及那些嫌棄身分如何在她們的經驗裡呈現。

- 蘇珊正考慮返回職場工作，但是姊姊的意見令她為那決定感到羞愧。在這個練習中，蘇珊把焦點放在對母職的看法上。她寫道：「我希望別人覺得我是致力照顧孩子的媽媽，把母職看得比其他一切還重要，我不希望別人覺得我很自私、事業心太強、沒愛心或缺錢。」她告訴我，她花了一些時間思考這幾點後，對於姊姊的話讓她感到羞愧一點也不意外，「她的話讓我陷入最大的恐懼，我父母都覺得當媽的人不應該上班，他們覺得這世界的問題就是傳統家庭崩解造成的，我猜我姊也承襲了那樣的觀點。如果你把我家人的看法和『職業婦女vs.全職母親』的心態結合在一起，那就是讓我羞愧的來源。」
- 凱拉向老闆坦言她將會負責照顧父親以後，老闆批評她老是有「家庭突發狀況」。她在練習中寫到她希望在職場上給人的印象：「我希望別人覺得我是稱職、堅強、可靠、專注又投入的。我不希望別人覺得我很散漫，不可靠、太情緒化、歇斯底里或怪裡怪氣。」凱拉研讀她寫下的東西時，得出重要的領悟，她說：「我想到工作上那些平時很專業、但有時做事散漫及情緒化的同事，我對他們很嚴苛。我從來不會特地去瞭解他們遇到什麼事，或是為什麼心情不好。我的態度一向是：『嘿，把個人情緒留在門外，這裡有事情需要完成。』我不知道那觀念是從哪裡來的，我猜是來自各個地方吧。沒人喜歡敷衍了事的人，也沒人喜歡把私人情緒帶到工作上的人。我父母都是在報業工作，他們都很講究公事公辦，不喜歡太情緒化的人。我猜和我們那個競爭激烈的工作環境也有關係，女性必須加倍努力，這些嫌棄身分的特質老是被套在女性身上。我老闆南希最糟糕，她就是靠攻擊其他女性而在公司裡扶搖直上，其他女性只要在工作上提到家裡的事情，就會遭到她的攻擊。她最愛貶抑別人的方式，就是說別人小題大作，或是說『你別那麼歇斯底里』。」

- 泰瑞莎對完美身材、住家、家庭的追求，導致她情緒崩潰，小孩也看到她崩潰的樣子。她檢視和家庭有關的身分。「我希望別人覺得我們家是歡樂、悠閒、有條理、幸福、外表好看的。我不希望別人覺得我們老是承受壓力、貌合神離、亂七八糟或不幸福。」泰瑞莎覺得描述她「理想」的觀感很難，她告訴我：「我不敢相信我竟然會在乎我家人好不好看，在乎那種事情實在很膚淺。但是當你看到很多家庭打扮得光鮮亮麗，衣服毫無皺折或毫不凌亂，母親美麗，父親帥氣，孩子可愛，家裡像高級家飾的型錄時，你又看到自己和孩子的模樣，不禁納悶別人是怎麼做到的，懷疑她們做了什麼是你不知道的？我們家每次不管去哪裡都遲到，等我幫最後一個孩子打扮好的時候，第一個孩子又已經弄得滿身都是了。」我問她有沒有認識哪個家庭符合她的「理想」，她想了一下說：「有，我從小成長的家庭。」她說她家從外表看起來總是完美無瑕，大家都稱讚她母親把小孩打扮得多好看，教得多乖巧。她說她母親非常注意外表，老是注意她的體重和打扮是否漂亮。泰瑞莎哭了起來，她說：「但是那些光鮮亮麗的背後都是有代價的，我母親每晚送我們上床睡覺以後，就開始喝酒，我父母的婚姻一直很冷淡，幾年前我母親戒酒了，但我們之間的話不多，從來沒談過這個話題。」

● 珊卓拉也很快就找出引發她自卑的原因，她在筆記本裡寫下：「我不希望別人覺得我很笨，老是說錯話，沒常識或沒知識。我希望別人覺得我是聰明、博學、睿智、談吐得體的女性，懂得在熱情和知識之間拿捏平衡。」她解釋：「我先生說我和他弟弟談政治和宗教讓他覺得很丟臉時，我知道我再也不會說任何話了，他知道那樣說有多傷人，他是故意要讓我閉嘴的。」她想了一下，接著又說：「也許我閉嘴正好順了他的意，卻傷了自己，但我現在就是這樣。」珊卓拉解釋，從小父母就灌輸她「活得驕傲，暢所欲言」，但是他們沒教她如何因應那樣做的後果。她說，成長的過程中，老師訓斥她，牧師說她話太多，講話毫無道理，先生老是叫她少講一點，甚至連姻親也因為她太激動及固執己見而給她難堪。

你看她們評估引發自卑的原因時（那可能也是你自卑的原因），我想談一下每次我在研討會上做這個練習都會出現的議題。第一，我們對自己都很嚴苛，在辨識這些想要的身分與嫌棄的身分時，幾乎沒留什麼「人之常情」的空間給自己。第二，我們無法否定從小接收的觀念對我們的影響力。第三，當我們討厭自己身上的特質時，大多也會評判擁有那項特質的人。

當研究的參與者是集體做這個練習時，我常問他們：你們之中有多少人覺得「我希望別人覺得我是……」比較難回答，又有多少人覺得「我**不希望**被當成……」比較難回答，結果是人數各半。覺得「理想觀感」比較難答的人常坦言，自己太重視那些身分很糟糕，有時甚至會因為別人這樣看他們而感到羞愧。至於覺得「嫌棄身分」比較難答的人，我常聽他們說看那份清單很「痛苦」，很「可怕」。

還有第三組問題也對這個練習很重要。檢視你的嫌棄身分並自問：「如果別人覺得我就是那種人，他們忽略了我哪些美好的重要特質？」例如，如果凱拉的同事只覺得她「散漫、不可靠、太情緒化、怪裡怪氣」，他們就忽略了她其實很投入工作，很有天分，也是很孝順的女兒，盡力想處理好這個充滿壓力又痛苦的經驗。承認自己複雜又脆弱、有優點也有缺點很重要，因爲那正是人之常情，也是我們眞實的原因。

多數人也同意，實際寫下這些練習很重要。以我個人來說，我知道寫下來比單純閱讀這些問題困難，我也知道寫下來比較有意義。我可以滿腦子一直思考這些問題，也可以靜下來反思。有時候我們覺得承認那些引發自卑的原因會讓它們更加惡化，我們說服自己，只要假裝它們不存在，就會覺得好過一些。其實不然，不管我們是否把那些原因寫下來，承認它們，或是假裝它們不存在，我們的感覺、信念、行動都是那些原因促成的。辨識與瞭解它們才是改變的唯一途徑。

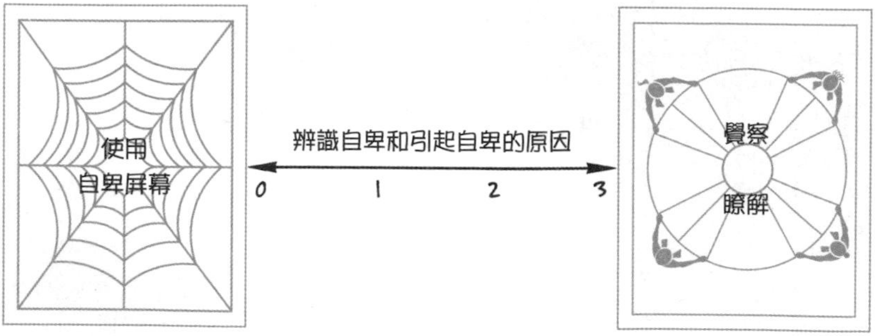

我在下個單元會介紹「自卑屏幕」（shame screen）的概念。從上一頁的圖可以看到，當我們無法辨識自卑及瞭解引發自卑的訊息和預期時，常依賴自卑屏幕來自保。後面你會學到，依賴自卑屏幕不僅無效，它本身往往還會造成自卑。

自卑屏幕

我是在分析前一百位訪談者的資料時，想出「自卑屏幕」這個詞。這些女性表示，她們面對自卑的反應往往難以預測，有時是不自覺的，我發現她們的經驗有個共通點：當我們感到自卑時，常會突然覺得自己需要想盡辦法躲起來或保護自己。我思考我們面對自卑的自保反應時，一再想起軍隊用來掩護行蹤的濃密煙幕。

可惜，自卑屏幕沒有用。我們不是在因應敵軍的坦克和步兵，而是在因應別人及人際關係。如果我們可以隨身攜帶煙霧彈，遇到有人傷害、羞辱我們，或是惹我們生氣時，就順手拋出煙霧彈，然後跑開，那不是很好嗎？又或者，我們就直接站在濃霧後方，比一些無禮的手勢也好。拜託！如果那樣做可行的話，我早就訂購好幾打煙霧彈了。可惜，我們不能那樣做，事實上，當我們扔出自卑屏幕時，最後濃煙通常只會嗆到自己。

我們感到自卑時，第一層防禦往往是不由自主的，那是源自於我們「非戰即逃或愣住不動」的原始反應。哈佛精神科醫生雪麗．伍蘭（Shelley Uram）目前在治療創傷與成癮症的青草醫院（The Meadows）裡擔任諮詢精神科醫生。伍蘭醫生指出，多數人一聽到創傷事件，就想到重大事件（例如車禍及災難），卻忽視了小型無聲的創傷，那些小創傷往往會使大腦產生同樣的生存反應。我研讀伍蘭醫生的研究以後，認爲我們早期的許多自卑經驗（尤其是父母與養育者留下的）很可能變成創傷，儲存在大腦中。這也是爲什麼當我們覺得受到批評、取笑、拒絕和羞辱時，會有那麼痛苦的身體反應。伍蘭博士解釋，大腦不會分辨明顯或重大的創傷和隱蔽或微小的無聲創傷，它只會記住那是「我們無法控制的威脅」。

伍蘭博士在研究「憶起傷痛」vs.「遭遇傷痛」時解釋，大多時候我們想起回憶時，都知道自己是在回憶過往。不過，當我們目前經歷的事物勾起過去的創痛記憶時，我們會再次經歷原始創痛的**感覺**。所以我們不是憶起傷痛，而是遭遇傷痛。這可以解釋爲什麼我們感到自卑時，常回到渺小無助的情況。

身體產生非戰即逃或愣住不動的反應後，「抽離策略」提供我們一層更複雜的自卑屏幕。關係文化理論家琳達．哈特寧博士（Linda Hartling）採用凱倫．荷妮（Karen Horney）對「親近、反抗、遠離」的研究，列出我們用來因應自卑的抽離策略。哈特寧博士指出，爲了因應自卑，有些人會以疏離、逃避、緘默、保密的方式「**遠離**」（move away），有些人則是以息事寧人和迎合討好的方式去「**親近**」（moving toward）。有些人是以凌駕他人、激進行爲、以牙還牙的方式來「**反抗**」（move against）。

在最近的研討會上，我介紹這些抽離策略時，在投影片上分別標註了（a，b，c）。一位女性舉手問道：「有沒有『以上皆是』的d選項？」大家一聽都笑了。

我想我們大多是d，多數人都能體會這三種抽離策略。我知道我自己三種都用過，至於用哪一種，就看我自卑的原因及旁邊有誰而定。當旁邊有權力較高（老闆、醫生）或我想讓他留下深刻印象的人（新朋友、同事）時，我比較不可能採用反抗的方式，比較可能用親近或遠離的方式。不幸的是，我似乎把反抗的方式都用在關係最深厚的人身上，例如家人和好友。我們常覺得對他們發洩怒氣及傾吐恐懼最安全。

我們長年累積這種自卑屏幕，有時候，我們處理自卑的方式已經根深蒂固，甚至連自己都沒發現。有時候我們閱讀或聆聽其他朋友的故事時，會發現自己處理自卑的型態。無論是哪種情況，想要改變感受、行動和信念，都不是光靠讀書就能成功的。

我們可以從閱讀中更瞭解自己及自己的行爲，但我們需要把那些概念加以落實。我們是透過與他人的互動關係來改變的。有時候我們可以從親友的互動中做到，有時候我們需要治療師或諮詢師的支持，由他們引導我們經歷那個過程。那是一種因人而異的獨特旅程，我們如何抵達終點，就看我們是誰而定。

另一點需要注意的是，克服自卑不是一勞永逸的事，別以爲你花了很多時間和精力解析經驗，就可以「不再有自卑屏幕」。我自己仍會使用無效的自卑屏幕，這種事情經常發生，因爲使用自卑屏幕感覺比較省事迅速，造成的傷害較少。

下一個練習是找出我們的自卑屏幕。你思考每個自卑類別，以及和每個類別有關的自卑因素時，試著思考某次自卑的經驗。你如何回應？那是一種型態嗎？在那些情況下，你如何自保？

我們來看蘇珊、凱拉、泰瑞莎、珊卓拉、茱莉安的例子。

蘇珊：我絕對是採取遠離或親近的方式，我不喜歡衝突，不會攻擊他人或惡言相向，我只會討好每個人。當然，那樣永遠行不通，我可能會因此充滿怨懟。我很難告訴我媽和我姊，她們的意見讓我很羞愧。我還沒準備好，但我想我終究會那麼做的。

凱拉：有一種策略叫「模仿」，我想我是直接變成南希，模仿她說的一切，那就是我應付她的方式——沒辦法贏，就乾脆加入他們。我只是從來沒想過，當自己變成那些話的接收者時，那些話有多傷人。我想，我採用的方式是結合親近與反抗，當我的立場和她一樣時，我迎合她，對她透露明明不該說的想法。我也以她羞辱我的方式來羞辱其他的同事，那就是我的自卑屏幕。

泰瑞莎：我絕對是採取親近的方式，我想迎合大家，不想辜負大家的期望。

珊卓拉：我每一種策略都會用。我緘默不語，對外發飆，採取行動，什麼都做。在我舉的那個例子中，我是緘默不語，直到我弄清楚是怎麼回事爲止。我不能給我女兒那樣的榜樣，那太危險了。我想要遠離，尤其是遠離我先生。那就像一種懲罰，我知道他會懷念我正常聒噪的一面。

在下一章，我會討論檢查引發自卑的原因是否切合實際有多重要，那可以幫我們把嫌棄身分和導致我們自卑的社會預期連在一起，從而培養克服自卑的能力。那是克服自卑必備的，因爲，無論自卑讓我們感到多孤單，其實每個人都有過類似的感受，你並不孤單。

第 4 章

第二要素：練習思辨覺察

自卑的運作方式，就像相機的變焦鏡頭。當我們感到自卑時，鏡頭就拉近，我們只看到有缺陷的自己孤單地掙扎，心想：「只有我這樣，我肯定有什麼問題，我孤伶伶一個人。」當我們把鏡頭拉遠時，就會開始看到全然不同的大局，發現很多人也在掙扎。一旦我們開始看清全局，就能確定引發自卑的原因以及導致自卑的社群預期。

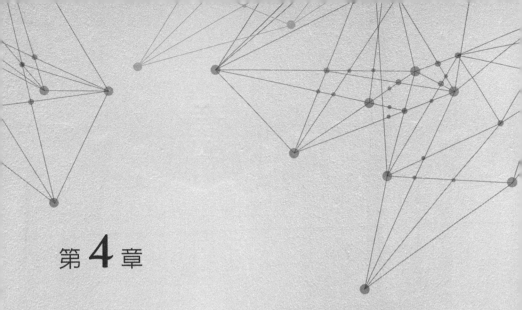

幾年前，我在一場午間講座上，對著一大群醫學院的學生、住院醫師、醫學系的教職員發表演說。藥廠或其他的贊助商通常會在這類講座上爲出席者供應午餐，那天我談的主題是自卑與健康，演講進行約二十分鐘後，我開始解釋**思辨覺察**的概念，不久我就發現愈來愈多人分神了。我望向觀衆，幾乎每個人都忙著吃東西，於是我突然問道：「披薩好吃嗎？」每個人頓時停止咀嚼，把身子往前傾，一臉茫然地望著我。

我指著前面一長排空空如也的披薩盒說：「我注意到那張桌子上有披薩，也注意到你們都拿了幾片披薩回座位，那就是覺察（awareness）。」他們看起來無動於衷。接著我又說：「我也注意到你們沒什麼時間吃午餐，所以藥廠業務員提供午餐，以吸引你們出席這場演講。今天如果少了披薩，你可能就不會來了。如果你沒來，就不會聽到我演講，不過更重要的是，你就不會拿到上面印著藥廠最新商標的原子筆和便條紙，病人就不會看到你使用這些東西……那就是思辨覺察。」

他們面面相覷，之後又把頭轉回來看我，接著又紛紛低頭看他們的盤子。我微笑地說：「覺察是知道某個東西存在，思辨覺察是知道那個東西爲什麼存在、如何運作、如何影響我們的社會，以及誰因此受惠。」我想他們開始瞭解我的意思了。

思辨覺察的概念有時稱爲思辨意識（critical consciousness）或思辨觀點（critical perspective），那是指當我們瞭解個人體驗和社會體系之間的關連，就能增強個人的力量。我們在看自卑的類別時（例如外貌和身體意象、母職、家庭、親子教養、金錢與工作、身心健康、性愛、年老、宗教、刻板印象或標籤化、暢所欲言、從創傷中倖存等等），多數人並未學過如何瞭解自己的人生和社會、政治、經濟影響力之間的關係。

自卑的運作方式，就像相機的變焦鏡頭。當我們感到自卑時，鏡頭就拉近，我們只看到有缺陷的自己孤單地掙扎，心想：「只有我這樣，我肯定有什麼問題，我孤伶伶一個人。」

當我們把鏡頭拉遠時，就會開始看到全然不同的大局，發現很多人也在掙扎。我們不再覺得「只有我這樣」，而是開始思考「我眞不敢相信！你也是嗎？我以爲只有我這樣！」一旦我們開始看清全局，就能確定引發自卑的原因以及導致自卑的社群預期。

我覺得學習思辨覺察的最好方法，就是把概念運用在實際的議題上。我們就從外貌和身體意象的議題開始看起吧。我喜歡舉這個議題爲例，因爲這點對每個人來說，幾乎都是引發自卑的因素。想開始瞭解大局，我們需要自問以下幾個有關外貌的大方向問題：

- 社群對外貌有什麼期待？
- 爲什麼會有這些預期？
- 這些預期是如何運作的？
- 這些預期如何影響我們的社會？
- 誰因這些預期而受惠？

每個人可能因年齡、種族、民族等差異而有不同的答案，但是爲了方便說明，我想以比較廣泛、通用的答案來回應。

首先，社群對外貌有什麼期待？從社會的層級來看，外貌包括頭髮、皮膚、化妝、體重、衣著、鞋子、指甲、態度、自信、年齡、財富等等。如果你考慮到特定社群的預期，可能還要再加上髮質、髮長、髮色、臉部與身體上的毛髮、牙齒、是否盛裝打扮、衣著與首飾等等。

爲什麼會有這些預期？我覺得這些預期之所以存在，是爲了讓我們持續把寶貴的資源（金錢、時間、精力）用來追求一些達不到的理想。你想想，美國人每年在美容上的花費比教育還多。

這些預期是如何運作的？我覺得這些預期是同時以顯而易見又微妙的方式齊頭並進的——我們看得到與看不到的一切都蘊含著這些預期。你翻閱時尚雜誌或看電視時，知道你「應該」看起來是什麼樣子，穿著打扮與舉止「應該」如何。如果你仔細觀察，也會注意到裡頭欠缺的東西——眞實人物的形象。如果你把裡頭有的東西和欠缺的東西結合起來，很快就會發現如果你不符合某種模樣，就好像隱於無形似的，變得毫不重要。這些預期有什麼影響呢？我們來看看吧……

- 約八千萬美國人屬於肥胖體型。
- 約七百萬女孩和女人有飲食失調的問題。
- 高達十九%的大學年齡女性有暴食症。
- 飲食失調是女性第三常見的慢性病。

- 最近的調查顯示，年紀很輕的女孩減肥是因爲她們覺得自己肥胖又沒魅力。美國有一項調查顯示，十歲的女孩中，有八十一％已經至少減肥過一次。
- 一項研究調查發現，高中生裡面考慮或企圖自殺的最大族群，是覺得自己超重的女孩。
- 二十五年前，名模和選美皇后只比一般女性的體重輕八％，現在她們比一般女性輕二十三％。目前媒體呈現的女性理想體型，只有不到五％的女性達得到——那還只是看體重和尺寸而已。
- 研究顯示，十八歲以上的女性照鏡子時，至少有八十％不滿意鏡中的自己。很多人甚至看到的不是精確的鏡中影像。我們大多聽過，有厭食症的人會覺得自己看起來比實際還龐大，不過最近有研究顯示，不只有飲食失調的人有這種扭曲的身體意象。有些研究顯示，多達八成的女性高估了自己的尺寸，愈來愈多沒有體重問題或臨床心理疾病的女性在照鏡子時覺得自己又醜又胖。
- 美國整形外科協會指出，從一九九七年起，整型手術的數量暴增了四百六十五％。
- 女性動了近一千零七十萬件整型手術，占了總數的九十％。女性整型的數量從二〇〇三年起增加了四十九％。
- 女性最常做的五種整型是：抽脂、隆乳、割雙眼皮、腹部除皺、拉皮。
- 二〇〇四年，美國人花了近一百二十五億美元整型。

誰因這些外貌預期而受惠？

- 三百八十億美元的美髮業。
- 三百三十億美元的減肥業。
- 二百四十億美元的護膚業。
- 一百八十億美元的化妝品業。
- 一百五十億美元的香水業。
- 一百三十億美元的整容業。

你看有那麼多人依賴我們看到與相信那些社群對外貌的預期。如果我們不覺得自己太胖、太醜、太老了，他們就賣不了產品，就付不出房貸，壓力那麼大！

當我們提出這些綜觀大局的問題並加以回應時，就會開始產生思辨覺察。下一步是學習如何用這些資訊來檢驗引發自卑的因素是否切合實際，亦即追問以下六個問題：

- 我的預期是否實際？
- 我有辦法兼顧一切嗎？
- 那些預期是否互相矛盾？

● 我是在描述我想要變成的樣子？還是別人希望我變成的樣子？
● 如果有人覺得我有這些嫌棄身分，會發生什麼事？
● 我能控制別人如何看待我嗎？我如何嘗試？

茱莉安第二次受訪時，與我分享了她爲上述問題提出的答案。（茱莉安的理想身分是窈窕、性感、自信、自然、年輕。她嫌棄的身分是中年、疲累、肥胖、邋遢。）以下是她的回答：

我的預期是否實際？一點也不實際，我已經中年了，常感到疲累，雖然不是隨時看起來都很累，但是年齡是無法改變的，我不可能永遠看起來都很窈窕性感。我原本以爲我的想法很實際，但我愈是思考我對自己的預期，以及我拿來衡量自己的標準，就愈覺得我不可能達到。雜誌裡的那些女孩才十六歲，頂多二十歲，我也許可以覺得自己性感、身材適中，但是我不可能達到電影那樣的標準。現實讓你覺得，你不該看起來像四十歲，你可以是四十歲，但你必須看起來像二十五或三十歲。前幾天我看到一個廣告，裡面的模特兒說：「我不介意我到了這個年紀，我只是不想看起來像這個年紀。」爲什麼不想呢？如果她說：「嘿，各位！四十歲就是長這樣！」，我們都會希望自己看起來跟年齡相符。

我有辦法兼顧一切嗎？不，不可能。有時候我確實看起來不錯，偶爾我也會爲自己的樣貌而自豪，但我依舊對自己很嚴苛，因爲我不是隨時看起來都很棒。有時在家裡，我穿著長袍和脫鞋，紮起頭髮，心想：「眞是邋遢。」即便是那個時候，我都覺得自己應該是身穿性感內衣。我開始討厭電視了。

那些預期是否互相矛盾？是啊！這問題眞是一語打醒我了。當我擔心別人覺得我又胖又邋遢時，我就失去了信心。當腰帶勒緊我的時候，我看起來就沒那麼自然了。我也想到把肌膚刻意仿曬成古銅色這件事。我們這裡一年到頭有半年冷得要命，春天一到，大家都希望露出曬過的肌膚。到了夏天，每個人都用日曬機曬得黃澄澄的，一點也不自然。你不可能自信滿滿地假裝自然。我很崇拜有些女人說：「我五十歲，這就是我的樣子，你接不接受，隨便你。」

我是在描述我想要變成的樣子？還是別人希望我變成的樣子？都有一些吧。我希望看起來自信又自然，希望別人那樣形容我。我不是那麼在意性感和窈窕，我希望健康，但我覺得我也希望自己看起來年輕性感，因爲那是外界覺得你該有的樣子。我和我先生爲了這件事談了很多，他後來就不太評論了。我跟他談這件事時，他很訝異他的評語竟然那麼傷人，不過我婆婆還是很喜歡說三道四。

如果有人覺得我有這些嫌棄身分，會發生什麼事？以前如果有人認爲我又胖又老又邋遢，我會覺得很丟臉，現在我知道那是一種自卑，我想應該不會發生什麼事，我只覺得自己遭到取笑或嘲弄了。不過坦白講，除了我自己以外，我不覺得有人會那樣說我。

我能控制別人如何看待我嗎？我如何嘗試？在我瞭解自卑以前，我以爲我能掌控別人怎麼看我。現在我知道沒人能做到那樣，所以我的答案有點取巧。我以前覺得只要做到盡善盡美，就能掌控他人的觀感，但現在我知道那是不可能的。我不像以前那麼拚命想要掌控一切了，但偶爾還是會有那種想法。我以前會避免自己處於容易遭到評斷的情境，例如在派對上不游泳，這樣就可以一直穿著短褲，但是那樣也會引來別人的評斷。無論你做什麼，都無法控制其他人如何看你。

你看茱莉安的回答時會發現，想要檢驗引發自卑的因素是否切合實際並不容易。如果我們不瞭解全局，幾乎不可能檢查得出來。茱莉安確實把鏡頭拉遠了她的外貌議題和媒體，她不再覺得自己是有缺陷、無法達到合理期望的。她知道自己對抗的是什麼——那其實是所有女人都在對抗的美容產業，那個龐大產業非常擅長讓我們陷入自卑。她似乎很清楚引起她自卑的因素，以及那些因素對她的影響。

茱莉安二度受訪時表示：「那眞的很累人，你不能只是知道那些引發自卑因素，想一兩次就夠了。你必須經常提醒自己，否則你很容易又陷進去。那眞的很難，尤其你周邊的人又不了解的時候。」

茱莉安說的沒錯，所以我說這項要素是「**練習**」思辨覺察。如果我們只是提出問題與回答問題，可能會陷入其中，感到憤怒，不知所措。光是知道自己承受強大的壓力，必須追求達不到的美麗，那感覺已經夠糟了，當我們知道這些壓力的背後還有數十億美元的產業支持時，我們更覺得挫敗無奈。

練習思辨覺察是指，連結個人經驗和我們從問題與答案中學到的東西。當我們這樣做時，就會開始走出自卑，因爲我們學到如何：

- 脈絡化（我看到了全局）
- 正常化（不是只有我這樣）
- 釐清眞相（和他人分享我知道的情況）

當我們無法建立這些連結時，我們會更加自卑，因爲我們把問題：

- 個人化（以爲只有我這樣）
- 病態化（覺得自己有問題）
- 強化（應該感到丟臉）

我覺得舉例很有幫助，尤其是用來瞭解新概念的時候，所以我在本章中也收錄了蘇珊、凱拉、泰瑞莎、珊卓拉對於上述綜觀大局及檢核事實的問題所做的回應。

瞭解全局通常需要探索議題，例如，本章稍早提到有關外貌的事實和統計數據，那些都是取自書籍和網路。我很鼓勵大家自己去查驗眞相，那會讓人覺得充滿力量。當然，你需要確定你是從可靠

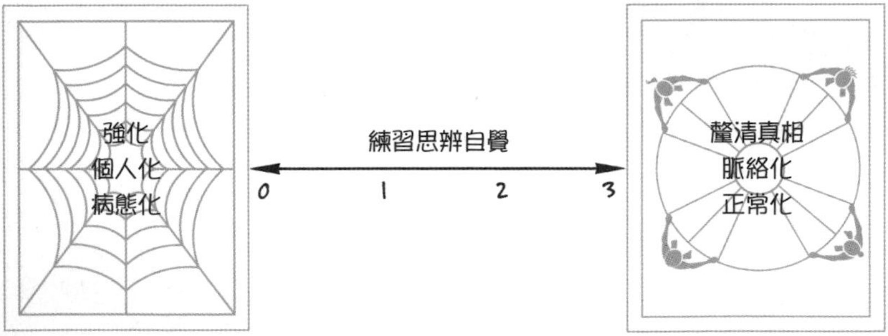

的來源擷取資訊，尤其網路上的資料更需要確定。不過，也有很多人和組織對於社群預期如何影響我們的想法、感受與行動，做了很棒的研究。

我在我的網站上（www.brenebrown.com），爲各種自卑類別列出了思辨覺察的資源，包括練習、連結和推薦書單。最近在一次研討會上，一位女性提到她對金錢有嚴重的自卑問題。研討會結束後，她來找我說：「我不購物了，我要好好研究卡債對女性的傷害。」沒錯，這就是因應之道！

我們來看蘇珊、凱拉、泰瑞莎、珊卓拉如何把思辨覺察的原則應用在她們的情境上：

蘇珊回答了綜觀全局和檢核事實的問題後，她寫道：「我很驚訝我竟然會陷入這個『母職』大戰，我沒想到那會發生在我身上，我不是個愛爭論的人，對於究竟要上班或當家庭主婦，我並沒有『非得怎樣不可』的堅決想法。我沒想到我打算兼職的決定，竟然會引起我姊那樣的情緒反彈。」她接著又說：「我不知道這些壓力對誰有好處，那肯定對身爲母親的人毫無助益。」蘇珊說，「我本來一直沒意識到這點，直到我把它寫下來，才發現我有多在意別人怎麼想。我知道我是用心的好媽媽，爲什麼我那麼在乎別人是否也那樣看我？」最後蘇珊告訴我，對她來說最難的是，相信她無法掌控別人對她的看法，尤其是她母親和姊姊。「我只能繼續說服她們，那對我和家人來說都是好的決定，我希望她們改變看法，也許她們會改變，也許不會，那是我無法控制的，那很難。」

凱拉看過前面兩組思辨覺察的問題後，寫下一句簡單但強而有力的句子：「我全盤接受了用來羞辱我的訊息。」她解釋，她很在意老闆南希的想法和話語，因為她向來很尊敬她，也認同她強硬禁止員工混淆家庭與事業的作法。凱拉說：「但是沒有人因此受惠，每個人在工作之餘都還有家庭，家庭生活可能很辛苦。不只女性要兼顧家庭很辛苦，我們有一位男同事的孩子生病了，後來壓力大到他必須辭職，那時我為他感到遺憾，但並未為他說些什麼。」我問她，這種不准混淆家庭和事業的不成文規定是否讓公司受惠了。凱拉想了一下，接著說：「沒有，每個人的壓力都太大了，那位辭職去照顧孩子的男同事很棒，我們都需要他，但是他已經走了。也許有些人會覺得這對公司的獲利有益，其實沒有。」凱拉告訴我，她打算下一步是換一家新公司，她說：「也許我不管到哪裡都會遇到同樣競爭的文化，但是換個地方，我可以重新來過，面對新的限制和預期。」

泰瑞莎回答這些問題時比較辛苦，她解釋：「我不知道我是在為自己的感覺找藉口，還是做某事只是為了讓自己覺得好過一些。我總覺得追求更美好的自己是有可能做到的。」她說，「不過，有件事是肯定的，我不可能像現在這樣壓力那麼大，又同時擁有歡樂、悠閒、幸福的家庭。」雖然泰瑞莎和母親的關係不是很親近，但是她告訴我，有時候她會以母親的眼光來評斷自己的家庭。「我對人生的持續不滿，漸漸地消磨了我先生的耐性以及我們的婚姻，孩子也很辛苦。他們無意追求完美，只希望我快樂，我卻一直強迫推銷那些預期，彷彿我媽在我腦中坐陣指揮似的。」

當珊卓拉思考她暢所欲言在社群大局中的定位時，她發現種族和性別的複雜交集。「一方面，黑人女性因爲堅強與自信而受到尊重，尤其是在應對白人的時候。但是面對黑人男性時，我們卻需要退讓。我覺得我小叔不會那樣想，但是我先生和姻親都覺得我質疑小叔的看法，就是對他不夠尊重。」珊卓拉覺得這種觀念傷害了黑人女性，她說：「我無法有時像個超人，有時又要對人低頭讓步，我其實是介在兩者之間。」她以這些想法來檢查她的理想觀感是否切合實際，她寫道：「這些預期都讓我陷入沉默。如果我不完美，我就緘口不說了。我必須接受自己可能是錯的，允許自己說：『我不懂。』我也需要允許自己伸張自我。有時候，接受正確的自己和接受錯誤的自己一樣困難。」

在後面的單元中，我們會探索幫我們克服自卑的策略及常見的障礙。

脈絡化vs.個人化

context（脈絡）一字是來自拉丁文的contexere，意指「交織或纏繞在一起」。當我們瞭解一個經驗的脈絡時，就看清了大局。這可以回溯到前面提過的「視角」。當我們感到自卑時，只看到自己的掙扎。鏡頭一拉遠，我們會開始看到其他人也有類似的掙扎。當鏡頭整個拉遠時，我們會看到更大的全景——亦即政治、經濟、社會的力量如何塑造我們的個人體驗。脈絡化是找出自卑關連的關鍵。

當我瞭解產業及他人因爲我對外貌的自卑而受惠時，自卑就自動消失了嗎？不，很遺憾，自卑仍在。但是找出讓我們感到自卑的脈絡，可以幫我們克服自卑。如果我們是因爲自己看起來不像雜誌封面的模特兒而感到自卑，當我們知道模特兒本人可能和封面也不像時，也許對我們有些幫助。她的缺點被修掉了，她的腿以電腦軟體拉長了，她微笑露出的牙齒變得亮白了，她的衣服是借來的。

雜誌是靠銷售廣告的空間來賺錢，不是靠訂戶賺錢。他們的目的是讓我們看封面上的女人，然後感到羞愧，進而促使我們購買雜誌上廣告的乳液和化妝品。我們買愈多的產品，化妝品公司就買愈多的廣告……如此循環下去。

如果我們全盤接受媒體灌輸的觀點，以爲我們無法變成模特兒那樣是因爲意志力不夠或遺傳不好，我們就會陷入自卑。脈絡幫我們瞭解，社群預期以及經濟和政治如何交織在一起，塑造出一個緊密的形象。如果我們無法辨識其中的脈絡和條理，就無法揭開眞相。

從自卑的類別可以看出，很多人感到自卑的原因一樣，大家都有類似的自卑反應。不過，由於自卑有令人孤立及隱匿的特質，我們以爲那種事情只發生在自己身上，因此想盡辦法掩飾。那也因此讓我們誤以爲自卑是個人的問題，甚至是某種心理缺陷，其實不然。

沒錯，自卑確實可能變成個人問題，甚至變成精神病，但自卑也是一種社會概念，發生在人際之間。自卑是我從他人眼中看到自己的感覺，我把自卑列爲一種社會心理文化的概念。

我喜歡這樣解釋：如果你把自卑放在心理顯微鏡下觀察，你只會看到部分的狀況。如果你以社會視角或文化視角來觀察它，結果一樣，你只會看到片面的問題。不過，**如果你把三種視角**

（心理、社會、文化）合起來，就會看到自卑的全貌。我覺得最危險的看法是，只把自卑視爲個人問題，那只會驅動我們去找非常個人化的解決方案，結果那些導致我們自卑的矛盾預期一點也沒變。

如果只有一兩位或甚至一百位女性說她們爲自己的身材感到自卑，那可能不會把矛頭指向更大的社會連結。但事實上，不是只有一些女性有那樣的自卑，我訪問的女性中，有九成以上都對身材感到自卑。如果只有珊卓拉說她發表意見或是說出公共或私人議題時感到自卑，「暢所欲言」就不是自卑類別了。它之所以是一種自卑類別，是因爲訪談中出現明顯的型態，顯示有很多女性寧可保持沉默，也不想因發言而遭到貶抑與取笑或顯得愚蠢。

卸責與怪罪的迷思

很多人把脈絡化誤以爲是一種自我卸責及「怪罪系統」的方式。例如，

- 找不到工作不是我的錯——而是因爲我是女性
- 減肥失敗不是我的錯——是減肥業有問題
- 負債累累不是我的錯——是那些邪惡的信用卡公司害的

我覺得脈絡化不是怪罪和卸責的相反。受訪的女性談到瞭解全局的重要時，她們並未替自己找藉口，而是談到瞭解全局並知道自己不是唯一陷入掙扎的人時，她們也因此找到了力量，做出改變。

- 大四的時候，我母親逼我加入一個團體，那個團體裡面都是有「拔毛癖」[1]的女孩。一開始我很生氣，我甚至不相信其他的女孩有那個問題。我加入團體後才發現，有數百萬人有這個問題。加入團體並未幫我解決問題，但是至少我認識了其他人，不再是異類。裡面有個女孩比我小三歲，我還教她我是如何跟朋友解釋那個狀況的。
- 我非常害怕強姦，我很清楚性侵犯、「『不要』就是眞的『不要』」（no means no）之類的概念，我支持也相信那樣的主張。但是當我想到「火辣性愛」，或是想像某種東西讓我對性愛更加興奮或是性慾更強時，腦中反而會產生強暴之類的幻想與情境，我爲此感到非常丟臉。我想到電影裡的女孩說「不要、不要、不要」，但是下一秒卻轉爲火辣性愛的場景。怎麼會那樣呢？爲什麼我在眞實世界中的最大恐懼也是腦中的一大幻想？我問我姊姊爲什麼會這樣，她說那是因爲電影裡從來不會演柔情似水、溫婉柔順的性愛，沒人會買票去看那種電影。她說大家想看充滿禁忌或張力的性愛，於是久而久之，你開始覺得那樣做才有美好的性愛。我問她我是否正常，她說很多人那樣想，但是沒人談論，因爲大家覺得難以啓齒。她說比較危險的是，男人也以爲女性喜歡被霸王硬上弓。

● 我覺得從小家長不准你談論的事情，會讓你感到羞愧，所以父母禁止你碰的任何東西，你長大以後會覺得難以啓齒。如果你想讓孩子正常發展，就不要限制他們講什麼，他們就不會感到羞愧了。如果你從小就被禁止接觸很多東西，你需要詢問別人才會瞭解。你知道的愈多，就愈清楚你不是唯一那樣的人。

當我們努力瞭解脈絡或全局時，並不是在撇清責任，而是在增加責任。當我們發現個人的掙扎是源自於更大的議題時，我們應該承擔雙邊的責任。也許我們不只有責任讓自己覺得好過一些，也有責任讓孩子、朋友或社群覺得好過一些。

如果我們明知道是更大的系統造成我們自卑，卻只選擇改變自己，那我們也會變得像怪罪系統的人一樣冷漠。脈絡化不是在推卸責任，個人化才是讓個人無法負責的敵人。

有個例子可以充分說明脈絡和集體行動的重要：乳癌。對很多人來說，這是再私密不過的事了，但是，無論它有多私密，我們還是需要看全局。過去十年，乳癌的研究有非常重要的進步，要不是因爲有倡議者體認到醫療研究的政治、社會與經濟脈絡，就不會出現這些進步。

這些倡議者積極把乳癌議題推動成全國關注的健康焦點，籌募了數百萬美元，大幅提升了乳

---

1 拔毛癖（trichotillomania）是一種衝動控制失調症，使人忍不住拔除體毛（汗毛、頭髮、眉毛、睫毛等等），似乎最常發生在青春期之前或初期。

癌研究的聯邦資助。我們也許可以自己選擇降低罹患乳癌的風險，但是少了集體的行動，我們不會知道如何管理那些風險，肯定也無法獲得如今的治療水準。

當我們談到把議題放入整個脈絡來看，以增進大家的思辨覺察及幫助我們克服自卑時，我們需要知道：怪罪系統其實和陷入自責的破壞力一樣大。當改變局勢的最有效方法是綜觀全局時，我們卻把問題個人化，如此就不太會有機會去改變它。

正常化vs.病態化

說到提升思辨覺察及克服自卑的能力，我們聽到最強而有力的字眼是：「你不孤單」。研究參與者談到思辨覺察時，以下回應至少出現在八十%的訪談中：「你必須知道不僅你如此」、「你需要知道你不孤單」、「你需要知道不是只有你那樣」。當我們覺得自己是唯一有那個問題的人時，才會感到自卑。如果我們知道別人（一群女人、整個城市的女人、全國女性、全世界的女性）也是如此，自卑的概念就瓦解了。

不過，除非我們瞭解引發自卑的原因並練習思辨覺察，否則我們很可能沒什麼機會聽到別人說：「嘿，你並不孤單。」

正常化的相反是病態化，病態化是把某件事歸為不正常或偏離的異數。少了思辨覺察，我們可能以為社群預期是可以達到的。個別來看，我們很容易就以為自己是唯一達不到預期的人，所以我們是不正常的或是異類。想要培養與練習思辨覺察，就必須正常看待我們的體驗，直到我們知道自己並不孤單。

以離婚為例說明

我和許多女性談過離婚的自卑感。有些女性談到自己的離婚經驗，有些女性談到父母的離婚經驗。這些經驗中有個共同的脈絡：離婚的經濟後果。對許多女性來說，離婚除了情感受創以外，財務也嚴重受創。以下是四個例子：

- 我從完美母親與完美妻子，變成沒錢、沒工作又孤單的女人。結婚在家帶小孩，即使所有的錢都是先生的，也沒有人會說你窮。你心想：「他的錢就是我們的錢。」但突然間，他離開了，也帶走了一切——幸好，孩子除外。我連去哪裡繳房貸都不知道，現在我和孩子住在娘家。你二十幾歲搬回去和父母同住，別人會覺得你是一時迷惘，想找出方向。但是你四十歲搬回老家時，大家會覺得你很可悲，但實際上我們也是一時迷惘，想找出方向罷了。
- 大家都說不要爲了父母離婚而自卑，這種話隨口說說都很簡單，但是談何容易呢？你試著去跟你兒子說，祖父母無法參加他的成年禮是因爲他們兩個受不了共處一室。是誰爲此感到羞愧？又或者，你爲了幫老媽付醫藥費，而去找老爸要錢，那感覺如何？我爸總是告訴我：「你又站在她那一邊了。」他就是搞不清楚狀況，他拋棄她時，沒留給她半毛錢。我不是在幫誰說話，我當然要照顧我媽。

● 我十歲時，爸媽離婚了。過去八年，我一直聽我媽講我爸有多糟糕。她常說：「他要是愛你的話，會爲你做得更多。」他離開我媽時，我媽的情況很慘，但是他也沒錢了。當初我媽要是拿到比較多錢，可能就會放過他了。我愛我父親，他是好人，也是個好父親，我媽讓我覺得，我愛我父親很丟臉。諷刺的是，我父親反而讓我對我媽的觀感好一些，他從來不批評她，有時甚至會幫她說話，那感覺令人困惑。

● 我知道我們需要離婚，他外遇好幾次了，我們的爭吵已經開始影響到孩子。我一直覺得我可以重新來過，過新的生活。我覺得我可以買間小巧的房子，找一份兼職的工作，這樣也可以過得不錯。六個月後，我們賣了房子，我背了一萬四千美元的負債，我的工作時薪是六美元，幾乎沒錢付房租。前夫不僅不幫我，還說他可以把孩子接過去，直到我自立更生爲止。想到我無法自己扶養孩子，我就覺得很自卑，我不該讓這種情況發生的。我又兼了第二份工作，但是這樣一來我就沒時間在家陪孩子了，他們還是跟他同住。

我和多數的女性一樣，閱讀這些故事時感到難過、恐懼，卻又不想承認這可能發生在自己的身上。但是，當我們那樣想時，我們也把以下的情況個人化，加強了女性離婚後就陷入財務困境的刻板印象。

- 「她是自找的。」
- 「那是個人問題，不是社群問題。」

就很多方面來說，我們把這些女性視爲有缺陷、有問題或不太正常的：

- 「不知道家裡財務狀況實在很傻。」
- 「如果她眞的想要好工作，會更努力找。」

想要培養思辨覺察，需要先肯定脈絡的重要性。一旦對全局有了更多的瞭解，我們會開始串起關連。離婚的女性面臨哪些政治、社會、經濟的現實狀況？以下是我們所知的：

- 研究人員一致發現，女性離婚後財務受到重創，受創的程度大於前夫。
- 研究人員認爲，女性離婚後的收入是由勞力參與度決定。職業婦女，尤其是學歷較高、可找到高薪工作的女性，離婚後過得較好。婚姻存續期間沒有工作的女性，則面臨較大的經濟困難。

- 九十％的孩子跟母親同住。
- 四個離婚的母親中有一個未獲法院判決的子女撫養費。
- 在獲得子女扶養費的離婚母親中，有五十％收到全額，二十五％僅收到部分，二十五％完全沒收到。
- 離婚家長（不分男女）如果仍和孩子維持關係，比較可能支付子女扶養費。

研究也顯示，過去幾年間，女性離婚後恢復財務狀況的能力已經提升了。我們訪問我母親那一代的女性時，很容易理解爲什麼很多女性離婚時承受很大的個人與財物損失，她們不像現在的婦女那樣投入職場。即使她們有工作，大多也是傳統的庶務或服務性質的工作。即使她們的職位很高，收入也比男性少，以前也沒有子女扶養法規。

當我們努力從社會、政治、經濟的脈絡瞭解這些議題時，就比較能擺脫個人問題，不再把離婚視爲個人人格的缺陷，也比較不會歸咎於婦女，更有可能瞭解事情的運作方式及原因。

當我們破解離婚的迷思，眞正檢視事實和脈絡時，我們有了新的瞭解，更有思辨能力，也就不會怪罪女性，包括我們自己。

思辨覺察也需要去質疑「歸咎受害者」的概念。尤其，一些大衆心理學家鼓吹「這個世界上沒有所謂的事實，只有觀感。」那說法不僅是錯誤的，也很危險。種族歧視是眞實的，家庭暴力是眞實的，恐同症是眞實的，離婚的經濟學也是眞實的。

當你告訴別人，他面對的情況只是「個人觀感」，是自己可以改變的，那你也羞辱、貶抑了對方。以家庭暴力爲例，你那樣說，也讓對方陷入人身的安危。**我們不該把別人的經驗視爲一種個人觀感**，而是應該說：「我能幫上忙嗎？」或「我能怎樣幫你？」

說「每個人對事情的看法各不相同」可能是對的，但是這個世界上本來就同時存在著現實和觀感（亦即你感覺、認定的狀態）。你可以試試以下的作法：把你認爲是錢的紙張拿去繳房貸，或是直接從店裡拿走名牌包，並告訴警察：「這個名牌包和我的鞋子很搭，所以我覺得這個包包是我的。」

釐清真相vs.強化

練習思辨覺察的最後一個效益是釐清眞相。想要釐清某事，只要拆解它，破解迷思就行了。我們看到罕見或有趣的東西時，即使很想知道那是什麼，卻經常不敢詢問它的本質、價格多少或是如何運作。當我們開始發問以破解眞相時，常發現那些答案之所以隱匿起來是有原因的。

個人、團體或機構想要隔離他人或提昇自己的地位時，通常會以神祕感來包裝自己、產品或想法，攻讀博士學位就是一例。每個學期，總是有女學生頭低低的來找我：「我有興趣攻讀博士學位，我不太知道我能不能做到，但是我在想，如果您不太忙的話，能不能跟我分享您的經驗，或是說明一下那是怎麼運作的。」

我很樂於聽到這類問題，因爲對我來說，培養思辨覺察不只是爲我自己釐清議題而已，也要幫助別人這麼做。我深信，如果我們眞的有「神祕的力量」（知道神聖的事物是如何運作的），就有義務分享那些知識。知識就是力量，分享知識只會讓我們的力量增加，不會減少。當我幫助其他的女性瞭解如何進入研究所攻讀學位時，我自己的學位並未因此失去價值，我喜歡層層破解那個流程的迷思。

釐清眞相的相反是強化迷思。強化是指保護某個東西的神祕感，讓我們覺得自己更重要、更安全。當我們對某個議題感到自卑時，最容易強化迷思。但是，當我們強化迷思時，我們羅織的細網不僅羈絆了其他女性，最終也困住了自己。

女性問我如何申請研究所時，以下是兩種回答樣本：

- 「喔，很好啊，我很高興你問了。我自己申請時也很緊張，但是有幾個人指點我一些訣竅，我很樂於分享我知道的東西。」
- 「我們可以談一下這個課程和你的知識興趣是否搭配，因爲申請之前應該先培養強烈的探究力。你需要確定你的研究目標和那所大學及指導教授的研究主題是否相容。」

以上是我申請研究所時所得到的實際回應。聽完第二種回應後，還好是承認脆弱的力量讓我免於陷入自卑，受到驚嚇。我知道我對外尋求協助時是脆弱的，我知道被視爲「不夠聰明」時，很容易引發我的自卑。

研究參與者經常提到瞭解自卑的原因、釐清眞相和強化迷思之間的關係。當我們不瞭解某件事，而且「不瞭解」又是引發我們自卑的原因時，我們往往會因爲過於害怕而不敢尋求解釋，我稱這種現象爲「毛豆威脅」。

毛豆威脅

毛豆（edamame）是指「帶莢的豆子」，是一種綠色蔬菜，常放進很多菜色中，也常當成零嘴食用。發音是「eda-mommy」

幾年前，史蒂夫和我去朋友家參加晚宴，那是剛認識不久的朋友，屬於上流社會的人士，我很希望能讓對方留下良好的印象。我們到場後，他們端出一道開胃菜——裝滿豆子的大銀缽。我第一眼看到時，以爲那是拿出來讓我們撥莢，以便晚餐食用的豆子。所以他們拿那東西出來當開胃菜時，我露出了驚訝的表情。

我說：「這是什麼啊？」我永遠忘不了他們的表情，他們一臉困惑地看著我。

「你不知道嗎？」

我當場覺得一股強烈的羞愧感湧現，馬上語帶歉意地問：「那是豆子嗎？」

主人回應：「當然是豆子，這是毛豆。別告訴我你沒吃過毛豆，你沒去過壽司店嗎？」接著，她彷彿是不敢置信又覺得相當新奇，轉身對其他的賓客大聲說：「他們竟然沒吃過毛豆，你們相信嗎？」當下我只想馬上轉身回家，我覺得丟臉死了。

幾週後，我在辦公室裡工作，吃著毛豆（我後來眞的愛上毛豆了）。一位學生來敲門，問道能不能進來跟我討論一份報告。我也不知道那個學生是哪裡惹毛我了，可能是因爲她讓我想起我快三十歲的樣子——聰明，但有時候極度欠缺安全感，太過努力表現。

她看到我那一袋毛豆，問道：「那是什麼？」頓時，那天晚宴的羞愧感又湧現了。當下我肯定是想把一些羞愧感轉移到她身上，所以我說：「這是毛豆啊，你沒吃過嗎？」她一臉尷尬地回答：「沒有，好吃嗎？」

於是，我用一種誇張的口吻說：「我眞不敢相信你沒吃過，這是一種超級食物，美——味——極——了。」

她離開我的辦公室時，我整個人已經發楞了。我眞不敢相信，爲什麼我會那樣做？爲什麼我那麼在乎？我又不是什麼美食專家，毛豆對我來說又沒什麼利益，我想了好幾天才明白究竟是怎麼回事。

我不是因爲我從未吃過毛豆而自卑，我「強化」那個迷思不是因爲我覺得我必須比學生聰明。我感到自卑是因爲，對我來說，不懂日本食物是一種階級和文化議題，那場晚宴上的賓客都是美食界的精英分子。他們經常走訪世界各地，對藝術和美酒都很熟悉，而我連他們小孩吃的食物都不知道該如何發音。

我愈想那件事，愈覺得階級對我來說是引發自卑的一大因素。有時候大家很難理解為什麼階級議題會影響我，畢竟我是大學教授，我先生是小兒科醫生，我們專業上的同儕常以為我們和他們有類似的背景，然而實際上我們並沒有。

我二十幾歲時，不是在吃壽司，也不是為了將來當個學者而在哈佛大學唸書。當時我在電話公司上班，我加入的工會也是我父母二十幾歲時隸屬的工會。我父母努力讓我們接觸不同的文化、音樂、書籍和食物，但是我們接觸到的東西肯定和那些「上流朋友」的等級不同。

那次「強化」事件發生幾個月後，棠恩來休士頓找我。每次有階級議題需要釐清真相時，她總是我仰賴的對象。每次和她在一起，我可以問任何問題，安心地分享任何事情。我們的背景相同，現在也做同一行。我開始準備午餐時，我說：「嘿，我要弄一些毛豆，你吃過嗎？」她看著我說：「沒有耶，但是我聽過，那是什麼？」我微笑說：「那是日式豆子，先煮熟，再撒鹽，把豆莢扒開就可以吃了，真的很好吃，幾個月前我才第一次吃過。」

釐清真相是一種選擇，如果你知道某件事，有機會釐清真相或強化迷思，你就有機會沿著「克服自卑的連續量表」移動。當我們選擇強化迷思時，我們應該自問，為什麼我們會覺得讓我們已知的事情繼續成謎比較好。

我在演講及研討會上講過這個故事很多次了，我也因此收到無數相關的電子郵件和信件。有些信件是談釐清真相的一般概念，但怪的是，很多來信是專門談論毛豆。一位年輕女子在電子郵件裡寫道：「我從來沒吃過毛豆，我在菜單上看過，卻從來沒想過要點來試試看，因爲我不知道該如何發音。讀了你的故事以後，我笑了。我和一位不會隨意評斷我的好友去吃壽司時，我請她點一些來試試，並教我怎麼吃。我現在也很愛毛豆，每次我點那道菜時就想到你。我從小生長在貧困的墨西哥移民家庭裡，我完全可以理解你的故事。」

破解資格的迷思

在採訪中，不少女性把自卑和教育工作者及輔導專業人士連結在一起。身爲教育工作者，我一點也不訝異有些人覺得自卑是課堂上的議題。事實上，我認爲自卑是學習的一大阻礙，我擔心如今在社群壓力下，展現「博學」已經變得比實際「學習」還要重要。當我們花時間和心力去塑造與保護我們「很懂」的形象時，就不太可能冒險承認自己不懂或勇敢發問了。然而，知識的累積都有賴我們承認不懂及勇於發問。

不過，我很驚訝地發現，光是「資格」的概念就能讓女性感到自卑。受訪的女性提到，自卑阻礙她們重返校園學習、去做心理治療、看醫生、看牙醫，甚至和神職人員談話。在這個單元中，我想分享我研究資格時所觀察到的現象，以及我們多常在瞥見某人的名字後面加上職稱縮寫時，就馬上把權力交給對方。

擁有資格的人，相對於和他們共事的人，有三個明顯的優勢：**(1)他們有「不知道」的權力**，

(2)**他們有「不告知」的權力**，(3)**他們的客觀性不會被質疑**。一般人遇到別人發問或詢問資訊時，往往會覺得壓力很大，必須答覆對方，而且答覆最好是正確的。萬一答不出來或給錯資訊，我們往往會覺得對方會因此評斷我們。不過，當我們具備資格時，我們自然而然就變成有「不知道」或「不回答」的權力。

資格是很棒的「免死金牌」。例如，我讀大學時，答錯或不作答就表示我準備不夠或缺乏知識。大多時候我覺得很尷尬，有時候我覺得很羞愧。但是我讀碩士班時，面對問題，我可以直接回應「我眞的不知道」。那不是最佳答案，但是通常對方會肯定我的誠實回應。

我讀博士班時，如果有人問了我答不出來的問題，他們會覺得自己問了爛問題，或是我太聰明或太忙了，沒時間思考那些愚蠢的事情。擁有資格的一大好處是，**從此你就有「不懂」的權力**。沒有獎章、頭銜、證書，或是名字後面沒加上職稱縮寫的人，鮮少有這樣的特權。

第二種優勢是我所謂的**「可問，不可說」政策**。在有資格認證的領域裡，通常會正式教導如何「含糊其詞」，或至少從潛移默化中養成。多數的教育工作者和輔導專業人士（治療師、醫生、社工人員、牧師等等）都學過如何從不願分享的消費者口中擷取資訊，同時盡可能不透露自己的資訊。那些領域裡的潛規則是：資格和地位愈高，你愈有權力瞭解他人，愈不需要透露自己。

你想想，醫生可能知道你的性生活、體重、每週上幾次大號。但是你可能不敢問他是否已婚或有沒有孩子，你要是大膽問起的話，很多專業人士會回你：「我們不是在談論我。」或是「那不相干。」

以下是四個例子：

● 我懷孕時沒去看醫生，也沒做產檢，一直拖到懷孕六個月，已經成爲無法逆轉的事實時，我才去看醫生。我很怕醫生對我說：「你太胖了，不該懷孕。」我很害怕，也覺得很羞愧，所以一直拖延。我不敢相信我竟然會因爲體重而羞於見人，使自己或孩子都承擔那樣的風險。我就是討厭醫生。

● 我女兒六歲時，因癌症過世。牧師說我爲了她的死亡悲痛不已，是很自私的行爲，因爲她已經到更好的地方，跟上帝在一起了。那位牧師非常聰明，受過良好的教育，但是我覺得他那樣講很殘忍。所以我很討厭他，也討厭教會和上帝。我現在還是很討厭那位牧師，也不上教會，至於上帝，我仍努力接近祂。但是當你爲過世的孩子悲傷時，爲什麼有人可以那樣明目張膽地批評你，即使你有任何職權或學位，都沒有權力那樣做。你知道我花了幾年才走出悲傷嗎？我當然有權力難過，有部分的我永遠都會難過。他的話非常不公平，他濫用了他的職位。

● 我兒子第一次耳朵感染時，小兒科醫生說：「是你的事業重要，還是你兒子的聽力重要？」只有醫生覺得他有權說那種話。我問醫生，他的小孩是否也上托兒所，他說：「我的孩子不會因爲耳朵感染而看醫生。」你因爲他們表現出一副比別人還厲害的樣子而討厭他們，偏偏你又需要依賴他們。

- 我五十八歲時回學校念研究所，我甚至不會用電子郵件或電腦。以前我求學的年代，我們還覺得銅版紙是劃時代的發明。我知道這把年紀重返校園有如震撼教育，我一進教室就變成一問三不知的白癡。我想發問或表達想法時，老是弄巧成拙。不是其他學生害我的，而是那些年輕的教授讓我非常緊張。有些教授比我的孩子還年輕，我討厭在他們面前感到愚蠢的感覺。

資格的第三個優勢是**客觀性的假設**。有資格的專業人士大多受過客觀性的訓練，但是眞正的客觀能否達到，仍是大家爭論的話題。有些人受到的教育是「眞正的客觀是可能達到的」，他們學習在面對客戶或病患時，以專業視角取代個人視角。

另一些人（包括我在內）則是認爲「純粹的客觀是不存在的」，沒有人能完全擱下個人視角。我們學到的是，我們應該去瞭解偏見和經驗，以便知道那些偏見和經驗如何影響我們和客戶的互動。我們覺得那才是面對客戶時，最有道德的方法。

在我的經驗中，「客觀性」受到的最大威脅是，以爲「純粹客觀」和「價值中立」是存在的。我比較相信那些質疑客觀性的人，以及那些相信人、價值和經驗會影響研究和實務的人。那些人會竭盡所能地在恰當的脈絡中表達意見。

當我們訪問醫生、治療師、其他有資格認證的專業人員時，不能假設他們就是客觀的。我們沒有權力過問他們的私生活，但我們確實有權力瞭解他們的專業價值觀、道德，以及和我們合作的動機。當我們面對提供意見或指導的專業人士時，更應該如此。

我想找支持職業婦女的小兒科醫生，我想找對於懷孕和生產的基本看法與我相似的婦產科醫生，我想找瞭解我的價值觀和道德感的會計師，我當然希望我的治療師對於人是如何改變的，跟我抱持一樣的基本看法。

由於資格代表一種權力，我們很容易瞭解，爲什麼和有資格的人互動以後常讓人感到自卑。想在這些情況下培養連結和力量，我們需要練習思辨覺察的技巧。我們需要判斷誰因爲我們的恐懼和自卑而受惠，然後決定如何尋求支持。爲此，我們應該毫不猶豫地向朋友求助，也必須相信我們絕對有權力向有資格的專業人士詢問他們是如何工作的，問清楚以後才對他們透露我們最私密的資訊或脆弱之處。

在下一章，我們會學習接觸外界的力量。雖然克服自卑的四項要素沒有一定的發生順序，但我發現瞭解引發自卑的原因，並對自卑的議題有某種程度的思辨覺察以後，再接觸外界就沒那麼可怕了。這點很重要，因爲下一章會說明，接觸外界是克服自卑最有力的行動。

第 5 章

第三要素：接觸外界

每個人都需要受到重視、接納與肯定。當我們覺得自己沒用，遭到拒絕，沒資格隸屬於任何群體時，就會感到自卑。接觸外界的最大效益是，瞭解那些讓我們感到最孤獨的經驗，其實是很多人普遍都有的經驗。當我們接觸外界、分享自己的故事時，我們強化了自己創造改變的力量和潛力。對多數人來說，接觸外界可以促成個人的大幅改變，也激勵一些人進一步參與集體的改變。

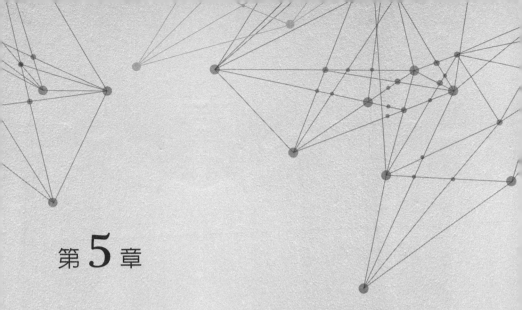

本章一開始，我想先分享三位女性的來信，她們都已經把本書的概念運用在生活上了。第一位是樂緹莎，她以電子郵件告訴我下面的經驗：

某天下午，我在電話上和母親聊到一位想和我交往的男士，但是我對他其實沒興趣，我母親還是很看好他，她跟我解釋原因時說：「即使你不瘦，他還是喜歡你。你胖，他都不介意，還覺得你很美。」我一聽非常驚訝，幾乎不知道該如何回應。幾年前，我因飲食失調症就醫，一度還同時看了四個醫生，我母親很清楚我那段病史。

當下我腦中想到的第一件事是：「哇，要是幾年前聽到這種話，我肯定會馬上崩潰。」我會立刻掛她電話，爲我的體型羞愧地痛哭，覺得沒人會眞心喜歡那麼胖的我，有人喜歡我就要感恩了。

但是讀了自卑的相關研究以後，我發現母親和體重都是引發我自卑的原因，所以現在我可以從當下的情境中退後一步，把母親的話當成她只是想支持我（只不過執行效果欠佳），而不是像以前那樣開始發飆。我對母親抱持的負面態度還是有點惱怒，但是我現在可以看清情況，打電話向好友傾訴，抒解情緒積壓。現在我也比較瞭解，關於我身材的那麼多議題是來自何處。

第二封信比較長，談的是落實克服自卑的要素：

布朗博士您好，

您的研究影響了我兩方面。第一，我瞭解到我那些感受是自卑。第二，我學會以「談論自卑」的方式來因應。我學到我深受自卑的影響，我有您提到的所有自卑「症狀」，但從來沒想過那些症狀和自卑有關。那感覺就像有很多奇怪的症狀，但不知道把它們歸因於什麼。當你不知道自己出了什麼毛病時，就無法治療。當痛苦的情況發生時，我的臉會脹紅起來，胃部糾結，我會想要躲起來。但是由於那些情況各不相同，即使我的反應都一樣，我從來無法明確說出我感受到的情緒究竟是什麼，也因此我一直無法處理。此外，我又忙著以一貫的方式因應（亦即想辦法遺忘那些事），所以沒時間思考究竟發生了什麼事，以及如何更有效地處理。

事實上，我對自卑幾乎沒什麼概念，所以我也不確定那些描述能不能套用在我身上。不知怎的，我總覺得「自卑」跟別人有關，跟我無關。後來讀了您的研究以後，我才明白自卑在我的生活中幾乎無所不在，只是我一直無法辨識與因應罷了。

克服自卑理論中，我最喜歡的部分是「談論自卑」。對我來說，那是指找出自卑，然後以比較適切的方式去處理。我現在可以更有效地辨識自卑情境，那通常是由強烈的生理反應引起的，例如臉部脹紅、胃部糾結，努力想要遺忘事件，但腦中卻一再重播。這種策略顯然效果不好，因爲幾年後再憶起自卑事件時，又會讓我畏縮和臉紅。不過，現在我已經學會控制自己了，我知道那些反應是「自卑」。

所以現在我已經找到原因，也有一些可以採行的有效行動。現在我覺得最有效的行動是，找一個支持者傾訴令我自卑的故事，而不是悶著不講。我喜歡培養皿的比喻，因爲當我閉口不談自卑，加以隱藏時，自卑就開始加倍成長。不過，只要把它暴露在光天化日下，它就失去力量，開始萎縮。現在我不再畏縮了，我幾乎可以笑看一些以前的經驗。有時候我甚至至亟欲對人透露我的自卑故事，但有時候分享的意願比較低。

例如，某天我邀請一群以前的鄰居來我的新家作客，我以前和那群鄰居在一起時，一直很沒有安全感，因爲她們是那種很會打扮的女性，家裡妝點得非常完美。我跟她們處得還不錯，但我總覺得自己不屬於她們那個圈子，因爲我不是很在意穿著和居家裝潢。她們似乎也覺得我少根筋，是「笨手笨腳的芭芭拉」。每次她們在場時，我總是有「不如人」的感覺。

現在我搬到新家，花了很多時間裝潢新房子，對我的講究品味相當自豪。所以我邀請她們和一些以前鄰里的老友來新家作客。我亟欲迎合她們，讓她們留下深刻的印象，所以我準備了超多的食物，大餐桌上擺滿了成堆的乳酪、洋芋片和沾醬、甜點等等。不過，除了這群我亟欲炫耀的對象都來了以外，派對的出席人數並不踴躍。她們來了以後，很喜歡我的新家，我們聊了一些彼此生活的狀況，滿桌的食物就擺在那裡，她們只吃了幾口（我提過她們都很瘦嗎？）

她們離開以後，我感到羞愧不已。在那之前，我都沒發現我有多努力想要打動她們，爲了彌補過去不如人的形象而邀她們來參觀新家。結果我不但沒改變過去的自卑，還因爲整桌食物幾乎原封不動而更加自卑。那滿盤的食物象徵著我的自卑感，堆疊得又高又深！

我覺得自己很蠢，那麼努力想要讓那群女人刮目相看，卻再度失敗了。以前我會想辦法隱藏羞愧，甚至把食物丟掉以掩飾自卑。不過，有了新的技巧以後，我找了能夠瞭解與分擔痛苦的朋友，打電話向她哭訴事件的經過。隔天她來我家，我們一起吃那些食物當午餐。認眞談論那些議題後，我甚至可以笑看我想獲得她們認同的舉動以及那些食物，我感覺好多了。把一切攤開來說以後，我可以更清楚看到我是從錯誤的地方、錯誤的人身上尋求認同，我終於可以放下那些自卑感。

如今我想起那次經驗時，通常會微笑，而不是畏縮。我想起朋友和我坐在桌邊，邊笑邊吃那些食物，而不是那場搞砸的派對。這對我來說是一大改變，因爲以前我會吞下的是自卑，而不是食物。

我先生在不久前有幸聽到你的濃縮版自卑演講，那也對他很有幫助。我們一起「談論自卑」，用它來改善我們夫妻之間的溝通。

我也覺得學習瞭解自卑讓我變得更有同理心了，我本來就很善於聆聽他人，也不會評斷他人。瞭解自卑以後，又讓我更進一步。我知道別人對我透露羞愧的故事時，其實是冒了很大的風險。我也知道聽完別人的故事後，若是妄加評斷，不發揮同理心，那會造成什麼樣的傷害。

所以我更懂得安撫對方，讓他知道其實每個人偶爾都會陷入自卑，這次可能是我在岸上對他拋出救生衣，下次可能換成我陷入自卑，需要他人的協助。我也更加明白，疏離他人以及使用「我們」和「你們」等字眼來分隔彼此，會灌輸錯誤的優越感。所以，我現在更注意我的自卑和他人的自卑，努力培養接納自己與他人的包容心。

下面是一封治療師寫來的電子郵件，她在客戶及自己的生活上都使用克服自卑的技巧。

布朗博士您好，

身爲家庭暴力和性暴力倖存者的輔導員，因應客户的自卑一向是我工作上的一大難題，您的研究是幫我輔導客户的有力工具。我常在群體輔導活動及個別客户的身上運用這些技巧，我覺得這本書對我最實用的部分是，我更懂得分辨自卑，也更明白自卑是如何影響客户的。現在我有工具幫助他們承認個人的脆弱，運用思辨覺察的技巧，以及引導他們談論自卑。這感覺就像魔術一樣神奇，化解自卑並勇往直前是療癒的重要過程。

在我個人的生活方面，我也會運用您傳授的技巧。我會找朋友談論自卑，很多朋友也讀過您的作品。能夠談論自卑眞的幫助很大，因應我自己的自卑議題，讓我原本覺得一籌莫展的領域有了突破。我自己也是暴力下的倖存者，我跟朋友談過受虐女性的自卑，但是這本書也幫我找出生活中其他領域的自卑，亦即那些比較容易忽視的日常領域。能夠談論自卑的力量眞的很強大，無論是我自己的身體方面（感覺太胖）或是工作方面（覺得不夠好）。一開始要談論自卑需要很大的勇氣，我從來不想談論自卑，但是每次我談完以後，都有如釋重負的感覺。我愈常談論，就覺得愈簡單，往往談完以後就不再自卑了。要不是您的研究，我可能沒有足夠的勇氣說出來。

我讀這些信件時，腦中第一個閃過的念頭是：這本書裡的技巧不是我發明的。知道這本書的概念對女性有幫助，對我來說有很大的意義，不過這些想法不全然都是我的。我聽了數百位女性訴說她們的故事，說明她們因應自卑的技巧。我研究她們的經驗，加以整理歸納。為了更瞭解我聽到的內容，我研究了許多臨床醫生和研究人員的研究報告，因為有他們的研究為基礎（本書中經常引用，也收錄在附錄的參考資料中），才有我今天的研究結果。

閱讀這些信件只是證實，我研究「關係——文化理論」時，學到的東西都是眞的：我們是透過人際連結獲得療癒。關係——文化理論是從衛斯理學院史東中心發起的理論建構合作流程中發展出來的。珍·貝克·密勒（Jean Baker Miller）和愛琳·史蒂芙（Irene Stiver）在著作《療癒的連結》（*The Healing Connection*）裡寫道：「如果我們仔細觀察女性的生活，不勉強套上預先存在的型態，就會發現人際連結感是女性發展的一大特徵。聆聽女性講述生活上的故事並認眞檢視那些故事，就會發現女人的個人自覺和自我價值感，通常是以培養與維繫關係的能力為基礎，而不是以強調分離的發展模型為基礎。」

每個人都有連結的需要，也有能力使用克服自卑的技巧。就像芭芭拉在信中提到的，有時候我們也會陷在自卑中，需要他人的幫忙；有時候我們是在岸上，可以對陷在自卑的人拋出救生圈。

這個世界上肯定有很多方法可以區分出我們之間的眞正差異，但是到頭來，我們之間的相似點其實比相異點還多。每個人都需要受到重視、接納與肯定。當我們覺得自己沒用，遭到拒絕，沒資格隸屬於任何群體時，就會感到自卑。那些讀者來信，無論是長是短，無論是來自年輕女性或是經驗豐富的專業人士，那都不重要，重點是她們傳達的訊息都是一樣的：接觸外界的最大效益是，瞭解那些讓我們感到最孤獨的經驗，其實是很多人普遍都有的經驗。

無論我們是誰、如何成長或相信什麼，每個人私底下都默默打著心理戰：嫌自己不夠好、擁有的不夠多、歸屬感不夠等等。當我們鼓起勇氣分享經驗，發揮包容心去聆聽別人訴說故事時，我們也讓自卑無所遁形，結束沉默。以下是三位女性把自卑經驗轉變成對外連結的方式：

- 我十六歲時懷孕了。我的生理期一向很亂，所以我懷孕三個月後才發現，唯一知道這件事的人是我姊，我甚至沒告訴男友。我發現懷孕一週後突然流產了，那過程相當嚇人，是我姊送我就醫的。從醫院回家的路上，姊姊說小孩流掉是好事。那是二十五年前的事了，每年我還是會想起可能是那個孩子生日的日子。我知道我不能爲那件事難過，因爲我本來就不該懷孕。我爲懷孕感到羞愧，但我也因不能爲那件事情難過而羞愧。現在當我看到有人爲難過而羞愧時，我都會告訴他們，找人把心裡的話講出來很重要。我告訴我女兒、朋友、侄女，以及任何不敢悲傷的人，每個人都有權力悲傷和難過。

● 我父親的妻子比我年輕，我母親的新男友已經結婚六次了，我的家庭眞的很荒謬。理論上，我們應該對這一切已經習以爲常了，那些狀況「理論上沒什麼大不了」，因爲我們全家都很瘋狂。但是，只有在遇到別人也如此公開地談論家人的瘋狂狀況時，別人才會覺得你很正常。當你遇到假裝家人都很完美的人時，那就不然了。事實上，你會覺得很丟臉，因爲別人是根據你的瘋狂家人來評斷你。你會避免討論，開始談別的東西。當我看到有人坦承家人的詭異狀況，卻遭到別人的評斷及詆毀時，我都會挺身而出，開始談我的家庭。如果每個人都誠實地談論家庭，沒有人會覺得只有自己的家庭亂七八糟。我都會試著幫助遇到那種狀況的人，因爲我自己也有同樣的經歷，那感覺眞的很孤獨。

● 我覺得不瞭解某件事情的眞相很丟臉，尤其當你在成長的過程中道聽塗說或得到錯誤資訊的時候。我在青少年時期以爲使用衛生棉條會懷孕，以爲手淫會變成A片演員，我甚至不知道那些奇怪的觀念是從那裡來的，但是我有整整一年不敢用衛生棉條。我朋友問我爲什麼還用衛生棉時，我都不敢講，因爲我不確定「用棉條會懷孕」是眞的還是假的。我又不能問我爸媽，最後我看到一位保母在皮包裡放了衛生棉條，我才問她。她笑著告訴我有關月經、性愛、男人的一切資訊。家長都不曉得錯誤的資訊對小孩的影響，現在有年輕的孩子問我問題或提及錯誤的資訊時，我都會告訴他們想知道的一切，以避免他們像我以前那麼悲慘。

當我們不主動幫助他人時，等於是讓他們獨自陷在自卑中，繼續以自卑最愛的隱匿和沉默來餵養那股自卑感。正如我們無法以羞辱來改變別人一樣，我們也無法從別人的自卑中獲益。不過，我們都可以從彼此的同理心中受惠。

我們對他人伸出援手時，不是爲了「修正」或「拯救」對方，而是爲了強化彼此之間的連結網絡以幫助他們。我們因爲**⑴分享自己的故事，⑵創造改變**，而增強了自己克服自卑的能力。

當我們不接觸外界時，我們因爲**⑴分開，與⑵隔離**，而助長了自卑，創造了孤立。

分享自己的故事有個好處，你會出現「會意的笑」。我把「會意的笑」定義成：因爲看出共同經驗（不分正負面）的普遍性而發笑。那是我們發現分享自卑經驗的力量時，感到放心及產生共鳴的具體表現。如果你讀到前面那個餅乾故事時，你笑了，希望你是跟我一起笑看那個經驗，而不是嘲笑我，那就是「會意的笑」。

會意的笑不是以幽默感自嘲或轉移話題，也不是我們有時用來掩飾自己的苦笑。會意的笑確認了兩點：造成自卑網的預期很荒謬；相信只有我們困在那張網內很諷刺。每次想到會意的笑，我都

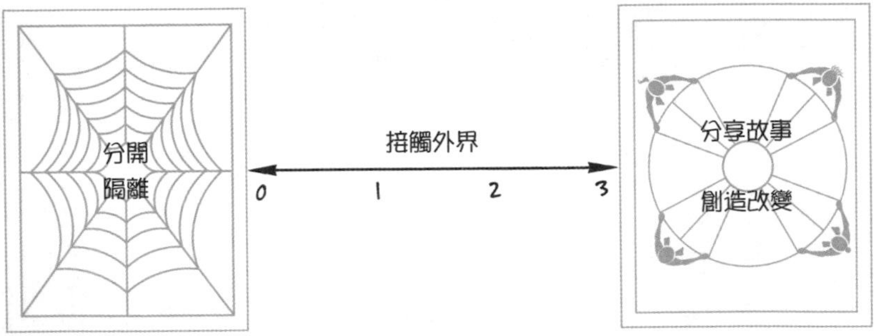

會想起爾瑪·邦貝克（Erma Bombeck）的精彩作品，以及凱絲·葛絲薇特（Cathy Guisewite）創作的漫畫《女雅痞凱絲》（*Cathy*）裡的犀利幽默感。她們暢談母職和單身的創意作品，以令人捧腹大笑又讓人覺得自己很正常的方式，道盡了我們的脆弱。

當我們和瞭解我們內心掙扎的人分享會意的笑時，有種感動又欣慰的感覺。我最喜歡的「笑」的定義，是作家安·拉莫特（Anne Lamott）提出的，她形容笑是「神聖的快活歡騰形式」。

過去幾年，我有機會和一些優秀的研究生一起做這個專案，我們花了很多小時閱讀與分析訪談的內容及討論自卑。我還記得研究團隊一開始探討「會意的笑」時的情況，我們本來就知道笑看共同的自卑經驗很重要，但是當我們聽到愈來愈多研究參與者提到「會意的笑」時，我們有點驚訝。最後我們發現，笑是一種通用的語言，它提供我們談論自卑的方式，因爲自卑是一種難以言喻的概念。

一位研究人員馬琪·麥米蘭（Marki McMillan）寫道：「笑是自卑的羈絆已經鬆綁的證據，會意的笑是我們覺得自卑已經轉變的時刻。它就像同理心一樣，會削弱自卑的力量，把它逼出隱匿的地方，讓它無以爲繼。」

當我們接觸外界、分享自己的故事時，我們強化了自己創造改變的力量和潛力。對多數人來說，接觸外界可以促成個人的大幅改變，也激勵一些人進一步參與集體的改變。

創造改變

一開始，相信我們眞的有能力改變自己的生活好像很難，甚至不可能，但那是培養克服自卑技巧的過程中，讓人最明顯感受到力量的步驟之一。我們在談論個人改變與集體改變時必須知道，改變不見得就要參與政治行動、倡議活動或小團體，有些人只要改變自己和他人互動的方式或人際關係，就能創造改變了。

我們需要找出感動與激勵自己改變的方法，有時候每個人的作法因議題而異。有些議題會激勵我全力投入集體行動，有些議題讓我覺得我最大的貢獻就是從改變自己做起。說到創造改變的方式，我喜歡把它想成**6P：personal（個人）**、**pen（動筆）**、**poll（投票）**、**participation（參與）**、**purchase（購買）**、**protest（抗議）**。無論是改變孩子學校裡的某件事，要求附近的便利商店把糟糕的雜誌下架、在職場上爭取更多的產假，或是努力改變國家政策，使用這6P都很有效。

個人：即使是最私人的改變，通常對家人、朋友、同事的生活也有強大的漣漪效應。例如，茱莉安開始追蹤孩子看的電視節目，也限制自己的時尚雜誌訂閱。原本因先生的評論而變得沉默的珊卓拉，又開始和小叔辯論政治和宗教議題，她也把父母教導她的「活得驕傲，暢所欲言」原則，連同孩子可用的工具，一起傳授給女兒，教她們有效因應別人用來讓人噤聲的羞辱方式。改變有很多種形式——突破社群的預期，讓自己充實地過生活，也幫別人那麼做，這是最有謀略的作法了。面對自卑時，展現勇氣、包容心、建立連結就是一種謀略行動。

動筆：寫信。多數組織的領導人和立法委員都會回應信件、電子郵件或傳眞。我的朋友兼同事安·希比格（Ann Hilbig）常積極遊說兒童的議題，她說美國的國會議員只要收到十二封信，就會要求辦事處裡的人去研究那個議題，所以我經常發送這種電子郵件。如果你覺得某個廣告很糟糕，就寫電子郵件給那家公司。全國婦女組織（The National Organization for Women）贊助「寵愛身體活動日」（Love Your Body Day）。他們在網站上收集那些助長外貌自卑、青少年吸菸與飲酒的糟糕廣告。他們也提供現成的投訴書格式，你可以發送給朋友，請他們寄給公司。那份投訴書的內容如下：

行銷總監您好：

我們拒絕爲了加入今年的流行潮流而讓自己挨餓，拒絕接受您把菸草塑造成減肥的輔助工具，我們譴責飲食業讓我們懷疑自己的尊嚴，我們不要推高胸部、擠進狹小的衣物、縮小腰圍、撫平皺紋、修長曲線或修改缺陷。你們不能拿我的臉龐或身體去跟完美的眼睛、鼻子、頸部、胸部、腹部、髖部、大腿或臀部等等做比對，我們拒絕像肉品那樣遭到品頭論足，只爲了讓您有利可圖。我們的眞實本色已經很美！

我們知道吸菸會上癮，也會致命。**我們知道**挨餓會削減肌肉組織和腦力。**我們知道**您在雜誌及電視上呈現的女性形象令人不悅、有害又危險，也不尊重女性。那些廣告都是在攻擊婦女和女孩，侮辱我的智商，也打擊女性的平等地位。

投票：瞭解候選人對那些影響你生活的議題有什麼看法，以作爲投票的依據。

參與：瞭解哪些組織支持你主張的議題，加入他們一起奮鬥。多數組織都會以電子郵件或傳眞方式來傳遞最新資訊，讓大家掌握議題的最新狀態。他們也會提供現成的電子郵件與傳眞格式，幫助你發聲。你只需要塡寫郵遞區號，以電腦寄出就行了。那只需要兩分鐘，他們會確實把資訊轉達給正確的負責人。

購買：金錢的力量比蠻力還大，你可以拒絕向價値觀不同的人購買東西。行銷研究顯示，家中購買決策約有八十五％是由女性決定的，以下就是一例。約兩年前，艾倫和我到本地的影片出租店租ＤＶＤ，我在看ＤＶＤ外盒的簡介時，艾倫拉了一下我的襯衫，問道：「她們是公主嗎？」我低頭看到那不是她平時挑選的影片類別，而是三個年輕女性穿著衣不蔽體的比基尼，電影片名類似〈徵人廣告：郊區厤煩〉之類的，我把那部影片抓過來，仔細端詳它的說明，發現那是一部「成人」電影。

我馬上帶著艾倫，大步走向櫃臺，要求和店長說話。等了幾分鐘以後，一位年輕女性走向我並自我介紹。我問：「你們什麼時候開始進這些片子的？」她低頭看了那個盒子一眼，嘆了一口氣說：「我們進色情片的時間，大概和上頭刪減我們的福利又延長工時的時間差不多。」她接著解釋，一家龐大的電信業者併購了這家全國連鎖的影片出租店。併購以後，他們開始出租成人電影。她說她的店裡只收到五十片成人電影，但是「貧困地區」的分店收到數百片。

在開車回家的路上，我向艾倫解釋爲什麼我那麼生氣，爲什麼我覺得有些電影對女孩和女性都有害。她幫我剪了那張租片會員卡，我們把剪碎的卡片和申訴信一起寄給那家公司的地區經理。我找了一家很棒的線上租片公司，可以直接把ＤＶＤ寄到我家，又不收滯納金，也沒有成人電影。我們附近那家出租店可能永遠也不會停止出租色情片，但是艾倫和我可不買帳。

抗議：抗議不見得是上百萬人走上街頭，有時只是四、五個人出現在校董會上，或是到某人的辦公室。無論規模大小，當我們集合起來提出要求時，有些人就會把我們的行動視為「抗議」。如果有人阻止我們，我們必須問：「誰因此受惠了？」

海瑞亞．勒納在《親密之舞》（*The Dance of Intimacy*）裡寫道：「雖然連結不見得都很明顯，但是個人改變和社會與政治的改變是密不可分的。」我相信這話是真的，接觸外界讓我們分辨與找出彼此之間的共同點，為個人改變與社會改變都創造了機會。

接觸外界的障礙

我們練習接觸外界時，需要清楚知道可能阻擋我們的障礙。本章剩下的部分將檢視兩種經常阻礙我們鼓起勇氣及發揮包容心的議題。介紹這些概念的最佳方式，就是講述珍妮佛和蒂芬妮的故事。她們的故事充分顯示這些阻擋我們接觸外界的障礙，以及為什麼我們應該努力克服它們。

我第一次採訪珍妮佛是透過電話，她和先生德魯都剛拿到ＭＢＡ學位，育有一個三歲大的兒子托比。那次訪問的焦點主要是談她在男性為主的班級上不敢發言，以及她每週末需要上班或上課，不得不把小孩送到托兒中心而衍生的羞愧感。幾年後，我有機會在克服自卑的研討會上見到珍妮佛，她利用休息時間來找我，問我能不能和學員分享她接觸外界的故事。以下就是她的故事。

他們夫妻倆拿到學位以後都找到工作，也在他們夢想的社區裡找到第一間房子。他們就住在蒂芬妮和她先生安迪的對面。珍妮佛和蒂芬妮的兒子同年，蒂芬妮還有一個小女兒。我第二次訪問珍妮佛時，她正好懷有身孕。

他們兩家的兒子後來成了好友，但是珍妮佛和蒂芬妮的友誼進展較慢。珍妮佛告訴我：「我們一直不是很熟，大多只聊孩子的事。我試著拉近關係幾次，但是她似乎意願不高。一年後，我對她的瞭解其實不多，她也對我不太瞭解……直到後來發生了一件事。」

珍妮佛解釋，她的妹妹卡莉從少女時期就有酗酒的問題，她們的母親以前也有酒癮，後來戒酒成功。珍妮佛的母親打電話來告知，卡莉進了戒酒中心療養，她會代爲照顧卡莉的女兒艾瑪，直到卡莉出院爲止。珍妮佛的母親問她和德魯能不能去戒酒中心參加週末的探親活動，珍妮佛承諾他們會去。珍妮佛不曾把兒子交給保母過夜，所以她決定問一下蒂芬妮，能不能讓兒子去她那裡過夜。

以下是珍妮佛回憶當時的情景：「我走到對面，敲了敲門，深呼吸。蒂芬妮出來應門，我說：『我妹妹卡莉剛進療養院，有幾個週末我和德魯需要去探望她，托比可以暫住你這裡一晚嗎？我本來想請我媽過來一趟，但是她也會去探望我妹妹。』」珍妮佛說蒂芬妮當下一臉震驚。

蒂芬妮很快回答：「托比當然可以在這裡過夜，沒問題。」珍妮佛鬆了一口氣。接著，蒂芬妮就開始發問了：「哪個妹妹？我以爲你只有一個妹妹。」

「是啊，就是卡莉，幾個月前她帶女兒來時，你見過她。她住在北部，靠近我媽那裡。」珍妮佛回應。

蒂芬妮一臉困惑：「卡莉！眞的嗎？她那麼可愛，帶著一個小女孩，母女倆穿著一樣的花洋裝那個？」

「對，就是她。」蒂芬妮開始在腦中拼湊想法時，珍妮佛覺得愈來愈不對勁，後來她們的對話如下：

蒂芬妮：「她看起來不像是會去療養院的人，她有什麼問題嗎？」

珍妮佛：「她有酗酒問題。」

蒂芬妮：「眞的假的，她看起來不像會酗酒的人，她先生怎麼說？」

珍妮佛：「她沒結婚。」

蒂芬妮：「眞的假的，你母親怎麼說？」

珍妮佛：「你是指她的酗酒問題，還是指單親媽媽這件事？」

蒂芬妮：「天哪，我也不知道。」

珍妮佛：「她認爲卡莉和艾瑪都很棒，她自己以前也有酗酒問題，後來戒了。」

蒂芬妮：「哇！你家好特別，眞是複雜。」

珍妮佛：「我想是吧，所以托比能在你那裡暫住一夜囉？」

你可以想像，這種對話並無法讓珍妮佛和蒂芬妮的關係更加深厚，而且在關係改善之前，可能還會更加惡化。

幾個月後，珍妮佛和蒂芬妮的兒子都開始上幼稚園了。開學兩週後，共乘車道上發生一件可怕的事。蒂芬妮到珍妮佛家敲門，當時珍妮佛已經接兒子回家，正在廚房裡。珍妮佛去應門，蒂芬妮激動地轉述那件事的細節。「你一定不敢相信竟然會發生這種事，你有沒有看到警車？有沒有看到救護車？」珍妮佛一聽嚇壞了：「沒有耶，發生了什麼事？」

「共乘車道上有一台車一直杵在原地不動，大家開始按喇叭。一位媽媽下車，走到那台不往前移的車子旁邊，發現一個女人昏倒在方向盤上。那個媽媽開始尖叫，一群老師衝了過來，她們以爲那個女人暴斃了。有人打電話叫救護車，救護車趕來時，他們才發現她沒死，只是醉得不省人事，你相信竟然會發生這種事嗎？」

珍妮佛幾乎無法回應，眼眶湧上了淚水。「喔，天啊，眞可怕……」她說。

蒂芬妮打斷她的話：「對啊！眞不敢相信竟然會有這種事，而且還發生在我們學校？在我們這個社區？這女人可能開車撞死人，輾過我們的孩子。我剛聽到時，也差點哭了出來。你想想，那個瘋女人醉成那樣，竟然還開車到我們的學校。」

珍妮佛頓時啞口無言。

蒂芬妮看她不說話，接口說：「我懂，我懂，眞是可怕，我也很難過，這種事情竟然會發生在這裡，就在這條街上，在我們這個鄰里。」

珍妮佛搖頭說：「我是爲那個母親感到難過，還有她的孩子及家人。蒂芬妮，我想我們難過的原因不一樣。」

蒂芬妮正看往門外，沒回應珍妮佛那句話，她看到另一位鄰居正開車回到家，注意力全移到外頭了，她說：「喔，我要去跟麗娜講這件事，我先走囉。」

珍妮佛很生氣，也覺得很受傷。她描述那個故事時，一再說她實在不敢相信她竟然會有那麼膚淺的朋友，那麼狀況外。蒂芬妮明明知道珍妮佛的母親和妹妹都曾有酗酒問題，當下卻沒聯想到，珍妮佛說：「我永遠忘不了她在孩子的面前說，她不敢相信我們這個鄰里竟然會發生這種事，而且還發生在我們的學校。」珍妮佛解釋，「我眞得很想反問她：『不然你覺得這應該發生在哪裡？誰的孩子應該看到這種事？』」

她們的友誼變得更加疏離，但是這並未阻止蒂芬妮詢問珍妮佛要不要一起參與學校的冬季嘉年華會。蒂芬妮說，參加那個活動可以認識一些家長會的媽媽，尤其是安珀．丹妮爾（Amber Daniels）。珍妮佛勉強同意了，她覺得那樣做可以消除一點職業婦女的內疚感。

安珀有三個孩子在學校就讀，一個五年級，一個三年級，一個二年級。她是家長會的會長，據珍妮佛描述，「她幾乎可以算是你這輩子見過最完美的人了」。珍妮佛形容安珀很聰明、美麗又客氣，總之就是大家眼中的完美媽媽。蒂芬妮非常崇拜她，崇拜到甚至見到她都說不出話來。安珀有一群親近的好友，她們大多是高年級孩子的媽媽。當安珀或她的朋友對蒂芬妮打招呼時，蒂芬妮講起話來就結巴了。珍妮佛沒那麼盲目崇拜安珀，她覺得家長會的那群媽媽有點高不可攀。

珍妮佛和蒂芬妮是負責嘉年華會的靜態拍賣。某晚，開完嘉年華會的規劃會議後，珍妮佛和蒂芬妮正要走出餐廳，安珀和兩位朋友也在現場，安珀看到她們時喊道：「嘿，過來跟我們一起喝杯咖啡。」珍妮佛和蒂芬妮互看了一眼，慢慢地走向那一桌。

講到這裡，珍妮佛笑了，她刻意用誇張的口吻描述當時的情況。她說：「我心想，喔──天──啊，那感覺就像被邀請去和啦啦隊員同桌一樣。」

她們坐了下來，安珀自我介紹，也介紹她的朋友。接著安珀問道：「你們有什麼度假計畫嗎？」這時珍妮佛看著我說：「布芮尼，坦白講，我也不知道我當時是怎麼回事。」她接著說：「我正眼看著安珀說：『有啊，我要去北部探望家人，我妹剛進療養院，所以我們會過去陪她和她女兒。她是單親媽媽，滿辛苦的。』」

珍妮佛的坦白回應讓蒂芬妮嚇了一跳，她整個人趴在那張小餐桌上，額頭輕敲了桌面。

珍妮佛說：「如果她那樣做是爲了轉移大家的注意力，那還滿有效的，安珀甚至問她還好嗎。」

蒂芬妮振作起來，看著珍妮佛說：「拜託，珍妮佛！我猜安珀應該不會想要知道你家的複雜狀況。」

安珀笑著說：「嘿，誰的家庭不複雜呢？」

珍妮佛開始回應，但是蒂芬妮打斷了她，忙著說：「沒人像她家那麼複雜。」珍妮佛說，這時她開始感到羞愧，低頭看著咖啡杯。安珀問了一個問題，趁機打破尷尬的沉默，那個問題讓珍妮佛有些吃驚：「你妹妹還好嗎？」

珍妮佛描述當下的情況：「安珀是在問我，但是她正眼看著蒂芬妮，那表情好像在說：『你最好別說半句話。』」

珍妮佛馬上回答：「她好多了，謝謝。」

「她是在哪裡療養？」安珀問道。

「莫伍療養院。」珍妮回答。

安珀點頭說：「我先生以前當一個傢伙的戒酒互助人（sponsor）[1]，那個人也是去那裡療養，那裡應該不錯。」

蒂芬妮頓時啞口無言。

安珀的朋友笑了起來，問道：「安珀，那你呢？今年有打算參加什麼度假派對嗎？」這一問，安珀和朋友都笑了起來。珍妮佛說，她可以感覺到她們似乎在講彼此才聽得懂的笑

1 想戒酒的人參與戒酒會時，為了在戒酒過程中得到及時的幫助，大多會找一個互助對象（sponsor），這個人通常是已戒酒較長的時間，對戒酒會的戒酒步驟有比較通盤的瞭解，能在對方（sponsee）戒酒遇到困難時提供幫助和指導。

話。安珀搖頭說：「我就說家庭複雜吧！」

安珀繼續解釋，去年他們帶孩子去她母親家度假，她母親懇求他們去參加她好友舉辦的假期派對，那個好友正好是安珀第一任丈夫的母親，也就是她以前的婆婆。

珍妮佛說，安珀才講到一半，蒂芬妮就脫口說：「你以前結過婚？」安珀明顯地點頭，繼續講故事。

安珀解釋，她的孩子都知道她以前結過婚，但是她和先生看到她前夫帶著新男友出席派對時都很震驚。珍妮佛說：「故事說到這裡，我們都已經笑開了，大家都覺得很有趣，只有蒂芬妮除外。她的臉上毫無笑意，我幾乎都快為她難過了，這時她突然問安珀，讓孩子那麼早接觸『同性戀議題』會不會很辛苦。」

珍妮佛說安珀應對得很好，她說她不知道蒂芬妮所謂的「同性戀議題」是指什麼，她先生的弟弟和他的伴侶也住在城裡，而且常來幫他們帶小孩，所以「同性戀議題」對他們的孩子來說是很「正常的事」。

珍妮佛描述當天開車回家的過程很尷尬，蒂芬妮不發一語。約莫一週後，珍妮佛問蒂芬妮能不能一起談談。蒂芬妮答應了，她們談了卡莉、共乘車道事件和安珀。

珍妮佛努力地解釋她的感受，但是蒂芬妮只會不停地說：「我不懂你在講這些事情時，怎麼感覺好像你很自豪似的。」

珍妮佛說：「我跟她解釋，我不是為那些事情自豪，我只是不想為那些事情而自卑。我試著解釋我是在努力面對我的自卑議題，但是不管我怎麼說，她就是聽不懂。」

蒂芬妮回應：「難道安珀的先生有酗酒問題，有個同性戀的弟弟，她以前結過婚，我就應該覺得她變得更好了嗎？我並沒有因此更看好她，我喜歡誠實的人。你看到安珀時，只是看到表象，表象和事實並不相符。」

珍妮佛說：「我實在很生氣，後來我放棄了。我知道我們再繼續這樣談下去，到最後會老死不相往來。」

從此以後，她們之間的關係只著重在孩子和學校上。珍妮佛後來和安珀成爲好朋友，蒂芬妮則依舊認爲安珀被大家高估了，珍妮佛邀請蒂芬妮跟她們一起聚會時，她都推辭沒去。

過了近半年以後，某天早上，蒂芬妮打電話給珍妮佛，哭得很慘，幾乎聽不懂她在講什麼。珍妮佛馬上跑去蒂芬妮的家，前門敞開著，所以珍妮佛直接走了進去，蒂芬妮正坐在廚房的地板上啜泣。

「我以爲有人過世了，我在她的旁邊坐了下來，問她發生了什麼事。」珍妮佛解釋。

蒂芬妮看著珍妮佛說：「我並不完美，我眞的不是。我的生活和其他人一樣，都是他媽的混亂，我發誓。」

珍妮佛說：「我當時的表情肯定很震驚，因爲蒂芬妮氣憤地說：『沒錯，我剛剛講了髒話，我還會再講。』接著，她哭得更慘了。」

珍妮佛抱著蒂芬妮說：「我知道你不完美，相信我，我懂，那沒有關係，那眞的很好。」

她們都笑了一下。珍妮佛說，這時蒂芬妮轉向她，握住她的手，以最有力的方式接觸外界。蒂芬妮對珍妮佛說她眞的不懂。

蒂芬妮說，她甚至不知道父親是誰，她從來沒見過他。她說她的母親不曾來訪，因爲她覺得太丟臉了，從來沒邀請她來。

蒂芬妮說：「她的問題不是你和安珀會笑的那種問題。她很窮，缺牙，說話也跟我們不一樣。我從小成長的鄰里不像我們這裡，小時候不管我做了什麼——成績再好或再怎麼努力打扮自己——我還是不如人。」

蒂芬妮上大學時認識安迪，安迪完全符合她想要的條件，有個看似完美的家庭，他也教她怎麼打扮得更得體。蒂芬妮說：「我甚至沒邀請我媽來參加婚禮，安迪是在我們婚後才見到我媽。他也不喜歡她，討厭我的出生背景。我並沒有先說我不確定要不要邀請我媽來參加婚禮，他也沒勸我邀請她。他是直接告訴我，我媽不來參加婚禮對每個人來說都比較輕鬆。」

講到這裡，珍妮佛和蒂芬妮都哭了。蒂芬妮告訴珍妮佛：「我想要顯得正常，但是我覺得好累。我之所以一直沒講，把它藏在心裡，是因爲要是有人知道我們的問題，安迪會抓狂。我眞的很想念我媽，不知道該怎麼辦，我希望能夠和你談談。」

珍妮佛告訴我：「我不知道該說什麼或做什麼，就只是坐在那裡聆聽，跟著哭。」

珍妮佛說，最難的部分是，蒂芬妮站了起來，走向廚房的抽屜，拿出一張折起來的紙。她看著珍妮佛說：「你之前告訴我，你是在努力面對自卑的議題，所以我上網搜尋了『自卑』

（shame），結果看到這首詩。讀了這首詩以後，你就會更瞭解我了，你想讀嗎？」

珍妮佛說她幾乎不敢看那張紙，但她還是讀了。那是沃恩．獲沙萊（Vern Rutsala）的詩〈Shame〉，珍妮佛拿給我看以前，我從來沒聽過那首詩。後來我和很多人分享了那首詩，我覺得那是我看過最勇敢、最眞實的行爲了。以下就是那首詩：

這是一手遮住微笑的女人所感受的自卑，
因為她的牙齒很糟，
但還不至於糟到讓人極度自怨自艾而割腕、吞藥或跳河。
這是看到自己的樣子，
為自己生活的地方以及父親的微薄薪水而感到丟臉的自卑。
這是對肥胖和禿頂，
對難以忍受的青春痘，
對沒錢又假裝不餓所感到的自卑。
這是隱瞞疾病的自卑，
那種貴到沒錢醫療、只能等死的疾病。
這是老酒鬼自慚行穢、自我厭惡的自卑，

放任垃圾堆積，
別人告訴你有別的生存方式，你卻笨到找不到那方式的自卑。
這是一種真正的自卑，該死的自卑，可恥的自卑，讓人罪惡不已的自卑，
明知「榮耀」之類的字眼是不屬於你的詞彙，但那些字眼仍充斥在你祈禱的聖經裡。
這是不識字卻假裝看得懂的自卑。
這是讓你不敢跨出家門的自卑，
你在超市裡拿出糧票，收銀員不耐地看著你翻找零錢時所感受的自卑。
這是家醜不敢外揚的自卑，
假裝父親和一般人一樣在辦公室上班。
這是請朋友在美寓前讓你下車，
你先在樹蔭下等著車子離開，才走回簡陋住家的自卑。
這是瘋狂購物後的自卑，
冬天沒暖氣的自卑，
吃貓食的自卑，
夢想擁有新房和新車的自卑，
知道那些夢想有多低俗的自卑。

©獲沙萊

從這裡可以看出，這也是珍妮佛和蒂芬妮的友誼轉捩點。經過這次的分享之後，最初幾次她們又碰面時，兩人都覺得有點尷尬，這是可以預期的。

珍妮佛說：「一度我覺得，我們都假裝那個下午的事沒發生過，會比較簡單。但是我們並沒有那樣做，那件事實在太重大了。」

珍妮佛說，如今她和蒂芬妮是最好的朋友。珍妮佛的家庭依舊複雜，但是誰的家庭不複雜呢？蒂芬妮和安迪一起去做夫妻諮詢。珍妮佛說，蒂芬妮威脅安迪，要是不去諮詢就離婚，離婚對安迪的形象傷害比去婚姻諮詢還大。蒂芬妮和母親正努力地修補關係，那對她們母女來說都很辛苦。

安珀沒再競選家長會長，因為她決定當個瑜伽教練。珍妮佛笑著說：「她有很多粉絲，蒂芬妮和我會一起去上她的課。」

在下面的單元中，我們會深入探討「隔離」和「其他」的概念，這是我們接觸外界時面臨的兩種障礙，也是當初差點阻礙珍妮佛和蒂芬妮建立連結的障礙。這些障礙會影響克服自卑的所有要件，如果我們不知道這些障礙在生活中是如何運作的，我們幾乎不可能克服自卑。我們先從「隔離」這個概念開始探討。

隔離

在自卑文化中，我們經常面臨難以承受的恐懼、責難和抽離，因此創造出「我們與他們」的世界：有些人跟我們一樣，有些人是「其他」，我們通常很努力把自己和「那些人」隔離開來。小時候，我們可以和某些小朋友在一起，另外還有「其他」的小朋友。有些人是我們可以約會的對象，另外還有「其他」的小孩。有些學校是我們就讀的，另外還有「其他」孩子就讀的學校。長大以後，我們和相似的人住在同一社群裡，其他人則是住在其他的社群裡。我們在情感上與實體上隔離「其他」人，這種隔離似乎永無止境。我們還發明特定的語言來形容「其他人」，有時我們稱之為「那些人」，或是另一種更讓人費解的說法：「像那樣的人」。

我鮮少使用「事實」（truth）這個字眼，因為這個字眼很強烈，背後帶有很多的承諾。不過，在這個例子中，我會使用這個字眼，因為，在我過去十年的研究中，我覺得最有可能幫我們克服自卑的概念是：我們就是「那些人」，事實上……我們就是其他人。

大部分的人跟「那些人」（亦即我們憐憫、不信任、不讓我們的孩子接近、厄運上身、不想當鄰居的人）的差別，其實只有一次之隔：一次發薪、一次離婚、一個有毒癮的孩子、一次心理問題診斷、一場大病、一次性侵、一次酗酒、一次不安全的性行為、一次外遇等等。

請聽我證明這個論點。如果你或家人不曾經歷以下的議題，你其實可以直接跳過本章剩下的內容：

- 成癮問題（酒類、藥物、食物、性愛、關係等等）
- 任何心理問題的診斷（憂鬱、焦慮、飲食失調、躁鬱、注意力缺乏症等等）

- 任何污名化的疾病（性病、肥胖、愛滋病等等）
- 家庭暴力（身體、情緒、言語等等）
- 性侵（強暴、婚內強暴、約會強暴等等）
- 虐童（身體、性愛、亂倫、疏忽、情緒等等）
- 自殺
- 暴力死亡
- 犯罪或入監
- 嚴重債務或破產
- 流產
- 非主流的宗教信仰
- 貧困（包括階級問題）
- 低學歷（缺乏基本的識字力、輟學等等）
- 離婚

好，就統計上來說，大家應該都還在閱讀，這就是所謂的「其他」清單。無論你喜不喜歡，我們都在這份清單上，有些人可能同時包含好幾項。你讀這份清單時，可能心想：「這個作者在開玩笑吧，我離婚不表示別人對我的看法就和那些坐牢或嗑藥的人一樣。」你錯了。對有些人來說，離婚可能比嗑藥還糟。我訪問過一位六十幾歲的女士，她說她常為孩子感到自卑，尤其是女兒。她的女婿抓到她女兒外遇，因此離婚了。這位女士的兒子在大學時因兩度酒駕，入獄服刑了幾個月。當她比較女兒離婚和兒子入獄這兩件事時，她表示：「男孩子總是比較調皮搗蛋嘛，那我還可以接受，但是有個那麼糟糕的女兒，我永遠也無法忍受。」

這份清單的目的，不是要排名或比較議題。我之前提過，那樣做沒什麼好處。這份清單的目的是為了讓大家瞭解，每個人都很容易受到評斷，都很容易為自己的體驗感到自卑。同樣重要的是，我們也很容易評斷與羞辱他人的經驗。

我訪問過一些戒除毒癮的人，他們都很善於克服毒癮污名所帶來的羞愧感。我也訪問過一些深受朋友艷羨的女性，但是她們因出錯而感到自卑時，幾乎不知所措。每個人在別人眼中都是「其他人」。

珍妮佛和蒂芬妮就是很好的例子。珍妮佛家人的酗酒史、安珀的婚姻史，以及在共乘車道上醉倒的女人，對蒂芬妮來說都是「其他人」。你還記得她如何描述卡莉嗎？「卡莉看起來不像會去療養院的人」，還有她一再提到共乘車道的事件發生在「我們這個鄰里」和「我們的學校」有多憤慨嗎？

蒂芬妮無法接受朋友之中有「其他人」，因為她在生活中強烈否定這些人，她的先生也鼓勵她那麼做。她一直假裝她的母親和成長的貧困環境並不存在。她努力營造一個世界，讓自己永遠不會被當成「其他人」，所以她也無法接受珍妮佛或安珀的「其他」特質。

我們以「其他」的概念來隔離自己，中斷關係，所以那變成阻礙我們接觸外界的嚴重障礙。接觸外界，無論是往哪個方向（鼓起勇氣或展現包容心）都很困難，都需要我們主動面對內心的不安。蒂芬妮主動向珍妮佛透露她的家庭狀況，那很難做到，而珍妮佛聆聽蒂芬妮的訴說也很辛苦，但是她逼自己聆聽了，因爲蒂芬妮以及她們兩人的關係都對她很重要。

對他人透露自卑很痛苦，聆聽他人訴說自卑也可能一樣痛苦。想要迴避或減少這種痛苦是人之常情，也因此我們開始用「其他人」來評斷他人及隔離自我。基本上，我們把對方的經歷都歸因於他自己不好。我們在無意間把人分成兩大陣營：值得支持的人和不值得支持的人。當有人爲了上述的「其他」議題而感到自卑時，我們覺得沒必要伸出援手。同理，當我們自己遇到那些污名化的議題而感到自卑時，也很難對外求助。我們覺得自己本來就應該感到羞愧，自慚形穢是比較容易的因應方式。

把別人貼上值得或不值得支持的標籤，並不是什麼新的概念。你只要看慈善事業的歷史，遠溯及有文字記載的遠古時代，就會發現那些需要幫助的人總是被區分爲值得憐憫的窮人或不值得憐憫的窮人。這種思維已經變成我們文化的一部分，從我們的公共政策、鄰里、家庭中就可以看到。它在個人層級裡展現的樣子，和在社群層級裡展現的一樣。

我們回到前面那個共乘車道的故事。假設那個昏倒在方向盤上的女人是因爲心臟病發，而被送醫住院。你想，她的家人會收到幾份慰問的砂鍋？她療養期間，會有多少鄰居的媽媽主動幫忙載送孩子上下學？由於她實際上是醉倒在車內，你想她的家人會收到幾份砂鍋？如果她進了戒酒療養院，你猜有幾個鄰居媽媽會主動幫她載送孩子，或是讓自己的小孩和她的小孩一起玩？我猜應該不多吧。

這個故事和貝蒂的故事很像，貝蒂是我幾年前訪問過的女性，她十幾歲的兒子自殺了，雖然她自己的交遊很廣，但是很少朋友出席她兒子的喪禮。她對我描述那個情況時，情緒在哭泣與憤怒之間擺盪，她說：「我兒子自殺的前六個月，一位同事的女兒車禍身亡，她女兒和我兒子的年紀一樣大，她的喪禮擠滿了人來致哀，人多到無法移動。我兒子史考特的朋友跟那個年輕女孩一樣多，他也是畢業紀念冊的編輯，在學校很活躍。我在公司和同事的熟悉度，跟那女孩的母親一樣，但是由於史考特是自殺，沒人來參加他的喪禮。」

貝蒂說：「我真的覺得很受傷，也很憤怒，最後我問了一位公司的女同事，爲什麼那麼少人來參加喪禮，爲什麼只有三位同事寄卡片致哀。她告訴我，大家覺得我需要隱私，不希望讓我太難過。」貝蒂深呼吸後說：「我告訴你那是什麼意思好了，他們之中有很多人覺得那肯定是我的錯，他們不知道該說什麼，不想因應這種事。」

只是覺得太可怕

恐懼是另一個促使我們隔絕的原因。我先生史蒂夫閱讀那份清單時，搖頭說：「沒錯，這些都是我們評斷與責怪他人的議題。」接著他想了一會兒，問道：「但是那些我們不會責怪別人，卻把自己嚇得半死、盡量逃離的議題呢？」我完全知道他指的是什麼。

有時候我們抽離其他人，不是因爲他們的經驗遭到污名化或社會無法接受，而是因爲太嚇人了，我的NICU故事就是一個很好的例子。我第一次發現我有恐懼造成的隔離問題，是我先生擔任住院醫生的時候。那時史蒂夫在新生兒加護病房（NICU）服務幾個月，晚上回到家時，會告訴我NICU裡的故事。我鼓起勇氣聆聽，只因爲我知道他需要一個放心的地方，來處理他的悲傷及分享工作上的成就。但是聽了難產、嬰兒瀕死、悲傷家庭的故事幾週後，我的同理心開始減少，變得更恐慌，而且那時我正懷著第一胎六個月。

我開始問他每個家庭的問題，多數問題是關於他們的種族、收入和病史。我怕那樣發問可能顯得我很無情，所以就以表達關心和興趣的方式來掩飾問題。「我想知道他們的樣子，他們看起來像我們認識的人嗎？跟我們同年嗎？那費用肯定很貴吧，他們有保險嗎？這種情況有什麼醫學上的原因可以解釋嗎？」某天，我感覺到史蒂夫對我連珠砲似的狗屁問題感到無奈，所以我也不多廢話了，直接問起那些人的人口統計特質：哪個種族？窮人嗎？吸毒者？產前護理不當？遺傳問題？

史蒂夫看著我說：「布芮尼，都不是。他們看起來就像我們一樣，這種事發生在各種人身上，跟我們一樣的人也可能遇到。」

我哭了起來：「不，不可能。」我不想相信那個事實，我想用各種現有的差異系統來區別我們和「那些人」。萬一他們和我們的一切描述都一樣，我會採取下一步驟，問道：「好吧，那他們做錯了什麼?」

史蒂夫質問我，為什麼要努力區隔我和NICU的那些人，我才發現我看晚間新聞時常依賴這種技巧。如果我在廚房裡準備晚餐，聽到客廳裡的電視播放強暴、謀殺或綁架孩童之類的可怕新聞，我常衝進客廳，手上還拿著廚具，仔細看被害人的長相及事件發生的地點。我只要發現某人和我「不同」，或是住在離我很遠的社區，就覺得事情沒那麼可怕了。

某天我和學生討論性侵的議題，我們討論到性侵的受害者在法庭審判過程中經常再度受害。我告訴學生：「辯護律師不希望陪審團和受害者產生任何共鳴——例如她長相如何、年紀、種族、她遭到侵害的地點等等，所以辯護律師會攻擊受害者的角色，讓陪審團不想和受害者有任何共通點。」我接著補充：「我相信那很容易做到——我不想和她有任何相關，因為相關就表示那也可能發生在我身上。」

討論進行時，我提到我自己如何依賴這種技巧來自保。我講完後，學生也坦承他們也會做同樣的事，他們紛紛分享了自己面對恐懼時，如何隔離自己的故事。

坐在教室裡，我們很容易為了性侵的受害者而憤怒，或是為了受虐兒遭到指責和排斥而憤怒。然而，把自己和他人隔離開來，是多數人在日常生活中常做的事。不幸的是，當我們發現自己也屬於「其他」清單時，多數人會感到失落或創痛，那種情緒正好也是別人難以接受與畏懼的。

如果我們一直把自己和受苦及遭逢重大失落的人隔離開來，當不幸事件降臨在我們身上時，會發生什麼情況？我想多數人會質問：我是造了什麼孽，竟然受到如此的對待？爲什麼是我？發生這種事是因爲我做了壞事或做錯了什麼。

一旦我們相信「那種事不會發生在我這種人身上」，等到事情眞的發生時，那就表示我們做了嚴重的錯事。我們被逐出讓我們感到放心的群體，那個永遠不會遇到悲劇的謎樣群體。這也是爲什麼抗癌成功者、性侵倖存者、無家可歸者、失去孩子的家長、受到暴行影響的家庭常告訴我兩件事：「發生那件事以前，我從來不相信那會發生在我身上，我以爲那只會發生在別人身上。」以及「你從來不曉得會發生什麼事，那可能發生在任何人身上，我只是想幫助經歷過同樣事情的人。」

這很難做到。我們通常不想和陷在痛苦的人有任何關連，尤其當我們相信他們受苦活該或他們的痛苦太嚇人的時候。我們不想伸出援手，覺得風險太大了。我們以爲光是跟他們扯上關係都可能變得跟他們一樣，或是被迫承認壞事也可能發生在我們身上。我一再聽到願意對外建立連結的女性表示：這不容易做到。當大家流言蜚語、說三道四的時候，那些端著砂鍋去慰問受害者的女性，或是克服恐懼去安慰別人的女性並不是超級英雄。她們只是一般女性，有時也需要逼自己那樣做。那樣挺身而出不見得都是出於天性，但是她們都說熟能生巧，做久就會習慣了。

我母親就是那樣的女性，我清楚記得我母親坐在一位身陷危機的鄰居旁邊。那不是「大衆可接受的危機」，我是在郊區長大，郊區裡有些重大創痛不是我們所能想像的平凡事件。

我甚至記得有時候我會覺得很尷尬，因爲大家說三道四的時候，我母親是唯一端著砂鍋去慰問對方的人。或者，她會邀請身陷流言風暴的家庭來我們家共進晚餐，當時我不明白我母親的用意，現在我懂了。

我母親在成長的過程中就遇到很多「其他」清單上的議題。我前面提過，我外婆有酗酒問題，她是非常大方、富有同情心的人，但是多年來爲酗酒問題所苦。當時酗酒仍遭到誤解，是比現在更嚴重的自卑來源，尤其是女性。不僅如此，我外祖父母在我母親讀國小三年級時就離婚了。

我母親一向很坦然地告訴我們，要符合一九五〇年代的社群預期有多困難。不過，她在過程中找到了勇氣，鼓起勇氣公開談論她的經歷。她這樣做以後，發現自己並不孤單，並決定走出美劇《奧茲和哈麗雅特》（*Ozzie and Harriet*）那種美滿家庭加諸在她身上的自卑感，她也因此爲我們姊弟開創出新的道路。

即便是現在，我年紀大了，看到「痛苦的事情」更常發生在周遭的人身上，有時候我還是會很掙扎。可想而知，我常打電話諮詢我母親。每次她都對我們姊弟說同樣的話：「即使鄰居說三道四，閒言閒語，你都不要想太多，就是去參加喪禮，端砂鍋過去慰問。必要時，你可以讓自己進入出神狀態，反正就是開車過去探望對方。寫下你眞正想說的話，拿起話筒，打電話過去慰問。」

我母親教導我對陷入危機的人伸出援手，我想，她給我的最大啓發是：「你之所以那樣做，是因爲感同身受，因爲對方可能就是你，將來很可能是你變成那樣。」

連結網絡

想要克服自卑，必須學習接觸外界，把我們對勇氣、包容心和連結的瞭解加以落實。要讓別人聆聽你的故事並不容易，要聆聽他人的故事也不容易。在研討會中，我請與會者看著引起他們自卑的原因，找出可以訴說的對象。有一點很重要：可以訴說某項議題的對象，通常不是訴說其他議題的最佳對象。

例如，蘇珊想把孩子送到托兒所（前言的例子），蘇珊的姊姊對此做出羞辱的評論，蘇珊說：「說到育兒，我媽和我姊肯定是我的自卑網。但是說到宗教和信仰，她們是我的連結網絡中最強而有力的支持夥伴。」這也是爲什麼當我們想找人訴說時，應該針對不同的議題思考。有時候按不同的自卑類別，詢問以下「接觸外界」的問題很有幫助：

- 哪些個人和團體組成你的連結網絡？
- 誰是以同理心和支持，對你伸出援手？
- 在這個議題上，哪些個人和團體組成你的自卑網？
- 當你看到有人爲這些議題掙扎時，你是對他展現同理心，還是隔離自己？

以下是蘇珊、凱拉、泰瑞莎、珊卓拉對這些問題的回答。

蘇珊：說到育兒和母職，我母親和姊姊比較屬於我的自卑網，而不是連結網絡。她們太親近了，對我的決定有太多的干涉權。我的連結網絡包括我先生、好友，以及我媽的教會朋友。

凱拉：要找出我職場上的自卑網很簡單，就是南希和那個工作環境。我的連結網絡可能是我的表姊和朋友凱瑟琳。她曾在這一行工作，現在在家裡帶孩子，她可以理解我的想法。我自己恐怕也是讓我陷入自卑網的原因。

泰瑞莎：我想，我先生和好友是我唯一能傾訴的對象，但是他們已經聽膩我抱怨了。我先生是真的受夠了，所以我現在是找治療師諮詢，我想那有幫助。她幫我把我的預期和我從小成長的家庭連結在一起，那很痛苦，但是如果那能讓我變得更好，就是值得的。我的自卑網是我、我的母親，以及幾位常和我在一起的女性。治療師說她們是我的經常批評者，即使她們沒看到我家裡或我孩子的情況，我老是在想她們會怎麼想。

珊卓拉：這很難回答，我的最佳連結是我先生，我們除了這個議題以外，什麼都能談。但是面對這個議題時，我們都很掙扎。我想，他同時在我的自卑網上，也在我的連結網絡上。我也是同時在兩者上，有時我對自己太嚴苛了，有時我又是自己最好的朋友。我絕對會把姻親、成長中遇到的老師、牧師、童年遇到的有權者都列在自卑網上。我的連結者則是我的學生、朋友，當然還有我的父母。

第 6 章

第四要素：談論自卑

當我們發現與瞭解引發自卑的原因，並練習思辨覺察和接觸外界時，就可以培養連結網絡。但是想要接觸這些來源，我們需要辨識與溝通自己的感受，並告知他人爲什麼會有那種感受。當我們談論自卑時，也是在學習談論痛苦。我們先天就想和人建立連結，所以我們先天就會講述故事。講述故事比任何方法更能有效傳達我們是誰，感覺如何，什麼東西對我們很重要，還有我們需要從別人那裡獲得什麼。

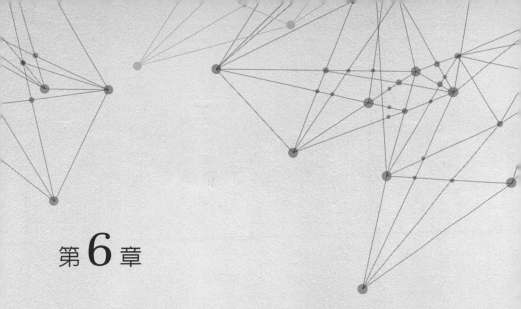

感到痛苦卻無法對人形容或解釋，不僅令人沮喪，有時也令人恐懼。不管是身體上的疼痛或情感上的傷痛，只要我們找不到確切的字眼對人說明那種痛苦，往往會感到孤獨和害怕，有些人甚至會感到憤怒或抓狂。最後，很多人因此封閉了自己，沉默地活在痛苦中，或是在無法封閉自我下，因急切需要一些療癒，而接納他人對我們感受的定義。

自卑是一種常常顛覆定義的痛苦。本書提到，自卑會在不自覺中驅動我們的想法、感受和行爲。在沒人發現它的情況下，它就能繼續生存下去，所以自卑會找尋沉默和隱密，以便繼續存在。當我們發現與瞭解引發自卑的原因，並練習思辨覺察和接觸外界時，就可以培養連結網絡，增強克服自卑的能力。在我們努力掙脫自卑網時，這些網絡是幫助我們獲得同理心、連結、力量的來源。但是想要接觸這些來源，需要溝通技巧，我們需要辨識與溝通自己的感受，並告知他人爲什麼會有那種感受。

多數人不是先天就懂如何運用詞彙來辨識、描述和討論自卑體驗，或增強克服自卑的能力。自卑是一種複雜的語言，學習這種語言是需要練習和技巧的。談論自卑需要先規劃出一套用語和詞彙，來形容人類必須面對的一些痛苦和抽象概念。

例如，我們如何描述自卑時那種難以招架的身體與情感反應？芭芭拉（上一章我們看過她的來信）就做得很好，她是談論自卑。芭芭拉說她知道自己感到自卑時，會臉色脹紅，胃部糾結，腦中一再重播那件事。這和很多人描述的自卑反應不一樣，她們的自卑反應是「嚇壞了，歇斯底里，或痛不欲生」。我聽到這些籠統描述時，有時會請她們再講詳細一點，但是她們往往想破頭，也找不到更貼切的字眼描述那些經驗，因此變得更加沮喪。

當我們談論自卑時，也是在學習談論痛苦。前面提過，我們先天就想和人建立連結，所以我們先天就會講述故事。講述故事比任何方法更能有效傳達我們是誰，感覺如何，什麼東西對我們很重要，還有我們需要從別人那裡獲得什麼。少了語言，就無法講述故事。敘事治療師吉兒．弗里曼（Jill Friedman）和金恩．康姆斯（Gene Combs）寫道：「談話不是中性或被動的，我們談話，就是呈現一個事實……如果我們相信的事實是以我們使用的語言呈現，那就會保存下來，以我們演繹與講述的故事傳承下去。」

在訪談中，受訪女性指出「沒有方法解釋自卑」及「不知道如何談論自卑經驗」是導致她們害怕、責難、抽離的主因。善於克服自卑的女性能夠在感到自卑時表達感受，並向他人尋求支持。接著我們來看和談論與自卑有關的特定工具。

詮釋自卑

我們都曾經遭過羞辱，前言提過，每個人都曾被隱約、有時擺

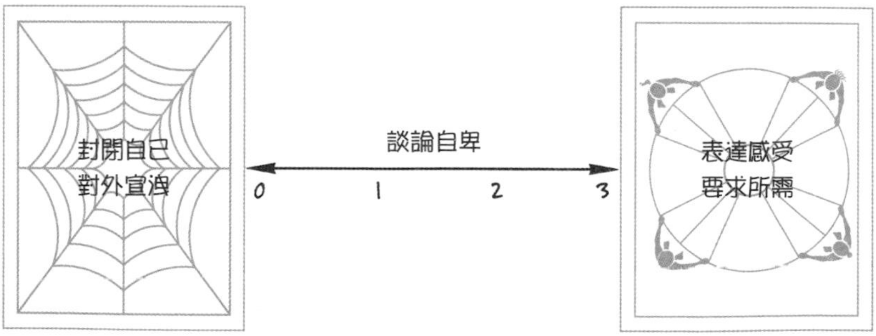

明惡意的評論所傷害，那些評論批評我們的長相、工作、育兒方式、消費方式、家庭或是我們無法控制的生活體驗。羞辱式的評論可能是直接、間接、操弄、故意，甚至是無意的。它們的共同點是：令人相當受傷，馬上退縮，拚命尋找保護。

當然，當我們退縮又急著躲藏起來時，鮮少找到有效保護自己的方法。事實上，我們用來因應自卑的技巧，往往放大了我們的無力感，讓我們更深陷在自卑中（例如自卑屏幕）。在本章中，我會說明，談論自卑如何幫我們表達感受及尋求需要的支持，以便更有效地克服自卑。我們先從檢視自卑陷阱開始吧。

自卑陷阱

自卑陷阱是最難發現、**處理與談論的一種自卑形式**。自卑陷阱往往是隱藏起來或偽裝成看不見，害我們在無意間陷入其中（而且通常會一再陷入）。當我們掙脫陷阱時，往往心有餘悸地問：「剛剛發生了什麼事，爲什麼我在流血？」自卑陷阱往往會回應：「你那樣講是什麼意思？我沒看到任何東西啊，也許是你有幻覺吧，你還好吧？」我們常因過度驚嚇，又去體驗一次，以確定之前發生的事不是我們的幻覺。

我以前也有這種經驗，最近也碰過。我被陷阱困住多次以後才明白是怎麼回事，以下是我的自卑陷阱故事。

我生完艾倫以後，很積極地和其他剛生完小孩的媽媽見面。某晚，在一個工作相關的場合上，有人介紹我認識也是剛當上母親的菲利絲。她跟我一樣暫時離開職場，我堅持我們一定要找時間共進午餐，也許以後還可以安排孩子一起玩耍。

能找到對象交流新手媽媽的感覺，我覺得很興奮，所以第一次共進午餐時，我犯了「太早建立太多連結」的錯誤。我亟欲分享新的體驗，我說：「我沒想到當媽會那麼累，有時候我很想暫時抽離媽媽的身分，睡個好覺或好好洗個澡。」她回應：「我其實從來沒後悔生下孩子。」

我一聽，相當震驚，馬上回應：「天啊，我當然沒後悔生下艾倫，我不是那個意思，我只是覺得很累而已。」

她馬上接口：「沒關係啦，有些新手媽媽很難適應母職，基本上不是每個人都適合當媽媽。」這時我愈來愈不滿了，「菲利絲，我熱愛母親這個身分，也很愛艾倫，我毫無遺憾，當母親很棒。」

她用一種我很可悲的眼神看著我說：「沒關係啦，不要因此歇斯底里，也許小孩大一點會好一些。」

這時我已經開始環顧四周，看是不是整人節目《歡笑一籮筐》（*Candid Camera*）在惡搞我，我是真的在找餐廳四周有沒有人聽到這段瘋狂的對話，幫我見證我神智清醒，也熱愛母職。我開始哭了起來。

菲利絲說：「我不知道這對你來說是那麼敏感的議題，我們談點別的吧。」那天我茫然困惑地回家。

我告訴棠恩這個故事時，她很震驚。她驚訝的不是那個「自卑陷阱」，而是得知我已經約好和菲利絲下次再一起用餐。

棠恩不斷地說：「眞是瘋了，你何必逼自己做那種事？」當時我答不出來，但是如今回想起來，我想我只是需要證明我是正常、可敬的朋友和母親。我也覺得那場飯局實在太詭異了，忍不住懷疑一切可能都是我幻想出來的。

之後的兩個月，每次我跟菲利絲見完面，回家都很生氣、沮喪，卻又抱持著詭異的好勝心。我甚至會花很多時間和精力思考，下次她見面時可能說什麼，以便事先想好無情的回應，加以反擊。

我特別記得某天早上，我正準備中午和她一起吃飯，我開了一瓶別人送我的新乳液，是綠茶、羅勒和廣藿香製成的「有機」乳液。我開始擦上身體時，發現那味道太「鄉野」了，聞起來像護根一樣。

我用濕紙巾擦掉乳液時，心想：「我猜菲利絲一定會批評這個味道，她每次全身香得跟雅詩蘭黛的專櫃一樣。」所以我不再擦掉乳液，而是抹上更多，然後穿好衣服出門。

開車去午餐的路上，我開始思考我要如何反擊她的毒舌評論。我想，最好的反擊方式是：「喔，你不喜歡嗎？這是有機的，我會盡量讓孩子遠離太濃的化學香水，你呢？」

當然，那天她根本沒對那乳液味道評論半句話，她找了其他的目標來攻擊。我坐在桌邊，覺得那乳液味道很噁心，內心很失望，心想如何把手臂伸到她的鼻子前面，又不至於做得太明顯。

我總不能說：「嘿，聞聞我的手臂吧，你討厭這味道對吧？」

那是棠恩最後一次主動聆聽菲利絲的故事，她說：「你自己需要搞清楚這是怎麼回事，事情的發展愈來愈荒謬了。」我還記得我當時回應：「我知道，我想搞清楚她到底是怎麼回事。」棠恩嘆氣說：「搞清楚她？我才不在乎她是怎麼回事，你究竟是怎麼了？」

約莫一個月後，我意外地在藥房碰到菲利絲，她說：「哇，你看起來狀況很糟，你是變胖了嗎？」幸好，我是感冒了，疲憊得要命，根本沒精神跟她抬槓。我就只是看著她，聳聳肩，繼續找我要買的藥物。當她走開時，我心想：「她講話實在很毒，我眞的很受傷。」

當我停止跟她較勁、只管我自己的感受時，我終於發現我的脆弱。我不再處於戰鬥模式，而是發現她對我的感覺造成多大的傷害，她經常說惡毒及羞辱人的話語，最重要的是，我也發現我需要改變我和她的關係。

每次我們一起用餐後，我都覺得自己很糟，但是直到我說出「我眞的很受傷，那眞的很惡毒」以後，我才決定結束那段關係，花時間檢視我在那個充滿破壞力的混亂關係中所扮演的角色。

談論自卑讓我們詮釋自己的經驗，以便從經驗中學習，那正是克服自卑的目標。我們無法阻止自卑發生，但是我們可以學習早點辨識自卑，以有建設性的方式經歷它，而不是以破壞性的方式因應。當我運用克服自卑的四要素時，我從這個經驗中學到以下幾點：

第一，我覺得很孤獨，亟欲以新手媽媽的角色建立連結。我很脆弱，我很快就發現母職是引發我自卑的一大因素。雖然我知道後來我們的關係已經不是爲了一起吃飯，而是爲了互相較量，但我沒注意到「事先想好無情的回應，加以反擊」是個警訊。

我後來發現「想辦法反擊別人」通常代表我忽略了引發自卑的因素。當我準備以羞辱的方式反擊或痛宰對方時，我通常也深陷在嚴重的脆弱中。現在我也知道，當我以羞辱「反擊」時，那反而讓我的自卑更加惡化，而不是抒緩，我並不想變成那樣。

第二，由於我是新手媽媽，我尚未培養出思辨覺察的技巧，不知道母職對多數的母親來說都是引發自卑的強大因素。我確實把那個經驗個人化（這是我的問題）和病態化（我瘋了）了。對於母職的思辨覺察是需要時間學習並多多練習的。

第三，我找棠恩訴說，告訴她午餐的對話，她也想辦法支持我，我早該聽她的建議。當時我沒想到在母職這個議題上，棠恩是我連結網絡中的要角，我眞希望當初我聆聽她的意見，而不是忽略她的擔憂。

第四，共進午餐的時候，當我提到母職有時很累人時，菲利絲回應：「我其實從來沒後悔生下孩子。」我應該運用談論自卑的技巧說：「哇，你怎麼會從我說很累，聯想到後悔生小孩呢？」如果對話持續惡化下去，我其實可以說：「我們似乎無法瞭解彼此，我們換個話題好了。」當然，事後就別再繼續往來了。

最後，我學到如何辨識讓我一直陷在自卑裡的無效型態，亦即我的自卑屏幕。這個故事充分說明了，克服自卑的四要素如何一起運作（不見得是以線性的方式運動）。當我開始認眞思考我和菲利絲的行爲時，才發現我一直在使用一種有趣的抽離策略組合，尤其是面對母職議題的時候。

我常使用「親近」和「反抗」的組合方式。我要不是完全封閉自己，就是想要迎合對方，回到家以後又變成想辦法反擊的憤怒自卑者。在這個例子中，我在回家以前一直想要說服她：我們是一樣的，我是好媽媽。事後當我想用言語攻擊她時，我又開始發洩怒氣。

此外，我也把一些憤怒的情緒轉到棠恩身上了，我心想：「她不希望我交新朋友。」遷怒他人是我們自卑時常用來自保的防衛策略。許多研究的參與者提到，她們生氣時會遷怒孩子、伴侶和朋友，而不是直接因應引發她們自卑的人或議題。

我女兒已經七歲了，所以這個故事是發生在很久以前。我講這個故事很多次了，思考的次數更多。我花了很多時間才想清楚發生了什麼事以及發生的原因。這不是一瞬間的過程，而是慢慢發展出來的。

在下面的章節中，我們將談論有意或無意的羞辱。我提過，我覺得有一點很重要：羞辱背後的動機並無法幫我們隔離傷痛。無意的羞辱依舊令人痛苦。

你有什麼意圖？

想要辨識別人的羞辱是有意或是無意的，其實非常困難，因爲那假設我們知道評論者或引發我們自卑的人講那些話的動機。有時候對方的動機很明顯，有時則不然。在下面的例子中，研究參與者覺得，那些評語都是有心傷害及羞辱他人的，但是他們都爲羞辱背後的動機提出不同的理由（我在每段引述後面，標示出研究參與者找出的動機）。在每段引述下，則是舉例說明我們如何因應那動機，同時表達那個羞辱評論讓我們多麼受傷。

- 每次我回娘家，母親一見到我就脫口說：「天啊，你還是那麼胖！」我踏出家門時，她對我說的最後一句話是：「希望你能減一些體重。」（動機是羞辱）
  ■ 你對我的體重做出傷人的評論時，我覺得很丟臉，那對我來說很痛苦，感覺你只在乎我的外表。如果你那樣講是爲了讓我難過，進而改變自己，那樣做是沒效的，只會讓我覺得自己更糟，也讓我們的母女關係更糟。你那樣做眞的讓我覺得很受傷。
- 自卑就是我先生拋棄我去另結新歡，兒子卻告訴我，那是因爲我是「肥婆」。（以羞辱表達怒氣）
  ■ 當你辱罵我，尤其是用「肥婆」那種傷人的用語時，我眞的很難過。如果你對我或你父親感到憤怒，我們可以談談。但是如果我們攻擊彼此，就無法對談了。
- 我兒子第一次耳朵感染時，小兒科醫生說：「是你的事業重要，還是你兒子的聽力重要？」（以羞辱來評斷對方）
  ■ 當你說：「是你的事業重要，還是你兒子的聽力重要？」時，我不知道該如何回應，我希望得到你的醫療建議，但是你那樣羞辱我時，我很難聽進去你講的話。

在下面無意的羞辱例子中，研究參與者表示：「我真的不覺得他／她是有意羞辱我的。」或「我真的覺得他們是無意的」。不過，無論是不是有意的，研究參與者也指出那些經驗依舊令人羞愧，相當痛苦，也威脅到她們和對方的關係。我也是在每段引述後面標示出研究參與者找出的動機。

● 自卑就是變成癌症的倖存者。公司裡的每個人都覺得：「她再也不能做這件事了。」家裡的每個人都覺得：「她再也不能做這件事了。」每個人對待我的方式，好像我完全無法再做任何事一樣。（不舒服和同情）

■ 既然我已經返回工作崗位了，我覺得你們之所以對我另眼相待，是因爲我罹癌的緣故。即使你們想要幫我或支持我，對待我的方式不同會讓我感到孤獨，像外人一樣。我想要、也需要知道我還是一樣的人，我也希望大家以同樣的方式對待我。

● 我告訴朋友我流產時，他們完全不理會我的感覺，而是說：「至少你知道你還能懷孕」或「至少你不是懷孕很久才流產」。（不舒服和同情——想以輕描淡寫的方式讓情況好一些）

■ 流產讓我很難過，也很孤單。我知道女人對流產的感覺各不相同，但是對我來說，那是一件大事。我需要你們聆聽我的感受，當你們想辦法輕描淡寫那件事時，其實毫無幫助。我只是需要跟關心我的人談談那件事而已。

想辦法掙脫自卑網可能很難，因爲它就像多數陷阱一樣，你愈是掙扎與反抗，它糾纏得愈緊。爲了掙脫，我們需要審愼地緩慢移動，同時非常清楚我們在做什麼及爲什麼。

在第一個例子中，很多人可能會回應：「少煩我！你一再評論我的體重，讓我相當厭煩，我已經受夠了。」那樣回答毫無助益。就很多方面來說，那反而會阻止羞辱我們的人聽到「你讓我感覺很受傷」，也阻止我們說出「我很受傷」。乍看之下，讓對方知道你很受傷似乎不合常理，但是告知對方你的感受更需要勇氣，那往往比言語攻擊對方更強而有力。

在因應無意的羞辱時，誠實地把焦點放在我們的感受上也很有效。無意的羞辱往往是因爲對方想要幫忙，卻弄巧成拙，給了雞婆的建議、評斷，或是出於不安而結束對話。「不孕」這個議題似乎經常引來無意的羞辱。由於這個主題影響到很多人的生活，我想以它作爲無意羞辱的例子。對一直想要懷孕的人來說，你可能比多數人更瞭解這是怎麼運作的。

大部分的人即使沒受過不孕症之苦，也有家人或朋友面臨這方面的問題。我們大多聽過有人說：「我們夫妻倆一直想要懷孕，但是我有不孕的問題。」然後呢？我們聽到這種話，通常緊張又不安，忙不迭地說：「會的會的，你會心想事成的。」或「你有考慮過收養嗎？」

在研討會上，每次談到不孕時，現場總是充滿了情緒。大家面臨的掙扎始終令我動容，而我個人在處理這個議題方面，常感到力有未逮，所以我開始尋找相關的資源，結果找到下面的指南，我覺得非常實用。我請一位有不孕症的好友兼社工人員，從她個人及專業的角度來審查這份資料，她覺得那是教大家如何表達感受及要求所需的絕佳例子。

談論自卑讓我們對他人說出我們的感受以及需要的支持，這些是克服自卑及建立連結的基本要件。我鼓勵你以這份指南作爲參考標準（以下是濃縮版，完整版請見www.infertilityeducation.org）。也許你面臨的議題是失業或肥胖，或是戒除成癮現象。我們都可以從這份指南中學到一點東西，以它來思考如何訴說我們的感受與需要。你讀下面的每個段落時，可以想想自己面臨的議題，以及如何把這些資訊變成實用的資源。談論自卑是很個人、很私密的經驗，使用別人的用語沒有效，但是我發現從例子中學習很有幫助。

作者茱蒂．厄爾（Jody Earle）努力面對不孕症長達十一年。在那段期間，她常覺得非常需要這類小冊子。她經歷過三次流產，分別發生在妊娠的一到三期，最後終於生下兩個早產的兒子，並持續爲不孕婦女擔任同儕輔導員。這份指南是由她和費雷機構的教材諮詢委員會（Educational Materials Advisory Committee of the Ferre Institute）一起製作的。

不孕：親友指南

我想對你訴說不孕的感受，因為我希望你瞭解我的苦痛。我知道瞭解不孕很難，有時似乎連我都不甚瞭解。這苦痛引發我內在強烈又陌生的感受，我擔心我的反應可能遭到誤解。我希望在我訴說感受以後，我的因應能力以及你的理解能力都能改善，我期盼你能瞭解。

你也許會用下面的詞彙形容我：痴迷、喜怒無常、無助、沮喪、嫉妒、太嚴肅、討厭、強勢、反抗、憤世嫉俗。這些都不是令人欣賞的特質，這也難怪你難以理解我的不孕問題。我比較喜歡以下面的用語來形容自己：迷茫、匆忙又急躁、恐懼、孤立又孤獨、內疚又羞愧、憤怒、難過、悲傷又絕望、不安。

不孕令我**困惑**，我一直以為我是有懷孕能力的，以前有好幾年我還會避孕，現在變成無法懷孕似乎很諷刺。

不孕令我感到**匆忙又急躁**，我努力懷孕一段時間後才發現自己不孕。我的人生計畫頓時進度落後，我等待成為父母，現在我必須繼續等待。

不孕讓我感到**恐懼**，充滿了未知數，我感到害怕是因為我需要一些確切的答案，這會延續多久？

不孕令我感到**孤立又孤獨**。到處都可以看到讓人想起嬰兒的東西，我想必是唯一承受這種無形詛咒的人。我遠離其他人，因為一切都讓我覺得很受傷。

不孕讓我感到**內疚又慚愧**。我常忘了不孕是醫學問題，應該被視為醫學問題。不孕破壞了我的自尊，我感覺自己很失敗。為什麼是我受到懲罰？我做錯了什麼？我不值得擁有小孩嗎？

不孕讓我感到**憤怒**。一切都讓我生氣，我知道很多怒氣都發錯了方向。我對自己的身體感到生氣，因為我總是悉心照顧它，它卻背叛了我。我對伴侶感到生氣，因為我們似乎無法在同時間對不孕有同樣的感受。

我的財力可能決定了家庭的規模。保險公司不願合作，害我必須做那麼多的犧牲，支付那些醫療費。我不能再錯過任何工作，否則我會失業。我不能去找專家，因為那會花更多的交通時間，錯過更多的工作，花更多的費用。最後，我對每個人都很生氣，每個人對於我當不成父母都有意見，每個人都有簡單的解決方案，每個人似乎都懂得太少，說得太多。

不孕讓我感到**悲傷又絕望**。不孕感覺像失去了未來，沒人知道我的憂傷，我感到絕望。不孕剝奪了我的精力，我從來沒哭得那麼厲害、那麼容易哭。不孕讓我的婚姻承受許多壓力，令我難過。

不孕讓我感到**不安**。我的生活就此停擺，想為眼前及長遠的未來做決定似乎不可能了。我無法決定教育、職業、買房、追求嗜好、養寵物、度假、商務旅行、留宿客人等等議題。我為不孕感到愈掙扎，能掌控的事情愈少。

偶爾我會感到恐慌感消退，我正在學習一些有效的因應方式。現在我相信我沒瘋，我相信我可以活下去。我正在學習傾聽身體，對我的需求更有主見，而不是衝動。我開始明白良好的醫療照顧和良好的情感關懷不見得會出現在同一個地方。我試著讓自己不再只是個不孕者，也對生活展現熱情、愉悅和熱忱。

你可以幫助我。我知道你關心我，我知道我的不孕影響了我們的關係，我的難過導致你的悲傷，令我感到受傷的事情也傷害了你。我相信我們可以透過這份悲傷來幫助彼此。我們單獨來看似乎都力不從心，但是合在一起可以變得更強。也許有些提示可以幫我們更瞭解不孕。

我需要你**當個傾聽者**。訴說掙扎可以幫我做決定，請讓我知道你可以聽我訴說。如果你很匆忙，或是為我們的對話設下時間限制，我很難對你透露私密的想法。請不要告訴我別人遭遇過更糟的情況，或是別人的不孕有多容易解決。

我需要你的**支持**。請瞭解我的決定不是隨便做的，我努力想了很久。請提醒我，即使你不認同那些決定，你還是尊重我的決定，因為你知道那些都是審慎做出來的決定。

我需要你**坦然**地面對我，這樣我也會比較安心。談論不孕有時感覺很尷尬，你擔心說錯話嗎？你可以對我透露你的感受。問我想不想談談，有時我想談，有時我不想談，你的問候會提醒我，你是真的關心我。

我需要你更**敏感**。雖然我可能會開一些不孕的玩笑，來幫我自己因應問題，但是別人開不孕的玩笑時，就不是那麼好笑了。請不要以「你似乎不知道該怎麼做」之類的言論來嘲笑我，不要以「我很樂意把一個孩子給你」之類的說法來抹煞我的掙扎。聽到「明年這個時候你就升格當父母了」之類的空洞保證，一點也沒有安慰效果。

我需要你**誠實**面對我。讓我知道你可能需要時間適應我的決定，我也需要調適的時間。如果你有不瞭解的事情，直說無妨。

我需要你是**見多識廣的**。你的建議如果沒有事實依據，只會讓我更加沮喪。請增廣見聞，以便在他人基於迷思做出評論時，導正對方的思維。別讓任何人告訴你，我只要放鬆和接納自己就能治好不孕。別告訴我這是上天的旨意。別要求我提出理由證明我需要為人父母。

我需要你**有耐心**。請記得不孕症的醫療是一個過程，需要時間，不保證有結果，沒有配套方案，沒有完整的工具包，沒有正確答案，也沒有「速成」的選擇。

我需要你提振我的自尊，讓我變得**更堅強**。一無是處的感覺阻礙了我負責的能力。

請鼓勵我維持幽默感，指引我找到歡樂，跟我一起慶祝成就，即使只是「看診時沒哭」那樣微不足道的小事。請提醒我，我不單只是個不孕者而已，請分享你的力量來幫助我。

我終究會擺脫不孕的掙扎，我知道不孕症永遠不會完全離開我，因為它會改變我的生活，我不會再回到沒有不孕症以前的狀況，但我也不會再受到這種掙扎的羈絆。我將擺脫掙扎，也將因此改善同理心、耐心、復原力、寬容、決策和自我評估的技巧。我感謝你願意瞭解，幫我減輕對抗不孕症的辛苦。

我知道坦白說出上面的話，感覺風險很大。我是社工人員，也是自卑研究者，我自己也覺得把情感需求攤開來講很可怕。那會讓我們感到脆弱，感覺自己是攤在光天化日下。有時候，分享自己的感受並沒有效，可能會讓對方覺得難以招架而拋出自卑屏幕，你可能會覺得很痛苦。

當你學會談論自卑時，會懂得分辨自卑網上的一些隱約用語。那是用來羞辱的語言，也是我們想要解釋自己的感受和需求時，對方可能拿來捍衛其羞辱立場的語言。現在我聽到以下說法時，都會非常謹慎小心：

- 你怎麼那麼敏感
- 我不知道你那麼脆弱
- 我不知道你那麼在意那個議題
- 你戒心很重
- 我想，以後在你身邊講話都要特別小心
- 你想太多了

我想強調的最後一個重點是，我不喜歡殘酷的東西，包括誠實。誠實是最佳上策，但是為了羞辱、憤怒、恐懼或傷害而展現的誠實並不是「誠實」，那是把羞辱、憤怒、恐懼或傷害偽裝成誠實。

有些事情雖然是正確的或是事實，並不表示你就能以破壞的方式來表現它。自卑網通常是以誠實爲誘餌，讓羞辱者輕易以下面的話語反擊：「我只是實話實說罷了，這些都是事實。」

羞辱有令人瘋狂的效果（包括把羞辱僞裝成誠實），你必須瞭解「令人瘋狂」有很多種，從菲利絲令我抓狂的情境，到嚴重的情緒虐待都有可能。

在家暴的領域裡，我們有時會使用「煤氣燈幻虐」（gaslighted）一詞，這個用語是來自英格麗．褒曼（Ingrid Bergman）主演的經典電影《煤氣燈下》（*Gaslight*）。在電影中，褒曼飾演的角色在一些「羞辱陷阱」的操弄下慢慢發瘋。我之所以強調這點，是因爲我們談論自卑時也要瞭解，羞辱可能是一種眞實又危險的虐待。

我在研究中發現，**善於克服自卑的人非常依賴連結網絡的成員，來練習勇氣與包容心**。她們因爲能夠說出個人的感受與需求，所以能做到那樣。

你讀完前面幾章以後，已經開始瞭解自卑以及克服自卑的方式。有些人是一邊閱讀一邊實做，拿自己面臨的議題來練習。有些人則是先閱讀，一次吸收完後才做。無論你是使用哪種方式，你都是透過閱讀和思考來學習談論自卑。

探索議題

前面幾章說過，自卑是很個人的經驗。每個人都必須檢視引發個人自卑的原因，以及自卑背後的訊息，規劃出一套屬於自己的克服自卑方式。不過，這本書裡也經常提到，每個人的經驗中也有一些共通的型態。例如，女性的自卑經驗大致可分為十二大類：外貌與身體意象、母職、家庭、親子教養、金錢和工作、身心健康、性愛、老化、宗教、刻板印象或標籤化、暢所欲言、從創傷中倖存。除了自卑的類別大同小異以外，我們也有共同的文化。在現今的文化中，抽離的恐懼感覺非常真實。多數人需要不斷地工作才會感到踏實，維持連結。當我們開始培養克服自卑的能力時會發現，許多造成自卑的預期和訊息其實是恐懼、責難、抽離——亦即自卑的文化——所驅動的。

在後面的三章，我們將探索自卑的文化如何影響我們的生活，尤其是完美主義、刻板印象、隱於無形、成癮等議題。我們也會探討，儘管我們的文化強調完美及受人喜愛，我們如何培養與維持真實自我和力量，以展現勇氣，練習包容，建立連結。

第 7 章

在恐懼的文化中展現勇氣

如果大家都停下來檢視我們爲自己設定的預期，就會發現我們抱持的「完美」概念是如此地不切實際，不可能存在任何人身上。因爲，第一，完美是不可能實現的。第二，我們無法控制別人對我們的看法。第三，我們不可能完全照著別人的預期做每件事，或完全照著自己的預期做事。當我們認爲「我們必須這樣」時，反而忽略了自己實際上是什麼樣子。

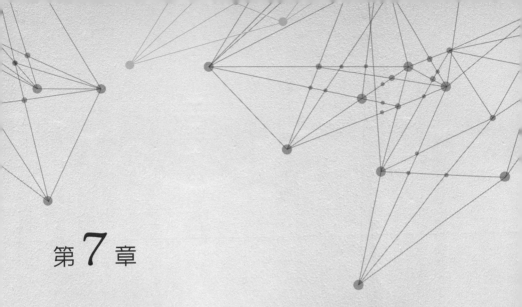

恐懼和自卑密切相關，可能再也找不到比這兩者更強烈的關係了。這兩種情緒往往是一起製造完美的情緒風暴：**自卑促成恐懼，恐懼造成自卑**。它們的運作相當緊密，通常難以區別。

自卑（亦即害怕連結中斷）導致我們擔心許多事情。我發現影響女性最多的議題，是擔心自己不完美、太平凡、不夠酷、太脆弱。在後面的單元中，我們將探索這些掙扎，以及克服自卑的要素如何幫我們在恐懼時展現勇氣和包容心。

「完美主義是壓迫者的聲音。」

——安・拉莫特，《關於寫作：一隻鳥接著一隻鳥》（*Bird by Bird*）（1994）

自卑和完美主義

我想，我看過《閃舞》（*Flashdance*）那部電影至少有二十次了。一九八〇年代，我希望自己就像珍妮佛・貝爾（Jennifer Beals）飾演的那個亞莉克絲。她白天是辛苦的工地勞工，晚上是充滿才華和抱負的舞者。當然，電影中我最愛的部分是亞莉克絲去勢利眼的芭蕾舞學校試鏡的舞蹈場景。

我實在不好意思跟各位坦言，當年我撕破了多少件運動衫，買了多少雙襪套。當然，不是只有我那樣做而已。沒有什麼比和朋友約好吃晚餐，結果發現六個人全燙一樣的髮型，綁一樣的髮帶，穿一樣的破運動衫更滅火的了。

我們都想成為《閃舞》裡的亞莉克絲，她是如此的完美——破衣服看起來性感極了，焊接工作令人興奮，芭蕾舞看起來好酷，霹靂舞看似容易。但是很可惜，完美只是一種幻象。我後來失望地得知，導演用了四個人，才拍出試鏡那個片段：珍妮佛·貝爾展現她美麗的臉龐，專業舞者跳芭蕾，體操冠軍好手負責跳躍，男性街頭表演者跳霹靂舞。所以我們花了一堆錢燙壞頭髮，買那麼多襪套是為了什麼？努力達到某種不存在的完美狀態。

如果大家都停下來檢視我們為自己設定的預期，就會發現我們抱持的「完美」概念像《閃舞》的片段一樣，是如此地不切實際，不可能存在任何人身上。那些畫面只是我們認為「完美」的片段拼組出來的。我們不只希望把事情做好，更希望做到盡善盡美——我們希望把看到的最好片段都編組在一起，變成我們的生活。

這種「編組完美」的概念是從哪裡來的？答案就在我們眼前：就是自卑網。當我們看自卑網裡的所有人物時——家人、伴侶、朋友、自己、同事、團隊成員等等——大多可以找出這些人對我們的預期，尤其是外貌、母職、親子教養、工作、家庭等等自卑類別。

這些議題的相關預期之所以有那麼大的影響力，主要是因為它們很快影響了我們的生活。打從我們呱呱落地那天，就有人預期我們是可愛迷人的，將會長大、成家立業、為人父母，自然而然懂得親子教養，是理智與平衡家庭裡的愛心成員。更複雜的是，還有媒體對我們疲勞轟炸那些編修過的完美形象，把完美塑造成可以達成的假象。我們望著新生兒，腦中迅速幻想著他的人生，夢想著他的潛力。身為父母，我們甚至會想：「我還沒搞砸任何東西，孩子可能擁有一切。」

有些家庭是以清楚響亮的方式傳達這些預期，有些家庭則是以比較隱約的方式傳達。無論家庭是採用哪種方式，女性從電視、書籍、玩具、對話、教育工作者與同儕團體接收的訊息，也天天強化這些預期。我們可以從身體意象、照護、母職等議題（研究中出現的三大「完美」掙扎），輕易看到這些預期的強大效果。我們逐一來看這些議題，從身體意象開始看起。

身體意象

我開始找尋自卑類別時，外貌是獨自一類，而且涵蓋了外表的每個部分，包括身體意象。但是我繼續收集資料時，發現「身體意象」這個主題已經大到可以自成一類。外貌是涵蓋身體意象、服裝、健身、風格等一切的廣泛類別。但是外貌自卑的背後，其實是由身體意象驅動的。身體意象是最接近「普遍自卑因素」的議題，有超過九十%的研究參與者曾經因爲身體而感到自卑。身體自卑非常強大，往往是植根於心理層面，影響了我們對其他自卑類別的感覺，包括性愛、母職、親子教養、健康、老化、女性暢所欲言的能力。

身體意象是指我們如何思考與感受自己的身體，是我們腦中對身體抱持的想像。不幸的是，我們的想像、思維和感受，可能和實際的外貌沒多大的關係。那是我們想像身體的樣子，通常我們會拿它跟身體該有的樣子相比。

我們通常以爲身體意象是指整體外表，但是我們不能忽略細節——亦即組成那個形象的身體部位。如果我們知道女性陷入層層交疊又矛盾的身分與形象預期時，最容易感到自卑，我們就不能忽略社群對於女性身上的每個細微部位（從頭到腳）都有預期。

我把這些身體部位都列出來，因爲我覺得它們很重要：頭、頭髮、頸部、臉部、耳朵、皮膚、鼻子、眼睛、嘴唇、下巴、牙齒、肩膀、背部、胸部、腰部、臀部、腹部、下腹、外陰、肛門、手臂、手腕、手、手指、指甲、大腿、膝蓋、小腿、腳踝、腳、腳趾、體毛、體液、青春痘、疤痕、雀斑、妊娠紋、痣。

我相信你看每個部位時，對每個部位都有特定的意象，而且你的腦中還有一份清單，列出你希望每個部位長什麼樣子，以及你想迴避的嫌棄身分。

當我們對身體充滿嫌惡感，覺得自己一無是處的時候，自卑就會徹底改變我們，也改變我們接觸世界的方式。試想，一個女人在大庭廣衆下保持沉默，因爲她擔心歪斜的黃板牙會讓人質疑她貢獻的價值；一個女人告訴我，她「討厭自己很胖的一個原因」是，她隨時承受著必須好言好語待人的壓力，她解釋：「你只要脾氣暴躁，就有人毒舌批評你的體重。」

研究參與者也常談到，身體意象阻止她們享受性愛，或是逼她們在不想做愛時，爲了獲得某種身體上的肯定而勉強接受性愛。

很多女性也談到身體背叛她們的自卑。這些女性談到身體的疾病、心理的疾病，以及不孕症等等。我們常把「身體意象」想得太狹隘了，其實身體意象不只是追求身材纖細及魅力而已。當我們開始責怪與討厭自己的身體沒達到預期時，我們也開始把自己分割成不同的部位，偏離了完整（亦即眞實的自我）。

談論自卑和身體意象時，免不了會談到懷孕時的身體。懷孕的身體分成幾個階段，每個階段各有不同的自卑。首先，有些女性想要懷孕。我聽過許多故事提到，懷孕前有追求身材纖細、狀況良好的壓力。本書稍早前提過，一位女性怕被醫生嫌「太胖」而不敢看醫生，拿自己的健康和產前檢查開玩笑。

第二是懷孕時的身體。過去幾年，什麼身體意象比懷孕的身體遭到更多不當的利用？別誤會我的意思。我非常支持大家探索懷孕身體的奧妙，以及消除大肚子的污名和羞愧感。但是我們不該以電腦修片、電腦繪圖、令人自卑的女性圖象來取代原本的形象，又要求女性去追求那些達不到的狀態。胖了十五磅的電影明星為了呈現出「我也是凡人！」的形象，以電腦軟體修掉妊娠紋，那並不是多數人懷孕時面對的現實狀況。

最後一個階段是產後的母體。女性跟我談到產後身體意象的掙扎時，我聽到的不只是自卑經驗而已，還有悲傷、失落、憤怒和恐懼。除了體重增加、痔瘡和妊娠紋以外，女性也對產後面臨的實質與永久性改變相當掙扎。媒體也對產後身體意象的預期有很大的影響，現在大家預期我們產後一週就能穿低腰牛仔褲，露小腹的T恤，手提五百美元的尿布包，把孩子當成今年最流行的配件那樣抱著四處招搖。

親子教養也是受到身體意象影響的自卑類別。我自己身為脆弱又不完美的家長，並沒有資格跟著流行把一切問題都怪到家長頭上，尤其是怪罪母親。不過，話又說回來，我想分享一些研究中的發現。羞辱造成自卑，家長對孩子的身體意象發展有很大的影響，女孩在體重方面仍受到家長的羞辱，尤其是來自母親。

說到親子教養和身體意象，我發現家長是落在一個連續量表上。在連續量表的一端，有些家長非常清楚他們是孩子人生中最有影響力的榜樣。他們努力以身作則，對身體意象展現正面的行為（自我接納，也接納他人，不強調高不可攀或理想的目標，強調健康而非體重，解構媒體訊息等等）。

在連續量表另一端的家長也一樣關愛子女，但是他們堅持幫女兒免除過重或欠缺魅力的痛苦（幫兒子免除太弱的痛苦），所以他們竭盡所能地引導孩子達成理想，包括貶抑和羞辱他們。這類家長中，有很多人本身就有身體意象的問題，他們以羞辱的方式來因應自卑。

有些家長是位於連續量表的中間，他們不對抗負面的身體意象議題，也不羞辱孩子。不幸的是，在社會壓力及媒體的影響下，他們的孩子在面對身體意象時，大多沒有克服自卑的技巧。在這個議題上，中立立場似乎沒有存在的空間，你要不是積極幫孩子培養正面的自我觀念，就是放任孩子受到媒體及社會預期的左右。

由此可見，我們對身體的看法、厭惡和質疑，不單只是影響外表而已，而是遠遠超越了外表，還影響到我們的生活與愛的方式。照護和母職也是如此。

照護

我常聽到痛苦的照護故事，尤其是照顧臥病的伴侶或年邁家人的掙扎。最困難的經驗主要是照顧生病或年邁的父母。

在心理健康方面，我們發現照護是大家覺得壓力最大的生活事件之一。女性談到身爲照護者的焦慮、恐懼、壓力和羞愧時，我常從她們的言談之間，聽到完美主義的惡魔在作怪。無論她們使用什麼用語，我都可以聽出她們拿自己日常責任的辛苦，和理想中毫無壓力、盡責又有回報的照護形象相比。

但是，毫無壓力、盡責又有回報的照護形象，其實只有尙未全力投入照護的人才有可能得到。當我們想到照顧年邁父母或伴侶可能發生的事情時，我們大多會感到焦慮、難過和恐懼。爲了消除那些不安的情緒，我們有時會說服自己，我們的結果會不同的，不會像同事或朋友照顧他們的母親那麼辛苦。我們一心想著完美的可能性以逃避現實，例如「一切都會沒事的」，「這是給我們多點時間相處的好機會」。

所以，當我們眞的變成照護者時，我們毫無心理準備，於是我們的感覺從「我愛你，照顧你是我的特權」變成「我恨你，我希望你早日超生，因爲我需要挽回我的人生」。當我們開始產生羞愧和自我厭惡感時，壓力、焦慮、恐懼和悲傷也跟著放大。我們不禁懷疑自己是惡魔嗎？怎麼會有那樣的感覺？

我們並非惡魔，我們之所以會有那種感受，是因爲我們只是凡人。在危機的當下，我們通常只有很少的支持和資源可以因應重大的人生事件。

我在訪問中發現，擔任照護者的女性對自己都非常嚴苛。她們通常對自己缺乏自然的照護技巧感到失望，有時甚至會厭惡自己。我深入探索那種失望感時，發現很多女性會把照護經驗和育兒經驗拿來比較。她們覺得自己是善良的好人，但是養育技巧不知怎的卻失敗了。

大家常犯一個錯誤：把「照護」和「育兒」拿來相比。表面上，比較兩者似乎很合理。但是你眞的檢視兩者的差異時，就會看出兩者的迥異，以及爲什麼相信兩者一樣注定會產生羞愧感。

首先，也是最重要的一點，我們和父母或伴侶的關係，異於我們和子女的關係。當我們幫孩子沐浴時，不需要忍住哭泣的衝動。但是我第一次幫祖母沐浴時，就有那樣的衝動，而且我甚至不是她的主要照護者，我母親同時肩負起照顧她和她妹妹的責任。

我們照顧孩子的精力是來自於承諾；但是照顧另一位成人時，我們往往是沉浸在恐懼與悲傷中，當對方已經走到生命的盡頭或面臨未知的未來時更是如此。恐懼和悲傷不會爲我們帶來精力，通常只會消耗我們的精力。

第二，我們的社會裡，已經有系統專門支持家長和孩子。學校和育兒設施是最方便的系統，但是還不只這些而已。桌子、住家、汽車、餐廳等等都是爲家長和孩子所組成的家庭設計的。市面上有數千種親子教養書和雜誌，還有幼兒遊戲小組和規劃好的活動。身爲家長，我們有很多機會可以融入與建立連結。

但是，當我們身爲另一位成人（父母或其他人）的照護者時，外在的一切看起來都不合宜了。我們的工作岌岌可危，因爲我們經常需要爲了陪診或緊急的醫療狀況而請假。我們的伴侶無法自己下樓，或父母拒絕搬來和我們同住。最糟的是，我們感覺完全斷了連結。爲了維持照護所需的精力，我們抽離自己的生活，把時間和心力投注在需要我們照護的對象上。

育兒和照護有一個共通點，但不是正面的：說到這兩個議題，似乎人人都有意見，都愛批評個一兩句。雀兒喜是坐五望六的年紀，她對於別人老是愛拿放大鏡檢視照護者，提出了強而有力的說法：

- 我父親兩年前過世了，非常突然與意外。家人傷心欲絕，尤其是我母親。她生病很久了，父親一直是她的照護者，現在換成我們照護母親。或者，我應該說，是由我負責照顧她。我哥忙著他了不起的人生，我姊則是只會旁觀與批評我的一舉一動。約莫六個月前，我先生和我覺得我們無法再繼續照護下去了，身心上都沒有辦法，所以我們決定把母親送到附近的療養院。對此，我哥和我姊都很震驚，我姊居然說：「我眞不敢相信你打算把她像罪犯一樣送進牢裡。」我哥只是一本正經地說：「絕對不行。」當然，他們兩個都說他們很忙，無法幫忙照顧母親。當我說我們別無選擇時，他們說那樣做很殘忍，他們也不願付錢。所以我母親仍住在自己的家裡，我每天中午休息或下班後，還是會過去探望她。我哥和我姊認爲一切都很完美，即使我母親的狀況愈來愈差，她自己住也愈來愈危險了。而我呢，我的婚姻岌岌可危，老闆對我老是很不滿，我已經瀕臨崩潰邊緣。

雀兒喜的故事涵蓋了許多照護的複雜性。我們看完母職以及完美主義造成的自卑因素以後，會探討克服自卑的技巧。那些技巧可以幫我們檢查，導致這些複雜議題的預期是否實際。

母職

母職和親子教養肯定有關，但它們是兩種不同的自卑類別。母職自卑是女性身為母親身分或非母親身分的自卑感。教養自卑主要是和養兒育女及親子互動的方式有關。

母職自卑對女性來說是很大的議題，每位身為人母的研究參與者都對母職自卑有很大的共鳴。由於母職身分和女性身分密切相關，即使你不是人母，也可能有母職自卑。我們從前面瞭解不孕的指南中得知，深受不孕症所苦的女性，談起生活上的母職自卑時特別投入。選擇延緩生育或不想生育的女性也是如此。

社會認為女性身分和母親身分是密不可分的，所以，女性的價值往往是由我們目前的身分相對於升格為人母的位置來衡量。在有些社群裡，大眾對母職的預期有好幾層，包括何時當母親太早、何時太晚、孩子的性別（彷彿母親能控制這點似的）。女性一旦達到社群設定的「年齡」，她們開始覺得需要抵抗母職的預期。女性常被問道：為什麼還不結婚，或是為什麼結婚了還不生小孩。就連結婚生下一個孩子的女性，也常被問道為什麼不生第二個孩子。至於生了四或五個孩子的女性，大家又預期她們解釋為什麼會生那麼多。

母職自卑似乎是女孩和婦女與生俱來的問題。除了「以母職來定義女性」這樣的社會預期以外，社會對於所謂的「好母親」也有非常僵化的預期。有些是大家非常期待在母親身上看到的特質，有些則是大家普遍不希望看到的特質。有趣的是，「太刻意」是大家都不喜歡的特質，不僅對母職來說是如此，對這個類別裡的各方面都是如此。我們想達到完美，但是又不想顯現出煞費苦心的樣子，我們希望一切看來自然而然，水到渠成。

瞬間達成

「你沒時間或天分弄出那種凌亂感。」儘管我每次拿著一堆梅格．萊恩（Meg Ryan）的照片給我的髮型設計師，她都那樣回我，我還是不相信她的話。我就是想要梅格．萊恩那個髮型，上次我又告訴她：「我想要剛睡醒的那種髮型，那是有多難？」她回我：「那需要十個人花兩個小時，才有可能弄出那種『自然』的樣子，你還是死了這條心吧。」

我們都希望自己天生麗質，天生就是賢妻良母和好家長，我們都希望生長在自然美妙的家庭裡。試想，標榜「自然美」的產品砸了多少金子行銷。說到工作，我們都愛聽：「她讓一切看起來如此簡單」或「她眞是天生高手」。

研究參與者顯露出一種有趣的完美矛盾：**不完美讓人自卑，太刻意追求完美也讓人自卑**。這也難怪在這個追求立即滿足及出名的年代，大家以爲只要你對某個東西有強烈的渴望，就能瞬間達成美夢。你看有多少人就是被「應該不會太麻煩」或「如果我無法自然學會，那肯定不適合我」之類的說法給矇騙了。

沒錯，這世界上的確有人是先天才華洋溢，但是對多數人來說（包括名人和超級巨星），成就是靠努力和執著打拚出來的。身材好又健康的人中，有九十五％是花了很多心力去鍛鍊出來的。

我知道有些人擁有我欽佩的親子教養技巧，他們都很努力培養那些技巧。他們認爲親子教養是需要訓練、練習及投入大量時間的技巧性任務。他們博覽群書，修習課程，練習與衡量自己的技巧。

家庭和母職也是一樣的道理。投入和產出之間有直接相關，這個類別就像其他技巧導向的能力一樣：如果你有合理的目標，投入愈多的時間和資源，練習得愈勤奮，就愈有可能達到目標。

兩三年前，一位博士班的學生來問我：「我想寫一本書，收集資料好幾年了，但我就是覺得自己寫不出來。」我問她遇到什麼障礙，她低著頭說：「這對我來說並不容易，寫作的壓力很大，我不像你，沒辦法文思泉源，下筆如行雲流水。而且，我的臉皮也不夠厚，有人說作家需要有笑看外界批評的能耐。」

我可以感覺到她解釋時帶有一種自卑感，一部分的我可以感同身受，但是另一部分的我其實有點生氣。我站在那裡心想：「寫作對我來說從來就不是文思泉源，下筆如行雲流水。我是一字一句辛苦擠出來的。有時不太痛苦，但有時相當折磨。至於批評，我認識的每位作家在面對批評時都很掙扎。」你只能努力培養自己接納批評的雅量，那很痛苦，尤其是人身攻擊。

當我們以爲成就可以不費吹灰之力取得時，我們讓自己陷入了自卑，也貶抑了努力克服完美主義的人所付出的心血，我們變成自己及他人自卑網上的一員。

我們多常因為誤以為「家庭」或「母職」不該那麼困難，而貶抑了別人的努力？婚姻、親子教養、健康、職業、母職都需要投入很多心力。想在這五個領域之間拿捏平衡，可能是我們人生中最典型的挑戰。

我們需要檢查那些預期是否切合實際，光是坐下來好好翻閱美國的精彩小說一星期，並不表示你就能成為優秀的作家。我們需要謹記，每個「與生俱有天賦」的人背後，通常都付出了許多努力、奉獻和心血。

捍衛我們的生活

當我和女性談到完美的壓力時，她們都很快解釋：無法看起來很完美、愛得完美、做到完美無瑕，只是問題的一部分。同樣重要的是，為了看起來完美或掩飾不完美而願意做的事，也會讓人產生自卑。當完美是預期或目標時，我們願意做很多的犧牲，以維持與保護我們的形象。以下是一些女性的故事。

- 自卑就是結婚二十年，我不曾在先生面前裸體走動，一次也沒有。
- 我一直在說謊，我告訴別人我父親住在紐澤西，但他其實已經入獄六年了。我對說謊的羞愧感，比父親入獄的羞愧感還要強烈。你的家庭因父母離異或其他原因而跟別人不一樣是一回事，你的父親是罪犯又是另一回事了。

- 我先生去年外遇，我連好友都不敢講，每個人都喜歡我先生，覺得我們是模範夫妻。我知道要是我讓好友知道這件事，她對我們夫妻的看法都會改觀。
- 我想重返校園，完成學歷，但是在有孩子和兼職工作之下，我無法想像我以想要的方式完成學業。我擔心我只能拿B或C的成績，除非能做到盡善盡美，否則我不想做，所以我不回學校了。
- 我乾脆告訴大家我爸媽經常出遊。去年的家長日，我是新生宿舍中唯一沒家長來探親的人。我沒邀請他們來，他們有種族歧視的問題，內心充滿怨恨，覺得全世界都跟他們做對。我爸覺得全世界都欠他，我成長的過程中，每次有人來我家，我都覺得很尷尬。我爸媽簡直就像外星球來的一樣。
- 我對父母透露的事情都會先過濾，他們不知道我是同性戀，也不知道我有伴侶。同性戀社群裡有很大的「出櫃」壓力，我知道出櫃很重要，但是你要先做好父母跟你斷絕關係的準備，這不是很多人都必須面對的事實。
- 公司裡的人常說：「她有點石成金的能力。」有時候那是眞的，但是最近我的預測一直失靈。我第一次做了虧損交易時，公司裡的每個人都慌了，他們指責每個人，就是不指責我，但是那明明是我的錯，是我做錯了判斷。我再次做出虧損交易時，同事的反應和上次一樣，那時我才發現大家已經把我當成部門的典範，他們無法承認是我做錯決定。在這一行裡，我們只要賺的比虧的多就行了，不是每個人每筆交易都能賺錢。但是大家預期我達到那樣的水準。老闆告訴我：「我們需要你向大家示範那是怎麼做到的，我們需要你設下標準。」現在我開始害怕工作，謊報數字，把虧損都怪到別人的頭上。

遇到有人威脅我們對完美的追求時，我們比較可能對那個人使用羞辱、恐懼、評判的方式。有人質疑或批評我們時，我們可能感覺受到威脅，也可能因爲別人的決定和我們不同而感受到威脅。

這種事在親子教養中經常出現。親子教養是特別複雜的議題，因爲我們是根據自己和孩子在他人眼中的觀感來決定我們所想的完美。從本書前面的例子及下面的例子可以看出，當孩子的行爲可能損及我們苦心塑造的「親子教養形象」時，我們很容易以羞辱、恐懼、評判的方式來對待孩子。

- 當我和先生告訴我爸媽，我們決定不生孩子時，他們就崩潰了，還不斷問道：「你們是怎麼了？」、「怎麼可以這樣對我們？」我媽居然說：「這是家裡的恥辱，大家會覺得你們肯定有什麼問題。」我本來就知道要告知這件事不容易，但我沒想到比我想像的還難。
- 我的伴侶的父親又開始大肆批評了，抱怨她女兒是女同志，罵她是「男人婆」，說她讓他們名門世家蒙羞。接著，他又當著我的面說：「而且，你還去找了一個有色人種搞同性戀。」我記得當時我站在那裡心想：「他是意有所指的。」他可不是阿契・邦可[1]那樣的人物，而是五十歲受過良好教育的石油公司高階主管。羞愧眞的會讓人表現瘋狂。

- 我先生對兒子很嚴苛，給他很多壓力。他要求兒子成績名列前茅，又要成爲校內最優秀的棒球好手。我試著讓先生放鬆標準，但是都沒有用，我看到兒子明顯承受著壓力。我曾和其他球員的母親談起這件事，但是後來我就不說了。她們讓我覺得很難堪，她們說其他孩子覺得我先生很殘酷，不公平。其他的媽媽覺得我先生和我正在摧毀兒子的人生，我不知道該怎麼做，只能沉默面對。

在比較極端的例子中，我們無法展露不完美，可能會讓我們自己或我們關愛的人陷入危險。

- 我懷孕時，所有的女性友人都說：「喔，你等著看吧，你會感覺到一股前所未有的母愛，那眞的很神奇。」她們老是這麼說，但是我生下第一胎以後其實很憂鬱，我對兒子一點都沒有感覺，我只感到難過，不知所措，眞的很想回到還沒懷孕前的人生。我看著自己的新生兒時，竟然會有那種感覺，我覺得很羞愧，心想：「天啊，我會變成大家都知道的那種媽媽……我兒子會變成瘋狂的人，我也會變得瘋狂。」我先生嚇壞了，我猜他覺得他娶到

1 Archie Bunker，喜劇影集主角，脾氣暴躁，行爲粗魯，個性保守頑固，有種族歧視。

一個怪物。我想他不知道該說什麼，我婆婆則是一直說：「這不對勁，她不正常，這不對勁，她不正常。」整整兩個月，我的生活有如人間煉獄。我不願去看醫生，因爲我覺得太丟臉了。到最後，情況惡化到我幾乎無法運作，我擔心家人把我送到療養院，才逼自己去看醫生。醫生解釋，有些女性在生產過後有產後憂鬱症，那是荷爾蒙失調造成的。她說即使我是先天充滿愛心的人，也可能遇到這種事。於是我開始服藥，雖然吃藥本身很糟，那還是比對孩子毫無感覺好多了。兩個月內，我恢復正常了。現在我回顧那段日子時，知道那是我人生經歷中最黑暗的一段。

- 我痛恨自己的身體，我對我痛恨身體的程度感到羞愧。有時我痛恨到希望我生病算了，我是指生重病，病到掉三、四十磅。我不想死，但是只要能生病瘦下來，我甚至不在乎生病有多悲慘。只要能病到減三、四十磅，然後再復原，那就值得了。你能想像你那麼痛恨自己的身體嗎？我爲自己的身體感到羞愧，也爲我痛恨自己的身體感到羞愧。
- 我女兒吸毒，兒子在國中讀到快被退學了。當你唯一的任務是養兒育女，但兒女都很失敗時，你就是失敗者。朋友一再告訴我，我應該想辦法救救女兒，但是我不知道該如何幫她，我不能告訴我先生，不然他會瘋掉。我知道女兒有酒醉駕車的問題，但是我要是沒收她的車子，我先生會知道發生了什麼事。
- 我後來發現，我覺得自己太胖很丟臉而不願就醫，其實和自殺無異。但是我就是要拖到那種程度，才肯逼自己去看醫生。

● 有時我會在不戴套之下發生性關係，我知道那很傻。但是要求男人戴套，男人會覺得很掃興。三十歲還單身已經夠糟了，我不想當安全性愛的糾察隊。如果我要求對方戴套，但是他假裝沒聽見或是說不想戴，我又覺得自己小題大作很尷尬。

從上面的引述可以看出，**追求完美和不能稱心如意一樣危險**。有時候，我們冒的風險不像上面的例子那麼大，我擔心被別人當成過度保護與緊張的母親就是一例。

我自己是社工，我先生是小兒科醫生，所以我看過孩子遇到不幸狀況的例子比一般人多。由於我很難從現實中排除恐懼因素，槍枝安全和安全帶這兩個議題對我來說特別重要。

如果有人邀請我女兒艾倫去家裡作客，我會想要確定那戶人家沒有上膛的槍枝，我也想確定她搭車一定繫上安全帶。過去幾年，艾倫年紀還小，所以我們會開車送她去朋友家裡玩耍。但是她年紀大一點以後，情況就改變了。

有時我因爲不好意思顯得過度擔心而保持沉默，我不希望被當成「歇斯底里、瞻前顧後的母親」，我必須往連結網絡尋求支持，請他們幫我轉念。

一位在青少年懷孕防治中心工作的朋友告訴我，她對孩子說：「如果向對方提起保險套令你不安，那表示你跟他還沒熟到足以發生性關係。」所以現在我不再想著：「我希望他們不要以爲我瘋了。」而是想著：「如果我覺得談這些議題太丟臉，我可能還不放心讓艾倫在無人監督下，去那些人的家裡玩耍。」

完美主義和克服自卑

爲了更瞭解克服自卑的四項要素如何幫我們戒除完美主義，我想分享我自己因完美主義而掙扎不已的故事。

我懷艾倫的時候，有幾家公司（包括電腦製造商）大打年輕媽咪在家工作的廣告。那些廣告總是呈現媽媽穿著可愛的拖鞋，打著電腦，小孩子以可愛的眼神從桌邊的遊戲墊望著媽媽。廣告最後總是呈現母親同時獲得孩子和專業同事的崇拜與肯定。

我每天都想著那個形象，希望自己就像廣告裡描述的那樣。我想像自己穿著很酷的T恤及八號的瑜珈褲（我從來穿不下八號的衣服），隨意紮著馬尾（過去十年我都是短髮），打著筆記型電腦，嬰兒很合作地待在遊戲墊上對著我微笑，我做著令人興奮的工作，獲得許多個人和專業上的肯定。那個廣告公司肯定做足了功課，我相信我是他們的目標族群。面對他們的廣告，我也眞的照單全收了。

艾倫兩個月大時，某天我終於有機會實現那個幻想了。當時我是申請社群評估專案的三位研究人員之一，約好下午一點和兩位社群領導者透過電話面試。我把一切都安排妥當了，中午餵飽了艾倫，她十二點五十五分已經熟睡。下午一點，我隨即接到電話，我已經準備好所有的問題，一支有靜音鈕的手機，還有一副耳機，以防萬一。一切都很完美……直到下午一點零五分。

面試才進行五分鐘，艾倫就開始哭了，不是哎叫，而是哭泣。下午一點零六分，她不再哭泣，而是開始哎叫。她叫得很大聲，兩位面試官都問我沒事吧，我馬上回答：「沒事，沒事，請繼續。」他們說明那項專案時，我進入艾倫的房間，按下靜音鈕，還不時問道：「你們聽得到我的聲音嗎？聽得到嗎？」以測試那個靜音鈕有沒有效。

等我走近艾倫的嬰兒床時，我的T恤已經被母乳噴濕了。艾倫有某種「野性呼喚」的能力，她只要一叫，我的乳腺就開始運作了。艾倫之所以哎叫，是因爲她拉肚子了，大得整件包屁衣的背後都髒了。

我在評估嬰兒床髒污的狀況時，突然聽到可怕的問話：「布朗小姐，你還在嗎？」。「對，我還在。我只是在寫筆記，以便徹底地思考整個專案。能不能請您談一下這項專案贊助的資金？」呼！幸好沒事。他們開始解釋我應該記下來的重要事情，我則是一手按著靜音鈕，一手把艾倫推向嬰兒床的護欄，讓她滑進我的臂彎。這時她已經大得到處都是了，我設法幫她脫下衣服，以十幾張濕紙巾幫她擦乾淨，把全身赤裸的她抱回我的房間。

她還在哭，這時母奶已經從我的T恤往下滴了。我把艾倫放在床上，以便一手脫除T恤，再把濕透的胸罩拉到腰際，把哺乳枕放在身邊，開始哺乳。艾倫一靜下來，我又回去應試。我設法在出亂子以前先提出一些有條理的說法。

對我的身體來說，那整個情境的壓力實在太大了，不久我開始感覺到嚴重的腹瀉感來襲。這時，我站著，哺乳枕掛在我的腰際，眼淚撲簌而下，T恤垂掛在我的身後，我在房間裡像企鵝一樣走來走去。

後來，我以盡可能客氣的語氣，退出那項專案的申請，也感謝面試官撥冗來電。而我就只是坐在那裡，抱著艾倫哭泣。我對於自己無法實現完美職業婦女的夢想，感到非常羞愧。自己主動退出研究專案的申請雖然令人難過，但是看著全身赤裸還沾著屎的小艾倫，那感覺更不好受，因為我覺得我讓她失望了。

幾週後，史蒂夫和棠恩建議我把克服自卑的技巧套用在這個情境中（「自卑研究人員，你自我療傷止痛吧」這句話對我來說並不陌生）。我思考時發現，我的自卑轉為失望，又轉為幻滅，接著變成比較正面的想法：「我以後再也不會被微笑的嬰兒搭配筆電和拖鞋之類的胡扯廣告給騙了。」

現在有些第一次當媽的朋友告訴我，她們打算在家一邊工作一邊帶新生兒時，我都會馬上分享我的故事。她們常問道：「難道你不能跟著嬰兒的作息時間安排工作嗎？」或「難道你不能在面試以前先讓她上大號嗎？」我總是溫和地表示：「那只有在廣告裡才有可能。」

我把克服自卑的四項要素套用在這個情境時，學到了以下幾點：

找出引發自卑的原因：我不希望別人覺得我無法兼顧母職和工作，也不希望別人覺得我需要幫助。我希望在大家眼中變成「悠哉自在，兼顧一切，不需要幫助」的職業婦女。我還是不確定塑造出那種身分的訊息是源自何處，我知道有些是來自我從小成長的家庭。

我母親直到我快二十歲時才出外工作，她是輔導媽媽、女童軍領隊、游泳校隊的媽媽、共乘協調人等等，那就是我腦中的母親形象，另外再加上工作，就是我對職業婦女的想像。我不只做了她做過的事情，又有全職的工作，還念完了研究所。

我從來不相信「你總是得犧牲某項東西」的概念，我覺得那句話只適用在其他媽媽的身上——那些無法兼顧一切的媽媽。我覺得我跟她們不一樣，我是另一種媽媽，就是廣告裡塑造的那種媽媽，我比較喜歡廣告傳達的訊息：

- 買這台筆電以後，在家一邊工作一邊帶新生兒會很容易，你將成爲時尚、酷炫、時髦的媽咪。
- 以我們的咖啡展開你忙碌「在家工作」的早晨，你會住在蘇活區的酷炫閣樓，擁有各種華服。
- 只要買我們的清潔劑，你會發現你一手牽著小孩走在沙灘上，另一手拿著升遷通知。

練習思辨覺察：社會預期女性必須兼顧一切——女超人症候群。儘管我做了最大的努力，也學到了教訓，有時候我還是覺得我可以兼顧一切。我想，這種預期之所以存在，是女性在職場上努力爭取平等，卻沒得到眞實平等所需的支持和幫助所造成的。

我也覺得，社會之所以覺得女性有必要兼顧一切（尤其是工作和母職），是因爲大家普遍認爲母職是無酬勞、不重要、簡單的工作。然而實際的狀況是，養兒育女比我做過的任何工作還難（也更有成就感），只不過母職得不到正式的評量、肯定或薪酬。

「回職場vs.全職母親」的爭論，其實是有餘裕把工作當成選擇的女性才有的煩惱。我們常怪罪女性肩負太多的任務，怪她們自己選了女超人的生活型態。然而，很多女性是別無選擇的，她們必須「什麼都做」，否則孩子就沒飯吃。

對我來說，練習思辨覺察就是時常爲訊息解碼。有時候別人對我們的選擇做出評論時，我們覺得很羞愧，卻又不知道爲什麼。以下是一些導致我們羞愧及自我懷疑的矛盾訊息：

- 你的身價是你自己爭取來的。
- 母職很容易，你還有做其他的事嗎？
- 你應該去找一份實際的工作，你需要有自己的收入和身分。
- 你應該待在家裡，那才是你的工作。
- 如果你是更好的母親或更好的專業人士，這兩方面對你來說都會更容易。

接觸外界：我自己爲外表、家庭、親子教養、母職和工作掙扎時，非常依賴我的連結網絡。我需要他們的意見、指引、支持、反饋、肯定和讚美，有時我只是單純需要他們的慰藉。

我很努力打造這個網絡，現在這個網絡已經很穩固、廣大了。我也需要這些人依賴我，我知道這樣說似乎很好笑，但是我希望那些人際關係是雙向的。獲得同理心是美好的禮物，發揮同理心也是如此。同時施與和接受讓我變成更好的人，加強了我克服自卑的能力。

這些議題對我造成的自卑網，主要是來自於媒體和我自己。我努力避免自己陷入自卑網中，但我還是很容易受到雜誌和電影的影響。我必須時時提醒自己練習思辨覺察，並向我的連結網絡訴說這些議題。有些親友也可能踩到你的地雷，導致你自卑，尤其是在親子教養和工作方面。

談論自卑：如果談論自卑的目的，是爲了學習如何表達感受以及要求所需，我想我在這方面做得愈來愈好了，尤其是表達感受方面。我跟很多女性一樣，常覺得向人提出需求很難，尤其是需要幫助或支持的時候。

在訪談中，我看到「尋求幫助」方面出現一種有趣的型態。很多女性似乎都不敢開口尋求幫助或支持。我們通常是照護者與幫助者，我們說服自己我們不需要幫助，所以不必求助。結果我們因爲沒人主動協助而生氣，或覺得很受傷。我們心想：「難道他沒看到我快撐不下去了嗎？」或「她爲什麼不做點什麼？」這可能迅速演變成責怪與羞愧：我們明明需要幫助，卻不求助；我們因爲得不到幫助而生氣；我們明知別人不會主動幫忙，卻又認爲別人應該幫忙，而感到羞愧。

對我來說，求助是我正在努力的方向。

成長與設定目標

當我們更善於談論自卑時，字句背後的力量和意義會變得更明顯。善於克服自卑的女性和不善於克服自卑的女性使用的語言非常不同。例如，當我跟女性談到外貌、母職、親子教養、工作和家庭時，善於克服自卑的女性比較不談完美，而是談成長。以下是一些她們的用語型態：

- 「我希望加強……」
- 「我希望改善我……的方式。」
- 「我希望減少……多做……」
- 「這些是我的目標……」
- 「我希望別人覺得我盡力做……」
- 「我希望別人覺得我努力……」

當我們覺得成長比完美更重要時，克服自卑的能力馬上增強了。追求改善是比追求完美更實際的目標，光是放棄高不可攀的目標，就可以減少自卑。當我們認爲「我們必須這樣」時，反而忽略了自己實際上是什麼樣子、自己的實力和侷限。當我們從完美形象出發時，除了往下走以外，沒有其他的方向可選。

當我們心想「我希望父母覺得我是完美的女兒」時，結果只會失敗。因爲，**第一，完美是不可能實現的。第二，我們無法控制別人對我們的看法。第三，我們不可能完全照著別人的預期做每件事，或完全照著自己的預期做事。**

當我們的目標是成長時，我們是說「我想改善這點」，並從當前的狀態出發。「我想改善我和父母的關係」和「我希望父母覺得我是完美的女兒」是截然不同的目標。

爲了說明這兩句話的差異有多大，許多受訪女性表示，自從她們不再努力成爲「完美的女兒」以後，她們和父母的關係反而改善了。外表、母職、親子教養方面也是一樣的道理。

當我們允許自己不完美，發現自我價值，並打造出肯定與重視不完美自我的連結時，我們更有能力改變。

這一切又回歸到當初啓動我展開整個旅程的那句話：羞辱或貶抑他人，並無法讓人改變行爲。這表示我們不能用自我厭惡的方式來減肥，不能用羞辱自己的方式來驅使我們變成更好的家長，不能靠貶抑自己或家人的方式來讓他們變成我們想要的樣子，把別人歸入「輸家榜」也行不通。**羞辱侵蝕了我們內心相信自己可以改變的那個部分。**

設定目標：善於克服自卑的女性不是把完美的目標換成「努力邁向完美」。培養克服自卑的能力需要設定切合實際的目標。說「我不希望別人覺得我沒耐心」其實和「我想努力培養耐心，讓自己永遠不會發怒」是一樣的。這兩句話的目標，說到底還是在追求完美。

當我問女性有什麼「成長目標」時（例如「我想變得更有耐心」），我問她們覺得那個目標可以如何達成。根據她們的回答，我發現她們克服自卑的能力和找出特定目標的能力有直接相關。

例如，好友兼同事雪柔告訴我，她的親子教養目標是「有趣、堅強、善良、博學、有耐心、有愛心」。她明確提到這些都是她的目標，她知道隨時都達到每個目標是不切實際的。

當我問她爲了達成這些目標做了哪些事時，她自信地列出幾個簡單、可衡量又具體的標的。

她說：「我會多補充睡眠，睡眠充足時，我也是比較稱職的家長。雖然那很難做到，但我努力讓兒子維持正常作息，讓他們感覺良好。我閱讀很多親子教養書，當書本的內容很實用時，我會採用那些建議，如果書本不實用，我就不採用。當我看到其他的家長在某方面做得很好時，我會向他或她請教。我先生和我都會去參加親子教養研討會，我常和那些媽媽團體保持聯繫。我換了幾次小兒科醫生，才找到有共同價值觀並提供我指引的醫生。我為工作設下界線。有人批評我的親子教養方式時，我有一群朋友可以傾訴，為我加油打氣。我試著練習自我關心，花時間為自己充電。當我自己沒電時，我也無法給別人任何東西。」

怪的是，成長和設定目標感覺起來可能比夢想完美需要做的事情還多。當我們追求完美時，我們常失敗，所以我們幾乎都習慣了。過了一陣子後，我們騙自己相信預測完美比朝著目標努力更高貴。說「十二月以前我要瘦下來」比「我今天就要吃得健康和運動」容易多了。說「債務還清後就輕鬆了」也比「這一週我絕不刷卡買東西」容易。

當我們為「成長目標」設定切合實際的標的時，我們為今天、明天、後天負責，而不是把責任延到六個月後。

面對完美議題時，最擅長克服自卑的女性，都有切合實際的目標，以及達成那些目標的可衡量策略。一位有飲食失調症長達十幾年的女性就是一例，她說她為每週寫下切合實際的「健康目標」，而不是籠統的「纖細目標」，因此克服了飲食失調症，以及因暴食而產生的自卑。她說她不再希望別人覺得她「瘦」，而是希望別人覺得她很「健康」。為了朝那個目標邁進，她每週運動五次，每次運動三十分鐘，每天至少吃三頓健康的正餐。

透過目標設定來追求成長的好處之一是，那不是全有或全無的問題，成功或失敗不是唯一可能的結果。如果我們的目標是變成更好的家長，我們設定的合理目標是每個月讀一篇親子教養文章，以及找具備優良教養技巧的家長談談。即使我們沒符合全部的目標，我們還是會學習和成長。

如果我們沒閱讀文章，但是從另一位家長身上學到很多，那仍然是成長。也許我們後來發現閱讀文章不是我們的長項，也許多和其他的家長交流比較有幫助。當我們設定改善目標，以及爲了達成目標的可衡量標的時，我們可以從達成與未達成的標的中學習與成長。如果我們的目標是完美，失敗在所難免，而失敗並無法讓我們學習和改變，只會讓我們更容易自卑。

重新來過

從錯誤中學習，而不是把錯誤當成追求完美的失敗嘗試，那就是「重新來過」（going back）的本質。「重新來過」是從這項研究中出現的重要概念。在外貌、母職、親子教養、工作與家庭方面，善於克服自卑的女性總是熱情地主張，相信「成長與改變永不嫌遲」非常重要。她們拒絕讓錯誤定義自己，**把「不完美」視爲成長的必經過程，而不是障礙**。此外，這些女性也強調，連結網絡中有人示範「重新來過」是成長與改變的強大策略也很重要。尤其，當她們的家長願意以家長的身分改變與成長時，女性受到的影響最大。

相反的，在上述領域中持續陷入自卑的女性，覺得過去的錯誤和追求完美的失敗嘗試永遠改變了她們的連結和力量。她們像善於克服自卑的女性那樣，也會受到外力的影響，但是影響她們的外力大多是自卑網上的成員，而不是連結網絡的成員。當女性談論錯誤的永久性，以及她們無法擺脫完美主義以追求成長時，其中至少有八十%的女性表示，這種想法是家長或家庭灌輸她們的。

所以，「重新來過」爲什麼對「克服自卑」很重要，第一個原因和我們放下過去的錯誤和失敗、去追求改變與成長的能力有關。第二個原因在於，它會影響我們透過連結網絡培養同理心的努力——我們不僅要有意願重新來過並從錯誤中學習，也需要生命中的其他人也願意這麼做。

從這項研究衍生的所有見解中，我覺得對我來說最強大的概念是：家長對孩子的影響。無論我訪問的對象是十八歲或六十八歲的女性，家長是否願意重新來過以及持續改善親子關係，都對這些女性有很大的影響。這點在每個領域都很明顯，尤其在「完美」這個類別裡特別明顯。在大大小小的預期或要求聲中，家長的聲音一直是最具影響力的。

當家長灌輸孩子「完美」的預期時，孩子很難拋除那個概念，去改選成長和改善的目標。當家長又以羞辱爲工具來強化預期時，孩子又更難改變了。當家長鼓勵孩子追求成長而非完美時，這些孩子會感覺到更多的連結以及父母的同理心。

我很難用文字完整描述研究參與者聽到家長說：「很抱歉」或「我瞭解那給你的感受」時的

情緒。當家長確定孩子感受到的痛苦，在無需言語解釋或辯護下眞正展現同理心時，神奇的療癒效果就出現了。

相反的，家長在孩子成長的過程中持續強化「完美」的預期時，孩子會持續陷入自卑，或是在家長的持續預期下，必須努力培養克服自卑的能力。還記得上一章的例子，一位母親告訴女兒：「天啊，你還是那麼胖！」如果女兒對母親解釋，那種說法對她來說是多大的羞辱，母親聽完以後回應：「我不是要羞辱你或傷害你，我很抱歉我說了那些話，我希望我們能親近一點，我愛你。」那會變成什麼樣子呢？

那樣說雖然無法自動修復她們的母女關係，卻是強而有力的療癒起點。我相信這位母親可能在某個時間點會想要以下面的說法來解釋或辯解自己的動機：「我只是擔心你的健康。」但是如果想要眞的重新來過，就必須先承認我們自己造成的痛苦，以及我們想要重建連結的渴望。

在我自己的人生中，我體會過家長願意重新來過的強大力量。我當上母親以前，我想把父母做過的一切「錯事」都做對。現在我當上母親了，我只希望我能跟我父母一樣願意重新來過。最近我和我父親聊到親子教養，他告訴我：「你不可能把親子教養做到盡善盡美，你的成效只能看你的孩子將來能不能把親子教養做得比你更好，以及你在那個過程中支持他們的意願。」

我反覆思考那句話很久，聽到我父母願意重新檢視他們的選擇，那感覺非常強大；當你想到將來孩子也會問你同樣的問題時，那感覺更是強大。

重新來過的一大阻礙和同理心有關。如果我們的目標是完美，而非成長，我們不太可能會想要重新來過，因爲那需要某種程度的自我慈悲——亦即以瞭解和包容心來看待自己的行爲，從事情發生的脈絡中瞭解我們的經驗，不帶一絲的評判。我稱這種以同理心反思自己行爲的能力爲「築底踏實」（grounding）。

築底踏實

當我們覺得成長比完美重要時，也就是選擇了同理心和連結。我用「築底踏實」這個詞是因爲，爲了找出我們身處何處，想往哪裡去，以及想以何種方式到達目的地，我們需要接納自我。築底踏實給我們接觸外界，以及找出我們是誰與我們想變成什麼樣子的穩定感。當我們感到踏實時，就不會覺得我們有必要捍衛自己的決定及保護自己。我們可以用包容的心態看待自己，而不是自我厭惡。築底踏實也避免我們爲了成爲別人期待的樣子，而苦苦追求接納與歸屬感。

在訪問中，我遇到兩位女性在外表方面有類似的故事。她們兩人在少女時期及二十出頭的時候都很胖，接受訪問時都是三十幾歲，身材纖細，也都育有幼女。

第一位女性非常鄙視以前的自己，她告訴我：「我很肥，很噁心，我眞不敢相信我以前長那樣。」她接著又提到她多討厭胖女人，她說她母親很瘦，經常嘮叨，要她減肥。她現在有兩個女兒，每天她都非常注意女兒吃的東西，七歲的大女兒已經開始吃減肥餐了。她說，由她來告訴女兒她很胖，比同學說她胖要好。我感覺這位女性雖然瘦下來了，她對體重議題仍然抱持很深的自卑感。她看起來身陷在自卑中，而不是立足於自我接納。

第二位女性告訴我，體重問題困擾她二十五年了，從小她就體重過重，直到三十歲才瘦下來。我問她，回想以前過重的人生時有什麼感受，她說：「那只是我的一部分，我在那段期間結婚生子，二十幾歲時喪母，我跟每個人一樣都經歷過美好與痛苦的時光。」她說以前很胖時，女兒和兒子都還小，他們已經不記得她那時的模樣，所以當他們看到過去的影片和照片時，有時會做出一些評論。她表示：「我說，他們取笑我的老照片時，我覺得很受傷。我也會乘機教育他們，為什麼不該以貌取人。他們愛我，覺得我是很棒的媽媽。我告訴他們，如果你只看到一個胖女人，就忽略了所有美好的特質。他們現在面對朋友的時候，都很注意這個議題。」這位女性表示，面對外貌議題時，她覺得自己有強大的力量和自由，身邊有一大群親友組成的支持系統，讓她很安然地接納自己。

頌揚平凡與不酷

和完美有關的一種破壞性執著，是對名人文化的痴迷。我們急切地翻閱雜誌，找出我們熱愛的明星及討厭的名人的所有細節。我們想知道誰減肥了，他們如何妝點住家，他們吃什麼，餵寵物吃什麼……等等。只要是名人吃過、穿過、擁有或失去的東西，我們也想跟進仿效。

我們想分享他們的生活方式，因為我們覺得那樣做可以更接近完美。名人也帶我們更接近一種大家覬覦的資產：酷炫。酷炫的重要性不容低估，我們知道青少年常爲了在同儕之間耍酷，而冒著身心方面的風險。不幸的是，在我們的文化中，酷炫的重要性在高中畢業以後並未減少。十八到八十歲的女性都告訴我，被別人認爲「不酷」或「落伍」的情緒痛苦。她們坦白談到，自己爲了維持「時髦」的觀感而面臨一些改變人生的後果。不幸的是，在這個利益主導的文化中，產值數十億美元的產業會想盡辦法確保「完美」與「酷炫」依舊難以捉摸又充滿誘惑，所謂的「夠完美」或「夠酷炫」並不存在。

瑪麗·派弗（Mary Pipher）在著作《愛是回家的路》（*The Shelter of Each Other: Rebuilding Our Families*）中，提到媒體對家庭造成的眞實威脅。她解釋，媒體塑造我們的新社群——那是一個比現實生活的多元性還少的社群。「我們『認得』名人，但是他們不認識我們。新社群不會像以前的社群那樣互助。萬一某個冬日清晨我們汽車電瓶沒電了，脫口秀的主持人大衛·萊特曼（David Letterman）也不會來幫你。你老爸失業時，企業大亨唐納·川普（Donald Trump）也不會送菜過來慰問。這些替代式的關係創造了新的孤獨——我們是和角色建立關係，而不是和眞人建立關係。

除了醞釀完美主義與孤獨感以外（兩者往往是相連的），我們還會拿自己的生活跟名人的生活相比。我們看好幾小時的節目，而那些節目的內容不外是角色來來去去的細節。我們在有意或無意間開始比較自己的生活和戲裡的生活。

我研究男性和女性時，很多研究參與者提到他們對自己「狹隘、無趣的生活」感到慚愧。除了少數的例外以外，多數的參與者都會比較他們的生活和電視或雜誌上看到的生活。派弗博士也從新媒體社群的脈絡中解釋這種現象，她寫道：「電子社群的多元性不如現實生活，媒體上因應的問題並非現實社會的人所面臨的問題。小明星遭到威脅或帥哥打擊犯罪之類的情境過度曝光。其他比較常見的情境則幾乎完全遭到忽略，例如召開校董會、詩歌創作、參觀博物館、練習鋼琴，或是義工送餐到府服務等等。看起來不是那麼有趣的人（亦即多數人）鮮少出現在媒體上，媒體挑選的故事都是有益獲利的，現實生活的豐富和複雜都消失了。」

在我們的文化中，大眾對平凡抱持的恐懼和自卑是非常眞實的。事實上，很多年紀較大的受訪女性談到回首過往，對於自己從未經歷非凡的事物感到難過。我們似乎是以每個人的知名度來衡量他的貢獻價值（有時也拿來衡量他的整個人生）。換句話說，身價是由名與利來衡量的。

我們的文化迅速屏棄沉默、平凡、努力的男女。在很多的情況中，我們把**平凡**視爲**無聊**。更危險的是，**平凡**已經變成**無意義**的同義詞。貶抑我們自己的生活，造成了一種嚴重的文化後果：我們容忍一些人爲了達到「非凡」的地位，而無所不用其極。

施打類固醇和荷爾蒙的棒球選手變成了英雄，年薪數十億美元的企業領導人受到大家艷羨，儘管他們的員工失去了退休金和福利。年輕女孩架設網站和聊天室，談論名人爲了追求纖細與美麗，如何掩飾飲食失調的技巧。青少年因課外活動安排太多，以及強調標準化測驗成績，而壓力太大，過於焦慮。

這些例子都讓人不禁想問：爲了追求非凡，我們願意犧牲什麼？我們可以運用克服自卑的工具，來瞭解我們對文化壓力的恐懼和脆弱。如果我們想要更瞭解已經變成我們生活一部分的媒體社群，練習思辨覺察特別重要。

害怕脆弱

想發現與接受我們身而爲人的原因，包括我們的不完美及平凡的生活，就必須擁抱我們的脆弱。這點非常困難，因爲我們都很害怕脆弱。第一章提過，我們常把脆弱視同爲軟弱，在我們的文化中，鮮少東西比軟弱更令人厭惡。

當我聽女性談到她們害怕脆弱時，我一再聽到以下的說法：「我不想對別人透露資訊，以免別人拿那些資訊來對付我。」對別人透露自己的脆弱或恐懼，結果被對方拿來污辱你，作爲辯論時的籌碼或是八卦話題，都是很痛苦的事。

訪談內容中出現了一種型態，我稱之爲「脆弱後遺症」（vulnerability hangover）。脆弱後遺症和我們對脆弱的恐懼直接相關，不幸的是，多數人都遇過這種情況。我們都曾經在朋友、同事或家人面前，極度渴望和對方建立連結。爲此，我們排除恐懼，逼自己分享一些有意義的訊息，結果一發不可收拾，什麼都說了，連最深層的脆弱也告訴對方了。

事後的一小時、一整天或一整週，後悔莫及的感覺如熱浪般湧來，我們心想：「喔，天啊，我跟她說了什麼？她會跟誰說？」那就是脆弱後遺症。

當我們培養克服自卑的能力時，接觸外界和談論經驗可能是很強大的力量。事實上，那力量大到有時候我們會從交友圈中淘汰某些關係還不夠熟稔的人。

幸好，每個人普遍都有脆弱後遺症。每次我演講提起這個概念時，通常會看到現場觀衆頻頻點頭，表情傳達著：「喔，對啊，我碰過，恨死那種感覺了。」對他人透露自己的資訊時，如果我們都有能力辨識恰當的對象、恰當的時機、恰當的方式，那當然很好。偏偏多數人都曾經對著不太熟稔的對象，和盤托出所有的脆弱。

海瑞亞．勒納針對這個議題，提出一些很棒的建議。她寫道：「說到透露自己的脆弱，最好花點時間測試對方是否值得聆聽我們的故事，並評估我們透露敏感內容的安心感與自在感。我們希望相信對方不會否定與低估我們的痛苦，或以毫無助益的方式過度關注我們的問題。我們不希望遭到貶抑，憐憫或八卦，也不希望別人拿敏感的資訊來對付我們。」

恐懼、脆弱和預期

我們之所以害怕脆弱，也是因爲它和我們的預期及失望的痛苦有關。幾年前伊麗莎白受訪時提到，她原本預期自己獲得升遷，當希望落空時，她覺得很自卑。她說：「我覺得很羞愧，因爲我告訴每個人那件事對我有多重要。我跟每個人都說了，包括我先生、孩子、鄰居、母親、同事等等，我不是告訴別人我一定會升遷，而是坦白說我多希望能獲得升遷。結果不只令我難過和失望而已，我是難過、失望又羞愧。」

當某人有勇氣對我們透露他的希望時，我們獲得了練習包容和建立連結的機會。試想，當伊麗莎白聽到下面的話時，那力量有多強大：「你去申請升遷的機會，又坦白說出你有多麼渴望獲得那個機會，真的非常勇敢。身為你的女兒／朋友／母親，我覺得很驕傲。」

伊麗莎白的例子顯示，我們的預期、脆弱和恐懼之間有複雜的關係。當我們產生預期時，我們想像事情會如何發展，變成什麼樣子。有時我們甚至會想像到時候的感覺、味覺和嗅覺是怎樣。我們在腦中幻想出一個對我們寓意非凡的圖象。

我們不僅根據自己融入那張圖象的樣子來設定預期，也根據我們周遭的人在那張圖象裡的樣子來設定預期。所以當那些預期沒達成時，我們就陷入羞愧。等我減三十磅時，我會看起來像……當研究所錄取我時，情況會是這樣……如果我們能買下這間房子，這一切將會改變……如果我讓父親知道我的感受，他會瞭解……如果我為孩子做這件事，他們會感恩。有時候預期破滅只會讓人有些失落，但是很多情況是讓人感到羞愧，尤其涉及脆弱和恐懼的時候。

凱莉是參與研究的受訪者，她坦白提到每次她和婆婆在一起時，她的預期和恐懼總是導致她羞愧不已。凱莉描述婆婆非常挑剔她的親子教養方式，也不喜歡她待在家裡自己帶孩子以及她對待先生的方式。凱莉說每次婆婆來訪以前，她都要準備好幾週，甚至好幾個月。她會卯足全力設計情境，以便展現迎合婆婆的親子教養與夫妻相處技巧。

但是每次婆婆來訪時，情況都不會照著計畫發展。婆婆不僅看不順眼很多事情，也一眼看穿了凱莉刻意營造的假象。

無論我們做什麼，都無法控制別人怎麼回應或反應。我們爲了在同學會上看到朋友訝異的表情而減了三十磅，但是萬一大家都不覺得有什麼差別怎麼辦？結果有很多種，從有點失望到非常自卑都有可能。

凱莉說她後來再也不預測與操弄婆婆來訪的情境了。當凱莉和先生終於向婆婆透露他們的感受時，婆婆不太理會他們。凱莉後來想出其他的策略來因應婆婆的到訪，她縮短婆婆來訪停留的時間，並以不同的方式準備。她不再操弄來訪的情境，而是讓身邊充滿家人和女性朋友的支持。

凱莉跟我分享這個故事，作爲克服自卑的例子。她說她從來沒想過，情況的改變是因爲她自己改變了，她一直以爲婆婆終究會改變的。我想，那正是預期的麻煩所在：預期往往不切實際，我們常找錯對象。在下個單元中，我們會說明一個有趣的練習，那可以幫我們找出恐懼，檢查預期是否切合實際。

人生洗牌

「懷孕洗牌」是一種很強大的練習，許多醫院在生產準備課程中都會用到這種練習，他們發給待產的家長十張卡片，請他們在每張卡片上分別寫下對分娩的一項重要預期。由於一般假設每個家庭都希望產婦和孩子均安，所以這些就不必列在卡片上了。產婦通常會寫下自然分娩、不打無痛分娩針、不催生、不切開外陰、家人即時抵達、不用產鉗、馬上親自哺乳、奶粉餵食、優秀的護士等等。這些卡片描述了他們腦中對分娩的想像。

孕婦寫好並自豪地端詳那些卡片時，院方要求孕婦把卡片翻到背面，蓋住所寫的內容，然後洗牌，從中挑選五張。這時，院方告訴她們，挑出的那五張是實現的預期，另五張是未實現的預期。接著他們問孕婦：「只有五項實現，而非全部實現時，你們覺得自己做好心理準備了嗎？」

我覺得這是一個發人深省的練習，不僅適用於分娩而已，我們應該把這個練習拓展為「人生洗牌」。當我們腦中產生預期，又以預期是否實現來決定自我價值時，我們注定會感到自卑與羞愧。利用人生洗牌來確認我們的脆弱和恐懼，是檢驗這些預期是否切合實際的強大方法。

放大原理

人生洗牌可以幫我們更瞭解，我們把多少情感連結到特定的預期上。不過，如果我們想解決預期以及對脆弱的恐懼，就必須談談為什麼多數女性會在社會的影響下相信，某些人生事件是她們人生的救星。例如，無論事情有多糟，只要能交到男友，情況就會變好；只要能結婚，那又更好了；只要有小孩，那更是好到無以復加。

我從研究的過程中逐漸相信，無論你把什麼問題帶進人生事件中，當圍繞在那個人生事件周遭的喧囂歸於平靜時，問題馬上就放大了。如果你是單身，身分議題又讓你頗為掙扎，找到伴侶將會放大你的議題。這個放大效果可能要等新歡的光芒消失後才會出現，但是總之它就是會出現。

你和伴侶帶進婚姻的任何問題也會放大，小孩出生也是一樣的道理。議題不僅繼續存在著，還會變得更加複雜。如果父母的認同對你來說很重要，你生個孩子並不會改變那點，你會有更多的議題需要提交給父母核准。

我訪問過一位快六十歲的女性，她說儘管親友都警告她別嫁，她還是嫁給了會對她施暴的男友。當時男方承諾婚後會努力控制脾氣，她也相信了男方的承諾。但是大兒子出生後，她先生變得更暴力了，她覺得非常孤立。她說：「我沒聽任何人的意見，我眞的以爲結婚生子會改變他。那段婚姻眞的很辛苦，但是我又不能向父母或朋友傾訴，因爲他們之前就警告過我了。我一直忍到他打斷我的鼻梁和手臂，再也瞞不住家人時才離開。」

改變是可能發生的，成長的潛力永遠都在，但是人生事件無法提供我們想要的改變或成長。如果我們結婚了，善妒的伴侶可能變得更可怕，因爲利害關係更大了；預期我們把每件事都做到盡善盡美的母親，預期又更高了，因爲攸關的事情更多了；原本就緊繃的兄弟姊妹關係，在面對家庭照護的挑戰時，可能變得更加緊繃。所以，放大原則就像一種催化劑，揭露出和重大的人生事件有關的失敗預期。當我們根據某件事情是否實現來決定自我價值，而那件事又不是我們能控制的，那等於是把自我價值推入險境。當我們說「我們只要結婚，關係就會變好」，偏偏婚後情況變糟了，那可能變成極大的自卑來源。

總之，如果我們想發現與接納讓我們身而為人的因素（包括我們的不完美和平凡生活），就必須擁抱恐懼和脆弱。**瞭解恐懼是克服自卑的一部分，也是培養人際關係的重要要素，如此才有充實練達的人生。**

第 8 章

在責難的文化中練習包容

責難的文化滲透了我們的生活，我們經常指責和羞辱自己和他人。在責難與怪罪的背後，根本存在的情緒是憤怒。當我們憤怒的時候，感到的其實是羞愧，只是以怒氣來僞裝罷了。此外，羞愧促成的憤怒和責難，鮮少是以有建設性的方式表達的。責難使我們封閉自我，並不是有效的改變工具。

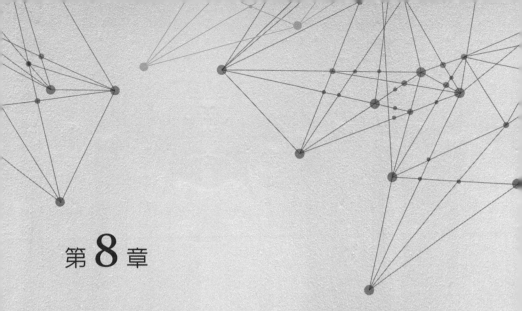

這是你的錯！這些都是我的錯！都怪你不好！都是我不好！我們的文化喜歡責難與咎責。要求自己或他人負責是好事，但是責難（blame）與當責（accountability）是截然不同的。我想，當責和責難的差異，很像內疚和羞愧的差異。當責就像內疚一樣，通常是因爲想要修復與更新而產生的——要求某人爲他的行動和行動的結果負責。

相反的，我們常用責難來抒發龐大的恐懼和羞愧感：「這很痛苦，我該怪誰？我怪你！你很糟糕，這是你的錯！」要求自己或他人爲我們的行爲負責，那本身是預期問題有所改變或解決。就像羞愧一樣，責難使我們封閉自我，並不是有效的改變工具。

如果我因爲對孩子失去耐心，而責怪自己是糟糕的母親，因此感到羞愧，我更有可能陷入更深的羞愧中。相反的，萬一我對孩子失去耐心，感到羞愧，但是要求自己負責，我比較可能向孩子道歉，想辦法走出羞愧，變成我希望成爲的那種家長。

同樣的道理也適用在責怪他人的情況。瑪姬是二十幾歲的媽媽，她告訴我，她最糟的羞愧經驗是六歲的兒子跌出彈簧跳墊，摔斷了手腕。當好友黛娜趕到急診室時，瑪姬就崩潰了，哭了起來，她告訴黛娜：「我覺得自己是很糟糕的母親！我不敢相信馬修竟然摔斷了手腕，我應該更密切注意他的。」黛娜回應：「你應該要買我建議你的那個護欄，我說過這種情況可能發生的。」瑪姬一聽又更羞愧了，黛娜覺得沒必要對瑪姬展現包容，因爲她把馬修受傷怪到瑪姬的頭上。

在瑪姬和黛娜的故事中，責難很明顯，但是一般的情況不見得都是如此。往往，責難是很隱約、暗伏的，我們甚至不知道自己正在做那件事，或爲什麼會那樣做。例如，開車時車子爆胎了，我們可能是責怪自己又胖又醜。我們說服自己，爆胎這種事不會發生在纖細美麗的女人身上，只有像我們這樣糟糕的人才會遇到。又或者，我們不小心讓支票跳票了，當下我們不是心想：「我需要更注意那個帳戶。」而是心想：「我眞笨，我就是大學沒畢業才會出這種狀況。」

責難的文化滲透了我們的生活，我們經常指責和羞辱自己和他人。在前面幾章中，我們談到分開和隔離，那些都是責難文化下的副產物。在本章中，我們將探討和責難有關的四個概念：**憤怒**、**隱於無形**、**刻板印象和標籤化**、**排擠**。我也會討論女性如何用克服自卑的四項要素，讓自己從責難轉爲包容。

憤怒

在責難與怪罪的背後，根本存在的情緒是憤怒。在我們羞辱與責難的文化中，隨處可見明顯的怒氣。政論節目已經變成叫囂對罵比賽，開車去超市購物的短短路程變成發怒、比中指的障礙賽。在公開場合對陌生人或客服人員發飆也愈來愈常見了。

怒氣可能是很多種不同的經驗和感覺造成的——自卑、屈辱、壓力、焦慮、恐懼和悲傷是幾種讓人發火的常見因素。羞愧和憤怒之間的關係，是以責難和怒氣來避免自己感受到羞愧的痛苦。

羞愧研究學者湯妮與狄林解釋，當我們感到羞愧時，有一種自保的方法是「扭轉局勢」，怪罪他人。她們從研究中發現，當我們責怪他人時，常會感受到「自以爲是的憤怒」。由於憤怒是一種力量和權威的情緒，發怒可以幫我們重新取得掌控感。重新取得掌控很重要，因爲羞愧讓我們覺得自己毫無價值、無力又無效。湯妮與狄林描述的「羞愧／責難／憤怒」反應，很類似第三章談到的抽離策略「反抗」。反抗就是凌駕他人，採用激進的行爲，以牙還牙。

許多女性受訪時談到，她們以憤怒和責難的方式因應難以招架的羞愧感。我從她們的言談中可以聽出，她們對於自己亂發怒氣感到非常後悔與難過。以發飆來解決羞愧問題，只會讓我們更自慚形穢，覺得自己不值得和他人往來。

湯妮與狄林寫道：「那種因羞愧而產生的怒火，對我們的人際關係無疑會造成嚴重的問題。遭到那股怒火波及的倒楣對象，容易覺得自己被罵得莫名其妙，毫無道理可言，心想：『那火氣是打哪兒來的？』」湯妮與狄林又說：「所以，儘管發飆可能在短時間內抒解一些羞愧的痛苦，但是總體來說，這種羞愧——責怪的後果可能破壞當下及長遠的人際關係。因羞愧而責難與發怒，可能導致單方或雙方的抽離，或是造成雙方的對立增加，相互指責。無論是抽離或相互指責，最終都可能造成人際關係的裂痕。」

怒氣並不是「不好」的情緒。其實，感到憤怒及適切地發怒對關係的培養很重要。羞愧時對他人發飆其實不是「憤怒」。我們那樣做的時候，感到的其實是羞愧，只是以怒氣來僞裝罷了。此外，羞愧促成的憤怒和責難，鮮少是以有建設性的方式表達的。羞愧令我們充滿了情緒和痛苦，羞愧／責難／憤怒的直覺反應就是找人宣洩。如果我們的自卑屛幕之一是憤怒與責難，首先，我們需要瞭解與承認自己採用這種因應方式。接著，我們需要找出自己如何與何時陷入自卑，冷靜下來，隨時留意。

許多受訪的女性談到深呼吸的重要。我知道當我感到羞愧時，先保持沉默並深呼吸可以幫我恢復踏實。有些女性提到讓自己先離開現場的效用。我們都需要想辦法「暫停」下來，以便釐清羞愧感，爲後續的反應做出理性的決定。在我的研究及個人生活中，我發現這點需要很多的練習。當我們忍不住發怒／責難時，也需要勇氣才能回頭彌補。

隱於無形

當你把羞愧想成「遭到揭發」時，就能明白爲什麼有人會以憤怒和責難來避免羞愧了。對許多人來說，羞愧就是一種暴露在外或害怕被暴露出來的感覺。所以我們想盡辦法掩飾可能遭到取笑或評斷的缺陷。害怕遭到反駁使我們不敢暢所欲言，覺得自己應該看起來盡善盡美，導致我們足不出戶或隱於幕後。

我們除了可能爲自己眼中或他人眼中的自己感到自卑以外，也可能爲自己看不到的東西而自卑。這種自卑有時候比較難以發現，也難以言喻，那是一種隱於無形的自卑。

我在社工研究所教女性議題好幾年，每個學期都有一堂課叫「雜誌日」，我請學生把他們最喜歡的時尚雜誌帶來上課。我們通常可以一次蒐集到至少一百五十種雜誌，全部攤放在地板上。接著，我會發剪刀、膠水和圖畫紙給學生，他們的第一項任務是花一小時翻閱雜誌，剪下圖案，拼出令他們神往的理想外貌，包括衣著、首飾，髮型、妝容、手臂、雙腿、雙腳、鞋子等等。

第一小時結束後，每個學生都有一份完整的拼貼圖案，許多圖案的組成都非常細膩。這個練習最明顯帶出的自我意識議題是：爲了拼湊出理想的形象，我們可以迅速把女性切成好幾塊。我們想要某某人的眼睛，某某人的鼻子，這個髮型，但是搭配那個髮色。這個人的手臂太瘦了，但是我喜歡她的大腿。基本上，我們是在肢解女性，以拼湊出完美的形象。

學生的下一個任務是從雜誌中剪出看起來像他們的樣子——類似他們眞實的模樣，實際的身材尺寸和身形（手臂、大腿、屁股），他們當天的穿著和髮型等等。約十五分鐘後，學生通常會很失望，不再尋找了。當他們拿起拼好的圖案時，有些人只找到一雙鞋或類似的髮型，但再也找不到其他類似自己的東西。於是我針對這個練習，問全班一個簡單的問題：「你在哪裡？你花錢買了雜誌，你愛看這些雜誌，但是你在哪裡？」

答案很簡單，但是可能令人羞愧。我們不在那些雜誌裡，我們在這個文化中並不重要。你偏離理想愈多（那理想可能是年輕、美麗、白晰、精緻的五官、性感、纖細、清純／富有／誘人／楚楚可憐／困惑／陷於危難），你愈不重要。

雜誌練習的最後一步是回答下面的問題：「你對於自己隱於無形有什麼感受？」多數女性告訴我，她們馬上覺得很自卑：「我隱於無形是因爲我不夠好」或「我隱於無形是因爲我不重要」。我們開始談思辨覺察的問題以後，這些女性才明白，如此責怪自己是一種羞辱，是有破壞性的。

隱於無形就是連結中斷與無力感。當文化中沒反射出我們的樣貌時，我們覺得自己很卑微渺小，微不足道，很容易就可以從充滿重要事物的世界中抹除。這種貶抑的過程以及最後的結果（隱於無形）可能是一種很大的羞辱。

老化、創痛、刻板印象等議題的訪談內容，也和隱於無形密切相關。提到種族與性取向等身分議題的受訪者，也常談到隱於無形的問題。這些受訪者在分享他們的經驗和見解時，幫我發現了用來貶抑與抹煞我們的主要機制：刻板印象。

刻板印象與標籤化

儘管我們每天都會使用一些刻板印象，我覺得一開始先釐清它的定義很有幫助。以下是我找到最清楚的定義：「刻板印象是指因某人隸屬於某個團體，你逕自爲他冠上該群體過於籠統又僵化的定義。」有時我們覺得使用這些刻板印象沒有關係，因爲我們不是拿刻板印象來作惡或表達偏見，只是爲了馬上給人一個大致上的概念：

- 她才不會做那件事，她是有機派。
- 我不知道她會怎麼想，她的立場偏共和黨。
- 別問她，她是典型的足球媽媽[1]。

1 中產階級的媽媽成天以小孩爲生活重心，忙著開車接送孩子、上下學、比賽，參加各種才藝活動。

我發現我自己最常用的刻板印象和鞋子有關：她穿布希鞋，或她是比較可能穿人字拖的那種人，而不是樂福鞋。

表面上看來，這樣說似乎無害，但是從無害到羞辱其實只有一線之隔。以下是從訪談中擷取的一些說法：

- 「她是華人或亞裔之類的，總之就是很聰明。」
- 「她是印度人，他們在這方面都很無禮。」
- 「她眞的心眼很小，我眞受不了老人。」
- 「我想，她之所以會變成那樣，是因爲幾年前她遭到強暴。」
- 「她不會覺得很受傷，她是那種慈祥和藹的老奶奶。」
- 「我覺得她沒瘋，她只不過是展現出黑人女性的憤怒本質。」
- 「她的男友是來自巴基斯坦，她可能不准外出。」

這些說法並非完全無害，而是傷人又羞辱的。我們讀到這些文字時，可能不禁抖了一下，但是多數人經常在言語間展現這樣的刻板印象。刻板印象讓我們把人分門別類，先歸入我們可以理解及覺得合理的類別中，也允許自己把那些人面臨的掙扎怪罪到他們的頭上，這樣我們就無須展現包容了——「我不需要陪你一起經歷痛苦，那是你自找的。」

刻板印象無論是正面或負面的，都會對個人或團體造成傷害。有些研究人員指出，正面的刻板印象會衍生出淨化與理想的形象，負面的刻板印象會衍生出貶抑與嘲諷的形象。無論是哪一種，刻板印象都是把對方縮小了，以便把他放進我們腦中的某個小框框裡。

組織發展與多元化專家米雪兒・航特（Michelle Hunt）對刻板印象提出以下的看法：「我不希望被分門別類，我承受不起，我這輩子努力用我的多元面向和複雜性來塑造自己。當有人只把我歸爲女性主義者或非裔美國人時，我覺得很生氣。那種分門別類的方式是指我走路、說話、思考跟某一群人一樣。如今大家談多元化議題的一些方式就有這樣的風險，那些討論可能使分門別類更加深化，而不是消除分類。在此同時，我希望大家能重視我的獨特性，包括我的女性身分、非裔美國人身分，以及其他的身分。我需要有權力公開展現我的獨特性。」

女性談到自己被刻板印象定型以及隱於無形的感覺時，我聽到兩種不同的議題。第一種是「低語標籤」，我之所以這樣命名，是因爲研究參與者就是以這種方式描述——大家偷偷在她們的背後低語。例如，「她只是個母親」、「她是癌症倖存者」、「她從小遭到虐待」、「她有躁鬱症」、「她以前有酗酒問題」、「她先生自殺」、「她年老體衰」、「她是女性主義者」、「她先生打她」、「她住在拖車上」、「她是獨生女」、「她領福利救濟金」、「她是女同志」、「她是墨西哥人」、「她幾年前遭到強暴」。

如果你說「她是獨生女」是在陳述一個事實，那並不傷人。但是如果你說「她是獨生女」是爲了解釋爲什麼她會有某種舉動（例如「她眞的很自我中心，她是獨生女。」），那就變成了一種標籤。同理，如果你說某人的族裔時，提到「她是墨西哥人」，那當然沒問題。但是如果你以那句話來說明爲什麼她會有某種舉動，或是讓某人對她產生某種預期，那就是傷人的刻板印象。

刻板印象和標籤化限制了我們建立連結的能力。當我們因爲某人屬於某個群體，而以爲我們瞭解他時，那個關係是建立在假設上，我們錯過了認識對方以及讓對方認識我們的機會。對很多女性來說，標籤就是對抗社群先入爲主的預期。一位研究參與者說明她的經歷如下：

- 大家發現我是女同性戀時，我覺得最難接受的是他們內心的假設。大家馬上覺得他們完全懂我了，他們只要知道你是同性戀，就開始自行想像你人生的其他一切。他們認爲你可能曾經遭到男性侵害，以爲你痛恨男性，很陽剛，喜歡體育活動。他們預期你以某種方式行動、穿著、投票和消費。多數的異性戀者不瞭解，其實同性戀社群和異性戀社群一樣多元。你從來沒聽過有人說：「喔，你是異性戀，好，別說了，我完全瞭解你是什麼樣的人。」性取向不會決定你的政治、宗教、信念、價值觀、你喜歡什麼以及你是誰。我知道你是異性戀的時候，並不會逕自假設我就瞭解你。所以你知道我是同性戀時，也不要以爲你就瞭解我。」

和刻板印象有關的第二項議題是辱罵，而且那幾乎都是受到社群的刻板印象所驅動的。辱罵的例子包括傷人的標籤，例如賤人、蕩婦、垃圾、大嘴巴、婊子、機車女、瘋子、小題大作女王、神經質、男人婆、霸道女。拿「同性戀」或「拉子」等用語來奚落別人時，也一樣無禮。以上許多污名都早已存在，女性只要不符合社群預期，大家就馬上為她們冠上那些污名。由於這些用語經常聽到，我們很容易就忘了這些說法有多傷人。我們也很容易忽略，辱罵是強化刻板印象的最有力方式。以身分作為污辱，不僅羞辱了個人，也羞辱了整個群體。

總是例外

如果我們對自己很誠實，我想多數人都會承認我們很容易誤信刻板印象、標籤和辱罵。有一個讓刻板印象持續運作的機制稱為「例外因素」。很多人覺得刻板印象可以用來概括描述廣大的民眾，但是當刻板印象與我們的經驗不符時，我們又會屏棄同一個刻板印象。我們可能對女性主義者做出籠統的概括描述，但是當有人質問「我是女性主義者，我不是那樣」時，我們又馬上賦予她不受定義的特權，我們可能說：「喔，你不是，我是在講其他的女性主義者」或「別這樣，你不同嘛」。

以下是「例外因素」破壞我們建立連結與克服自卑的一些例子：

- 我是三十二歲的媽媽，有兩個小孩。我深入參與社群活動，也是鄰里協會的副總幹事。大學時，我加入姊妹會，經常喝酒。畢業後，我發現我有酗酒問題，於是加入戒酒無名會，我已經戒酒八年了。很多人以爲酗酒者都是年老、油滑、沒什麼良心的商人，所以他們常對我說，我是怪異的酒鬼，或是問我：「你確定你以前是酒鬼嗎？」我都會解釋，戒酒中心裡有很多人看起來跟我很像，他們都不願相信。他們覺得把我當成異數是一種恭維，但實際上那眞的讓我覺得很丟臉，也很受傷。就是因爲有這種知識不足又心眼狹小的人，談論成癮問題才會那麼困難。

- 某天我和好友談到我的男友麥特，我們交往已經上了軌道，好友開始問我交往的細節，她問我會不會告訴麥特我父親曾經性侵我的事，我告訴她，我稍微提過了，我可能最後會告訴他一切細節。好友一聽嚇壞了，連忙告訴我：「最好不要，那會改變現狀。」我問她是指什麼，她警告我，麥特可能再也不喜歡和我發生性關係，或是覺得我會背著他胡搞，或是更糟的是，他可能不想結婚，因爲他怕我也會對小孩那樣。我聽了非常震驚，覺得很受傷。我問她，是不是覺得遭到性侵讓我變得很怪、很隨便，或是更容易虐待我的小孩。她說：「我不覺得你是那樣，但是其他的性侵受害者可能是那樣。」她永遠不會知道那句話有多傷人，或改變了多少我對她的感覺。

在社工系裡面，我們花很多的時間研究刻板印象和標籤。我前面提過，我們不相信純粹客觀的概念，所以爲了和客戶維持有意義又合乎道德的關係，我們必須探索自己的信念、價值觀和刻板印象。如果不那樣做的話，我們可能對客戶、他們的問題和我們的工作妄下結論。

多年來我發現，我們也必須瞭解，我們很容易對自己以及其他和我們有相同身分的人冠上刻板印象。最難發現及討論的刻板印象，是針對我們的族群而來的，我們以爲拿出來講沒關係。例如，我們以爲，自己身爲女性，就有權力爲其他的女性冠上刻板印象及標籤；身爲女同性戀，就有權力對其他的女同性戀者冠上刻板印象及標籤。

大約五年前，我設計了一個練習，以協助社工人員識別這些「默許的刻板印象」（permitted stereotype）。爲了完成練習，我要求他們先列出三種自己所屬的身分族群，接著要求他們找出與每個身分有關的刻板印象和標籤。最後，我請他們找出他們用來描述該族群內其他成員的刻板印象。

我們的學生大多是女性，所以多數的學生把「女性」列爲自己所屬的族群。當她們尋找和女性有關的刻板印象時，她們用了以下的標籤：八卦、說謊、背後傷人、操弄、歇斯底里、神經質等等。很多學生馬上坦言自己曾用那些詞彙來形容其他女性，這項練習總是激起熱烈的討論，因爲我聽到學生那樣說時，總是回應：「我覺得我一點也不八卦、不愛說謊、也不會在背地裡傷人，我不會操控別人，也不神經質或歇斯底里，我也沒看過你們展現出這些特質。所以我很好奇，如果我們用這些詞彙來描述其他女性，而我們自己不是那樣的人，那我們又是什麼呢？那些八卦、背後傷人、說謊、搞小圈圈、神經質、瘋狂的女人在哪裡？」

這時大家會說：「我們是例外。」她們也主張，只要自己屬於那個團體，就可以用那些標籤來描述那個團體內的其他成員。如果我很胖，我就可以罵你肥婆。如果我和你有同樣的種族或文化身分，我就可以用圈外人不能用的說法。我覺得允許自己對同一族群的人套上刻板印象和標籤，已經變成一種「自卑滑坡謬誤」[2]。當我們攻擊自己的族群時，我們常沒注意到我們也屏棄了自己和其他的族群成員。

老化

在最近的研討會上，我問有沒有人想分享一下自己找出自卑因素的經驗，一位女士舉手說：「我看到那些引發自卑的原因和觀感時，我發現讓我難過的不是變老，而是我真的相信那些關於我自己、能力及身體的迷思。我覺得不是身體背叛了我，而是刻板印象背叛了我。」

說到老化，研究參與者表示，年老的刻板印象比實際的老化過程更令人痛苦。這有部分是因為美國各個生活面向都普遍存在年老的刻板印象。媒體分析師兼南加大傳播學院的副院長馬蒂．卡普藍（Marty Kaplan）表示，廣告商和電視節目製作人對五十歲以上的男女毫無興趣。他解釋：「事實上，有些節目製作人明顯歧視五十歲以上的族群。如果有統計數據顯示，五十歲以上的人口在觀賞你的廣告，那對廣告業者來說就像是一種打擊。」

以上是卡普藍博士在《CBS週日晨間》（*CBS Sunday Morning*）節目上的發言，那個節目針對眾人爭搶的十八到四十九歲族群做了專題報導，那也是美國最受重視的行銷與廣告族群。那個專題中也提到一則美國退休協會（AARP）的廣告，廣告寫道：「如今宣告你死亡的不是醫生，而是行銷人員。」

我們來看一些與年老有關的負面刻板印象，以及研究人員發現的對應特質：

- 意志消沉：害怕、沮喪、絕望、孤獨、遭到忽視
- 隱世：天真、文靜、膽小
- 潑婦/倔強老頭：尖刻、抱怨、嚴苛、僵化、偏見、多管閒事、固執
- 輕度受創：依賴、虛弱、緩慢、疲累
- 嚴重受創：無力、口齒不清、語無倫次、衰老
- 脆弱：害怕、無聊、冷漠、疑心病、吝嗇、戒慎恐懼、受害心態

我們來看同一研究中出現的四種正面刻板印象：

- 熟年族：積極、機敏、幹練、活潑、好交際、健康
- 完美的祖父母：風趣、感恩、快樂、有愛心、睿智

2 滑坡謬誤（slippery slope）是一種邏輯謬論，即不合理地使用連串的因果關係，將「可能性」轉化爲「必然性」，以達到某種意欲之結論。

● 小鎮鄰居：節儉、傳統、堅強
● 約翰．韋恩（John Wayne）式的保守派：重感情、懷舊、愛國、虔誠

我們看這些特質時，很難否認有些特質確實很適合套用在我們認識的人身上，這也是刻板印象很危險的原因。由於刻板印象和現實狀況如此相符，我們因此允許自己忽視偏離那些形象的其他特質。當我們把對街的女士視爲「完美的祖母」時，我們比較不會注意到她身上遭到凌虐的瘀傷或其他的跡象。此外，她可能也很努力想要達到那樣的預期，因此從未透露受虐的事實。當我們期待「保守派」的老爸符合他的硬漢形象時，他可能羞於對我們坦承內心的恐懼或脆弱。又或者，就像下面的例子所示，我們可能誤信熟年族的刻板印象，以爲祖母非常樂觀，不介意我們把她當成娛樂來源：

● 孩子和孫子常對我說：「阿嬤，跳舞給我們看嘛！」他們那樣說，不是因爲我以前很會跳舞，而是因爲他們看我跳舞時會笑我。有時候我跳舞時，他們會說：「跳喔，阿嬤，跳喔。」我覺得很受傷，也很自卑，因爲他們覺得取笑我很有趣，覺得我很有娛樂效果。在他們的眼裡，我是他們的祖母，而不是有感情的女性，不是有才華又有趣的人。我對於自己那麼在意這件事，感到很羞愧。我知道他們都很愛我，只不過他們有時候眞的不會爲人著想。

刻板印象是一種羞辱和貶抑，那也是製造自卑的兩大要素。如果你想從責難轉變成連結與包容，就要留意我們如何、何時，以及爲何使用刻板印象。

從創傷中倖存

上一章學到，許多導致自卑的訊息，是因爲追求完美。不過，說到從創傷中倖存時，那些刻板印象是來自於**不完美**（亦即受到創傷或永遠受創的羞辱感）和**責難**（亦即你要爲自己的創傷負點責任）。

我訪問從創傷中倖存的女性時，我瞭解到社群的預期以及社群對創傷的刻板印象，迫使這些女性因應兩項不同的議題：走出事件的創傷；走出我們加諸在她們身上的羞辱（當我們以刻板印象來質問她們的經驗，並把她們定義成倖存者時）。所謂「質疑她們的經驗」，那包括對那些女性冠上刻板印象，以及質問她們「眞的有那麼糟嗎？」或「你當時跟他在做什麼？」之類的問題。我們不是聆聽與試圖瞭解她們，而是否定與貶抑她們的經驗。

除了質疑以外，有些人也會用刻板印象來塑造那些女性創傷後的身分。我們對於一般人能或**不能**從創傷中倖存，大多已經有根深蒂固的想法。最近我去一個女性專業組織演講，演講完幫聽衆簽書的時候，一位女性拿了四本書過來。

她對我說話時，淚珠也滑落臉龐：「一本是給我的，其他的是給我妹妹和她兩個女兒的。幾個月前，我外甥女在大學裡遭到強暴。」她深深吸了一口氣，接著說：「她本來好端端的，很漂亮又聰明，擁有大好前程。」

乍聽之下，我有點措手不及，心想：「天啊！她死了！」後來我才回神想到，有一本書是幫她簽的。她阿姨的意思是，她遭到強暴以前，原本漂亮又聰明。我很懷疑這個站在我面前為外甥女流淚的女人真的知道自己在說什麼，我猜她並不知道這種說法對她的外甥女來說是一種羞辱。

我們都很容易做出這樣的假設或評斷。你是否經常聽到或想到「她跟以前再也不一樣了」或「她永遠毀了」？我們也可能以別人的受創經驗來解釋她的行為，艾麗莎的故事就是一個很好的例子。

我訪問艾麗莎時，她和湯姆交往快兩年了，她描述他們的關係「可悲地結束」。我問為什麼，她說幾個月前她向湯姆透露，她從小遭到母親和繼父的虐待，所以是外祖母扶養她長大的。她說湯姆原本非常同情與支持她，但是後來她每次生氣或不滿時，湯姆都會把事情歸因於她從小受到虐待。

艾麗莎解釋，在湯姆的眼中，那是她的新身分，也是她所有行為的基礎。她說：「他甚至會提起我們剛交往時的事情，然後說：『喔，原來如此！這樣講就合理多了！難怪你那麼討厭那部電影。』」艾麗莎受訪的幾週前，她下班回家後開始哭泣，因為老闆在一位同事面前讓她很難堪。湯姆聽完後的反應是：「你覺得公司裡的批評難以承受，是因為你從小遭到父母的虐待。」艾麗莎對湯姆解釋，誰都不希望自己在同事面前遭到批評，那是很正常的反應，並問他：「難到我就不能跟其他人一樣嗎？」湯姆聽不懂她的反駁，於是她要求他搬走。艾麗莎說：「我從小遭到虐待，我覺得很丟臉，我以前無法反抗，因爲我還小。我不希望三十幾歲時還持續被定義成受虐者，我有權成爲受虐兒以外的身分。」

女性談到受虐或遭到強暴的自卑時，她們把多數的自卑歸結到自己被那個創痛定義的痛苦。那個事件當然很可怕，可能造成持久的影響。但是社群對她們經歷的事件所產生的反應——還有連帶的身分喪失，以及不再「正常」的權利——讓她們感覺一樣痛苦，往往讓她們產生更持久的自卑。

- 如果她的父親對她那樣，那表示她是怎樣的人？
- 她再也不同了，她已經毀了。
- 她一輩子再也難以癒合了。
- 我想她永遠也無法成爲好＿＿＿＿＿＿（自行填空：母親、伴侶、副總裁）。

有些時候我們的感受、想法和行爲，是和過去或現在的掙扎直接相關，但是有些時候肯定無關。上述問題之所以會發生，是因爲我們在某個時間點開始相信外界對我們的預期：預期我們該是怎樣的人、該長怎樣、該做什麼、該如何等等。

我們也愈來愈不敢否定那些預期。我們經常看到證據顯示，只要我們否定那些預期，就會經歷痛苦的連結中斷和排擠。所以我們逐漸把那些預期加以內化，它們變成了一種情緒上的牢獄，自卑成了看守那些牢獄的獄卒。

排擠

對女性談論自卑和責難時，一定會聽到她們提起無法融入或遭到排擠的痛苦。女性受訪時常提到「八卦」、「排擠」、「背地中傷」是導致她們自卑的重大來源：

- 我討厭和其他的女性工作，她們實在很小心眼又善妒，動不動就覺得別人是衝著她們來的，她們只會講彼此的壞話。
- 表面上我和鄰里內的人都一樣，但是私底下我正死命地挽救崩解的婚姻。我的小孩有問題，我的內心充滿了自卑，而且內心的自卑感愈深，就需要花費更多的心思維持表面的正常。有時候我還眞希望我們都可以直接展現內在，這樣就不必那麼辛苦了。但是，相信我，我永遠也不敢那樣做，我很清楚女人是如何談論彼此的，她們都講得很惡毒。
- 自卑就是，我抓著小孩的手臂，咬牙切齒，氣急敗壞，正準備好好教訓孩子時，抬頭看到其他的媽媽正看著我。我不想成爲別人眼中的惡媽媽，但是有時候我實在被逼急了，忍不住發飆。每次發飆被其他的媽媽逮得正著時，我都覺得很丟臉，因爲我想對她們大叫：

「我真的不是這種人，我其實是好媽媽，我不是老是這個樣子。」她們會告訴別人你是瘋婆娘，不然她們還會怎麼說？

- 幾個月前我參加一場派對，一位女性走過來問我是做哪一行的，我說我在家照顧三個孩子。她馬上露出失望的表情，彷彿在說「喔，你真可憐」似的，就走開了。約莫二十分鐘後，我看到她跟其他的女性說話，我心想：「我一點也不有趣了，我除了孩子以外，人生再也沒什麼重要的事情。」我當時真想在派對上卯起來大喊：「我以前是工程師，我曾經也是號人物，我發誓，我保證，我以前也跟你一樣重要！」

- 在職場上，男人以甜頭來誘惑女性：只要你付出得夠多……工作得更努力……放棄家庭……你就能跟他們平起平坐。一方面，我亟欲擠進他們的圈子，他們比較有趣，握有較好的客户，收入較高，享有更多的自由。但是另一方面，我也討厭他們，不想跟他們一樣，或做他們做的事情，我只是想享有特殊待遇。而且擠進那個圈子的女人比男人更噁心，她們根本不把你放在眼裡。

- 我升等以前，在部門裡原本有很多朋友，我們甚至下班和週末都會聚在一起。我升等以後，卻變成「靠陪睡升上去的賤人」。我從來沒和公司裡的任何人交往或發生關係，他們也都知道。我不知道男人是怎樣，但是要把女人升等時，應該把她們升到其他的部門。

- 我告訴遊戲團體裡的另一位媽媽，我們是用皮帶抽打小孩。講完不到一週，那個遊戲團體裡的每個家長都問我是怎麼回事，他們很震驚，也覺得我們的作法很糟糕。有兩三位家長說那是虐童，我聽了很驚訝，他們把我當成了怪物。之後再也沒有家長邀我帶兒子去參加遊戲團體，也沒人邀我兒子去參加任何生日派對。

有些人主張「排擠」行爲有部分是先天的，我不相信那種說法。我不相信女人先天就是惡毒、愛操弄、愛八卦的。我也不相信所有的女性先天都是善良的撫育者。我覺得這兩種刻板印象都不對，這種以偏蓋全的泛論並無法幫我們瞭解或改變我們想修正的行爲。

我閱讀訪談的內容，試圖掌握八卦與排擠的議題時，開始發現這些行爲和我女兒在小學遇到的情況雷同。兩者之所以雷同，不是因爲女性的行爲很幼稚、不成熟，而是因爲觀察小孩可以讓我們更瞭解自己。多數的小孩都很眞實，你看到的樣子就是他們實際的樣子，他們還沒學會隱藏、過濾、操弄經驗以符合他人的預期。他們的動機是公開的，研究這些動機有時可以幫我們更瞭解自己的動機——那些藏匿在層層假裝和保護下的動機。

我看到最相似的關連是八卦和霸凌——這兩種都是痛苦的排擠形式。在許多霸凌的情境中，孩子之所以奚落其他的孩子，不是出於仇恨或惡毒，而是因爲他們想要有歸屬感。當然，有一些孩子是基於不同的原因，有嚴重的問題，屬於「獨來獨往的惡霸」，但是多數霸凌是由成群的孩子發起的。當你找個別的孩子談時，他或她常坦言，參與欺凌只是爲了維持連結和歸屬感。幫派的心態也是如此，傷害或排擠其他人，往往是成員用來展現忠誠度及增加團隊接受度的方式。

我想，同樣的動態也適用在群體中的大人身上。這點雖然難以承認，不過我們常爲了與其他的女性建立連結，或是獲得其他女性的接納，而批評或評斷某個女人。試想，當你談論某人或尖刻地評論某位共同的朋友時，那有多容易和他人產生共鳴。那幾乎是新朋友之間的必經歷程——找不到話題時，就乾脆批評某人。

我們之所以加入茶水間的八卦閒聊，不是因爲我們眞的相信那些八卦，而是因爲那是我們和那些同事培養關係的方法。我們聚在一起交流祕密資訊，感覺像一群有凝聚力的陪審團，一起評斷是非。當我們離開茶水間時，還會忍不住得意地心想：「這些是我的朋友，他們喜歡我，我也喜歡他們。」

當然，日子久了以後，我們不免會懷疑：「他們會不會也在背地裡那樣說我？」當稍早前才被大家批評的女性走過來，友善地說了一些話，或是問到我們一起做的專案時，我們不免會懷疑她知不知道大家在背後批評她。我們想像，萬一她知道大家怎麼說她，她會有什麼感受。我們可能瞬間爲她感到難過，但是隨即又把那個想法拋諸腦後。

不過，對多數人來說，那難過的感覺會再悄悄地回來，我們開始氣自己，「我爲什麼會那樣做？我討厭那麼八卦。」這時原本得意的感覺完全消失了，我們開始感到不安，失去勇氣與包容。我們也和同事培養了一種不可靠的關係，我們知道茶水間發生了什麼事，感覺我們只有兩種選擇：加入他們一起八卦，要是不加入他們，就有可能淪爲下一個八卦的目標。

常有人問我，八卦算不算是一種排擠——它究竟是出於自卑，還是令人內疚？我想，這個問題有好幾種答案。第一，我們必須釐清：「說別人的八卦」和「成爲八卦的目標」是兩回事。我無法告訴你，說別人的八卦算不算是一種羞辱，那是很個人的議題。對很多受訪的女性來說，八卦是一種羞辱，因爲那往往是因爲她們需要歸屬感，那也讓她們不再同情他人。對其他的女性來說，那比較偏向內疚，她們覺得八卦是令她們慚愧的壞習慣。對於八卦，我有時覺得那是自卑，有時覺得那是內疚，全看我爲什麼會那樣做、說了什麼，以及我的感受而定。

不過，成爲八卦的目標通常是非常羞辱與痛苦的感覺。別人背著我們講的閒話，可能呼應了我們的嫌棄身分。那是我們最大的恐懼——一離開現場，大家就開始用我們最討厭的身分來形容我們。某位研究參與者就遇過這種事，以下是她的故事。

我是透過羅莉的好友梅蘭妮而認識羅莉的，梅蘭妮在幾年前參加了訪談，去年又參加一次。我第二次訪問梅蘭妮時，她建議我打電話給羅莉，她說羅莉遇過「你能想像最糟的羞辱經驗」，所以後來我透過電話聯絡上了羅莉。

羅莉和梅蘭妮從高中就是朋友，現在兩人都三十幾歲，住在不同州，平時透過電子郵件保持聯繫，偶爾會探訪彼此。羅莉住在大型的郊區社群裡，有很多朋友。她在先生的公司裡兼職，非常投入社群活動。梅蘭妮形容羅莉是那種認識每位鄰居、連孩子學校裡的每個人都認識的人。羅莉和梅蘭妮都強調，羅莉非常努力想成爲一個好母親和好家長。

每個月，羅莉和社區裡的另八個家庭會輪流舉辦家庭聚餐。某次羅莉和家人一起參加聚餐，卻發生難以想像的羞辱事件。

羅莉解釋，她和五、六位媽媽在廚房裡，男士們都在外面，小孩都在小房間或臥室裡玩。羅莉說：「我小女兒進來告訴我，她姊姊凱莉沒吃披薩就吃了第二個杯子蛋糕，我聽了不太高興，跟著女兒走出廚房去找凱莉。我找到了她，告訴她不可以那樣，然後又走回廚房，途中我停在靠近廚房的門口，彎腰撿起地板上的蛋糕屑。」

羅莉繼續描述當時的情境：「我清理地板時，聽到那些朋友竊竊私語。一位說：『她對女兒好嚴格。』另一位附和：『對啊，她們不吃東西，她就發飆了，但是你看看她，骨瘦如柴，她到底想怎樣？』另一位朋友說：『是啊，她非常講究完美主義，你們覺得她有沒有厭食症？』」

羅莉說她本來沒想到她們是在說她，但是她一走進廚房，從她們的臉色就可以一眼看出她們評論的對象就是她。

羅莉告訴我：「我頓時啞口無言，不知道我是應該尖叫，衝出那間房子，還是該放聲大哭。」最後，其中一個女人說話了：「抱歉，羅莉，我們只是隨口說說。」另一位馬上補充：「眞的，我們很抱歉，我們只是有點擔心，你也知道我們都很愛你。」

羅莉說，當下她只能看著她們說：「沒關係，我得走了。」於是，她去找了孩子和先生，就直接回家了。

那個週末，羅莉足不出戶。其中一個女人希拉打了兩通電話留言給她，希望羅莉回電。羅莉完全沒回電，週一早上，她請先生送孩子去上學。週一下午，三個女人來她家，羅莉勉強開門，但是沒有邀她們進屋內。她們就站在她家的門廊，跟她道歉。羅莉說：「她們對於我無意間聽到她們的對話而難過，覺得很抱歉，但是她們並未對當天說的話致歉。」

兩週後，羅莉終於告訴梅蘭妮發生了什麼事，羅莉說：「我連告訴梅蘭妮都覺得很可恥，讓梅蘭妮知道朋友怎麼看我實在很丟臉。」羅莉告訴她，那三個女人來道歉，還有一個女人在她的答錄機裡留了五通留言。

梅蘭妮聆聽羅莉訴說並給予安慰，她也建議羅莉回希拉的電話。幾天後，希拉又打電話來，羅莉看到來電顯示，決定接起電話。希拉覺得萬分抱歉，她也為當天沒出面阻止大家八卦而道歉。她告訴羅莉：「我們都是你的朋友，我們應該直接告訴你，我們擔心你的健康，不然就完全不要多說什麼。我們不該在你背後閒言閒語，我真的很抱歉沒在她們閒聊或你走進來時出面阻止。」

羅莉和希拉講了一個小時的電話，羅莉說：「我一直哭，一直問她，我以後要如何面對大家並表現出一副沒事的樣子。」羅莉問希拉，為什麼她沒跟那群女人一起來道歉，或是在答錄機裡留下道歉的留言。希拉解釋她需要親自這樣做，她說：「我當初就是為了融入那個團體，才會犯下這個錯誤。我沒在答錄機裡留言，是因為我不知道你是否已經告訴你先生了。如果是我，可能會覺得很尷尬，不敢告訴任何人。」

這兩個回答都讓羅莉覺得好多了，希拉的反應很誠實，雖然她沒在答錄機道歉的原因令羅莉有點尷尬，但是那個回答也讓羅莉相信，希拉知道那次經驗對她來說有多麼難堪。

希拉和羅莉決定一起去接小孩，希拉也答應幫羅莉逐漸回歸那個團體。希拉也主動表示，如果羅莉想討論那件事，她可以號召那些朋友聚會，但是羅莉並不想那麼做。

羅莉告訴我：「目前的狀況大致上已經恢復正常了，我不知道能不能回到以前那樣。希拉和我變得比較親近，但是整個團體似乎比以前分散了。我肯定跟以前不同了，對我來說，那是錐心之痛，我從來不知道八卦和談論別人如此傷人。」

如果大家想知道八卦有多傷人，這個故事提供了很好的答案。多數人都不敢想，當鄰居八卦是非時，是如何講我們的。

克服自卑和排擠

對許多人來說，最大的挑戰是在遇到排擠或八卦時，想辦法脫離。如果我們是和朋友或同事在一起，她們突然說起某人的壞話，或是聯合起來惡整某人，我們如何拒絕參與？這是很棘手的情況，因爲我們可能得罪他們。

這幾年來，我實驗了幾種技巧，避免以排擠與競爭作爲促進連結的方法，以維繫我們和其他女性的關係。我發現有些技巧很有效，有些技巧則很容易導致自己遭到攻擊。我們常會以轉移目標的方式來因應，但是那樣做仍會導致他人遭到背後中傷。

例如，假設有人說：「她眞的很賤，我眞不敢相信她升官了，你覺得她是跟誰有一腿？」我們可以試著反將對方一軍：**「你竟然會相信成功的女性是靠身體一路睡上去的！那是非常貶抑女性的刻板印象，那樣講正好助長了錯誤資訊的傳播，也讓我們都很難堪。」**

我第一次採用思辨覺察時，覺得我需要讓出言不遜的人爲自己的言詞負責。但是我很快就發現，當場逼人就範不太好。即使我的出發點沒錯，也不該使用羞辱的方式，或是在衆人面前刻意讓對方難堪。

接著，我改用「教導／說教」的方法，雖然這種方法不像羞辱那麼激烈，但是效果還是不好。在這個例子中，我們可能對那個人的說法回應：**「我不想說她的壞話，那樣講對每個女性都是傷害，我們應該相互支持。」**但是當我們教導／說教時，我們可能發現自己掙脫團隊的時候，背部也中箭了。

以前我聽到傷人或憎恨的言語時，常表達出我對那些言語的感受。但是那最好是私底下一對一講，而且只提到那句話或那個討論給你的感覺。當我處於集體迷思的情境時，我發現有兩種技巧不需要依賴「轉移目標」的方式。反省與改變話題是「不參與」又發人深省的有效方法。反省是在對話中加入探測性的問題或句子。改變話題則是把對話內容從責難轉爲同理心。

「她眞的很賤，我眞不敢相信她升官了，你覺得她是跟誰有一腿？」

反省：「我其實不太認識她。」

這帶出一個問題：我們對她有多瞭解？很多時候，這樣說可以迫使大家發現，她們其實不太瞭解自己攻擊的對象，或至少可以指出她們的毀謗言論毫無事實根據。

「你相信她竟然一巴掌把玩具從女兒的手中打落嗎？」

反省：「我沒看到整個過程，不太清楚發生了什麼事。」

這帶出一個問題：我們對那個情況的瞭解有多少？如果能選擇的話，多數人會覺得以一兩個不當的時刻來定義我們整個親子教養的方式是不公平的。

「她眞的很惡毒，我一點都不訝異他甩了她。」

反省和改變話題：「其實我不太認識她，也對她們的婚姻不太瞭解。我眞的很喜歡她，我在想，我們能不能幫她做點什麼？」

這樣講表示我們不知道發生什麼情況，我們應該給予支持，而不是八卦是非。

「蘇西眞的是瘋婆子，你跟她共事過嗎？」

反省：「有，共事過幾次，但是我不覺得她很瘋狂。」

這表示你有權表達意見，但是我不認同你的意見。

「我聽說邦妮還在努力懷孕，她眞的想孩子想瘋了，眞荒謬。」

反省與改變話題：「我沒辦法想像那是什麼樣子，聽起來很辛苦。」

這也表示我們應該想辦法幫忙，而不是妄下評斷。

在下個單元中，我們會探討在自卑文化中培養包容的更廣泛策略。

克服自卑和責難

面對責難時，善於克服自卑的研究參與者非常需要依賴連結網絡，來瞭解與對抗隱於無形及刻板印象。雖然我們可能因爲屬於某個族群而遭到抹煞、貶抑或否定，那些族群也可能是極大的力量和支持來源。女性常描述，連結網絡中，有共同身分特質（例如共同的種族、族裔、體力、工作地位、宗教、性取向、階級、外表、年齡、性別或其他的生活經歷）的成員有很大的力量。

我們大多目睹過，族群團結起來，以爭取更多的能見度及基本人權的力量。我們在有組織的銀髮族、種族認同團體、專業團體、婦女團體，以及對抗身心疾病、成癮與創傷污名化的團體裡，都可以看到這種力量。多數人也感受過隸屬於某個非正式的身分團體（社群、公民或親子教養團體）所得到的支持。和身分團體建立連結，是扭轉隱於無形及刻板印象的好方法。

在個人層面方面，有幾種方法可以讓我們更留意隱於無形、刻板印象和標籤化。第一種方法是完成前面我指派給學生的練習。我們必須瞭解我們如何看待自己的身分，並承認我們很容易對同一族群的人冠上刻板印象。接著，我們可以找出別人冠在我們身上的刻板印象，以研究者兼教育家瑪麗．布里克—詹金斯（Mary Bricker-Jenkins）研發出來的提問對話來檢視。布里克—詹金斯博士建議我們自問：

1. 我是誰？
2. 誰說的？
3. 那些標籤對誰有益？
4. 如果那些標籤對我不利，必須改變什麼及如何改變？

善於克服自卑的參與者非常強調改變的重要。隱於無形是潛伏隱匿的，刻板印象是我們預設的思維方式。如果我們不找出或承認自己在這個流程中的位置，就無法加以改變。

一位談到老化的女性表示：「我寧可花時間、經歷、金錢，去努力重新界定老化是什麼意思。把資源投入在維持年輕上，是一場累人又不可能成功的戰鬥。至少，當你對抗年齡歧視時，你發揮的影響力不只幫助自己而已。」

我想以安妮的一些文字來為這一章做結。安妮是一位研究參與者，她大三時在公寓裡遭到強暴。你可以從她的克服自卑練習中看出，她因為勇敢接觸其他遭到約會強暴的大學女生，而獲得強大的復原力。

安妮的練習

引發自卑的因素：我希望別人認為我是正常、健康的，跟我遭到侵犯以前是一樣的，不受到責難。

思辨覺察：沒有人可以讓時間倒流，讓那段往事消失，但是周遭的人只要不在我背後竊竊私語或以爲我不可能再快樂了，就可以讓情況變得更好。我知道這樣的要求似乎很多，因爲我需要他們承認那些事，又不希望他們用那種方式界定我。

連結網絡：我的輔導員、支持小組、其他一起談性侵經驗的大學女生、我爸媽、兄弟姊妹、男友和好友。

嫌棄身分／觸發因素：我不希望別人覺得我已經毀了，再也不一樣了，或是心理有問題，永遠處在快要發瘋的邊緣。

思辨覺察：我不想否認我在某些方面確實不一樣了，我的確跟以前不同了，但那是正常的。我失去了很多東西，正努力復原。我只是不希望朋友改變我們的友誼，或以不同的方式對待我，而導致我失去更多。如果你把我做的或說的每件事都扯上性侵，你就是讓我失去更多。

自卑網：朋友，關於性侵倖存者的刻板印象，我母親的朋友，我阿姨和表兄弟姊妹。

第 9 章

在抽離的文化中建立連結

自卑常阻止我們對周遭的人展現眞實自我，破壞我們爲了眞實而付出的努力。當我們亟欲管控別人對我們的觀感時，要怎麼做自己？我們如何坦然向他人陳述自己的信念，同時又說出對方想聽的話？當我們覺得自己有缺陷，不值得建立連結時，就無法和他人分享自我。當我們對自己是誰或自己的信念感到羞愧時，就不可能展現眞實自我。

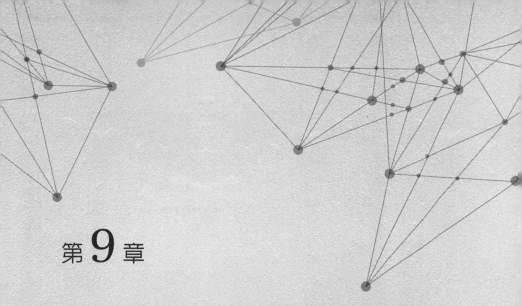

有時候我把我的自卑研究解釋成研究「連結的強度」和「連結中斷的危險」。連結中斷（亦即抽離）是自卑、恐懼、責難的來源，也是結果。隔離、評斷別人、責難、發怒、刻板印象、標籤化等等是各種形式的連結中斷。不過，還有另一種連結中斷，那種形式通常比其他的形式痛苦，也令人混淆，那就是**中斷自我的連結**。我們常因爲深受他人想法的影響，一心想成爲別人期待的樣子，而迷失了自我，失去了踏實感和眞實性。這種感覺之所以非常痛苦，是因爲一切有意義的改變都是以眞實爲基礎的。

在本章中，我們會探討眞實的概念，並說明爲什麼想展現勇氣、練習包容和建立連結就必須眞實。我們也會探索克服自卑和成癮問題、暢所欲言、心靈，以及需要覺得自己「正常」之間的關係。

眞實

什麼是眞實？我們可能不知道如何定義，但是我們看到眞實時，肯定會知道。事實上，當眞實的人出現在我們的面前時，很多人甚至可以直覺感受到。我們會自然而然地親近我們覺得誠實、眞實、眞誠的人。我們喜歡散發溫情的女性以及她們的踏實感。我們會聚在講話實在又懂得開自己玩笑的人旁邊。

我們推崇他人的眞實，也努力維持自己的眞實。我們不喜歡似假還眞、虛僞的連結和可怕的沉默。我們都希望清楚知道自己是誰，自己相信什麼，並有足夠的信心和他人分享那些資訊。我一直很喜歡一句話：「我們希望能夠活得自在，坦然面對自己。」

自卑常阻止我們對周遭的人展現眞實自我，破壞我們爲了眞實而付出的努力。當我們亟欲管控別人對我們的觀感時，怎麼做到眞實？我們如何坦然向他人陳述自己的信念，同時又說出對方想聽的話？當我們想讓周遭的人感到自在，以免得罪他們、慘遭他們的貶抑時，我們如何主張自己的信念？

社工教育學者迪恩．赫普渥斯（Dean H. Hepworth）、羅納多．魯尼（Ronald H. Rooney）、珍．拉森（Jane Lawson）定義**「眞實」是「以自然、眞誠、自發、開放、誠懇的態度分享自我」**。當我們覺得自己有缺陷，不値得建立連結時，就**無法**和他人分享自我。當我們對自己是誰或自己的信念感到羞愧時，就不可能展現眞實自我。

自卑會衍生更多的自卑。當我們爲了管控別人對我們的觀感而犧牲眞實時，常陷入愈來愈糟的危險循環：感到自卑或害怕遭到羞辱，使我們脫離了眞實自我。我們只說對方想聽的話，或是該表達意見時卻沉默不語。如此一來，我們也因爲不誠實、扭曲個人信念或是沒主張重要的立場，而變得更加自卑。從以下的引述可以看到這種危險的循環：

- 有時候我是看人說話，別人要我說什麼，我就說。當我和自由派的朋友在一起時，我就展現自由的想法。如果是跟保守派的朋友在一起，我就表現保守。我想，我是擔心萬一講錯話會得罪人，所以乾脆順著大家的意思走。這讓我覺得自己很膚淺，不誠實。

- 我的信仰是人生的重要部分，我想在信仰方面暢所欲言，就像大家談論政治或社會理念一樣，但是我做不到。我只要一提到「教會」兩字，就得罪人，他們看我的表情好像我瘋了，好像我想說服他們改變信仰似的。以前我上班的電話留言提詞是：「謝謝您的來電，祝您平安喜樂。」我老闆要求我刪掉重錄，因爲那聽起來有點「刺耳」。我們辦公室的人整天髒話連連，而我不過是講「平安喜樂」而已，他們就把我當成異類。
- 身爲日裔美國人，我常聽到大家對亞洲女人的籠統看法。有些人覺得我們是完美的少數族裔——聰明、勤奮、優秀。有些刻板印象則隱含性愛的意味，例如他們覺得亞洲女性比較放浪與順從。這些假設和刻板印象都貶抑了我們的人性，我常想爲此說點什麼，卻又覺得太自卑了。部分原因在於文化的影響，另一部分則是因爲我的女性身分。我希望我能更常表達意見，但是很難。表達意見時，我覺得很脆弱。
- 我和一群充滿偏見的男女共事，他們常在言談間貶抑少數族裔，開很糟糕的玩笑，發送有種族歧視的電子郵件。我向人力資源部的經理檢舉，但是他根本是那群人中最糟糕的。某天我在休息室，一小群人針對懷俄明州拉勒米市遭到毒打致死的同性戀者馬修．謝巴德[1]開了一個很糟糕的玩笑。我沒跟著笑，但是我也沒說什麼，就只是低著頭，感覺很糟。我在電視上看《同志死亡事件》（*The Laramie Project*）時，從頭哭到尾，我一直在想：「爲什麼我不說點什麼？爲什麼我不告訴他們那些言論有多傷人？我眞的感到很慚愧。」

● 我會看新聞，讀報紙，我對政治及世界上發生的事情都很感興趣。我在談論事情以前，會先仔細思考我的想法和立場，但是免不了還是會得罪人。每次有人反駁我的意見或質疑我的立場時，我就很緊張，有時乾脆封閉自己，有時我被逼急了，會講得更大聲，更情緒化。無論是哪種反應，看起來都很愚蠢，我很討厭那樣。爲什麼我需要練習？爲什麼我不能暢所欲言？想講什麼就講什麼？

● 過去兩年，我開始講起三種語言。上班時，我講「白人語言」。回到家，我自然地使用從小到大的語言。最近我在教會認識新朋友，他們一開始不太理我，因爲我從小習慣的用語「不夠黑」。於是我馬上講起了第三種語言，以免他們覺得我愛裝白人。在白人的世界裡感覺「不眞實」是一回事，但是爲了讓自己的族群接受而改變自己，那感覺更不誠實。

以下是女人針對暢所欲言所提出的訊息和預期。如果我們仔細看眞實的特質（自然、眞誠、自發、開放、誠懇），會開始發現，如果我們透過這些狹隘的預期來過濾自己的行動和想法，那很難達到眞實的境界。

1 Matthew Shepard，懷俄明大學學生，也是同性戀，某天到當地酒吧，慘遭綁架、毒打，甚至被綁在籬笆上示眾，這件虐殺同志事件引起了全美國的震撼。

- 別讓人感到不舒服，但是一定要誠實。
- 講話不要給人自以爲是的感覺，但是聲音要有信心。
- 不要得罪任何人或傷害任何人的感情，但是想講什麼就講出來。
- 不要太衝，但是要直接。
- 講話時要給人見多識廣、受過教育的感覺，但不要裝出無所不知的樣子。
- 聽起來要很堅定投入，但是不要太保守反動。
- 別說不討喜或有爭議性的話，但是要有勇氣提出和大家不同的意見。
- 別太熱情，但也不要讓人覺得你毫無感情。
- 別太情緒化，但不要太超然。
- 不需要引用事實和數字，但是不要犯錯。

表面上看來，這些說法很荒謬，前後矛盾，完全主觀。究竟誰有資格定義**「很衝」**或**「情緒化」**？什麼叫「太熱情」，什麼又叫「毫無感情」？

這些「規範」是根據僵化的性別角色制訂的，它們要求女性維持真實，但是在狹隘的預期下，女性幾乎沒有移動的空間。只要打破一項規則，女性就馬上被貼上標籤，冠上刻板印象。只要女性主張個人的立場，別人就說她是霸道、愛高談闊論的賤人，人見人恨。只要女性澄清或更正說法，大家就覺得她是自以爲無所不知的傲慢者，沒人受得了。只要女性坦言大家眼中的禁忌，或讓其他人感到不舒服，就會被貼上怪人或怪胎的標籤。電視上兩個女人做激烈的政治辯論時，大家說那叫「潑婦對罵」，如果是兩個男人做同樣的爭論，則是精彩地討論重要議題。當我們開始檢視那些促成嫌棄身分的訊息和預期時，很容易瞭解自卑如何破壞我們的眞實性。當我們完全遭到別人的想法所牽制時，我們不可能說實話。在下一個單元中，我們要來看「正常」的概念。有時候我們需要覺得自己很正常，或是希望外界覺得我們很正常，那些渴望凌駕了我們對眞實自我的承諾。那些讓我們感到孤獨、有如局外人的自卑原因就是如此。

自卑和正常

自卑讓我們覺得自己不一樣，彷彿世上只有我們如此。在訪談的過程中，我多次聽到女性說：「我只希望自己是正常的。」媒體成天對女性疲勞轟炸，灌輸我們什麼才叫「正常」，尤其是性愛和身心健康方面。《魅力》（*Glamour*）雜誌最近的封面標題就是很好的例子：「你的性愛正常嗎？一般人的性生活揭密」。爲了克服這種覺得自己很怪又不正常的自卑感，我們不斷地追尋正常。於是，對我們來說，融入群體可能比感覺眞實、誠懇或眞誠來得重要。

訪問期間，我發現追尋正常說到底，其實是在計較數字。例如，我和先生一週要有幾次性愛才算正常？如果我二十五歲又單身，我可以有幾個性伴侶？在一到十分之間，如果我先生喜歡做這件事，他有多奇怪？多少夫妻試過這件事？你知道多少女人願意做那件事？多少和我同齡的女性在服用這種藥？我荷爾蒙失調的機率有多高？多少女性有這個診斷結果？你看過我這種病例幾次？我需要多久才會恢復性慾？我需要減重多少，才能避免下次就醫秤重時，又被醫生訓斥一頓？有沒有一個數字可以給我參考一下！

當我們因爲行銷活動的過度宣傳，或話題是公開討論的禁忌，而無法獲得正確的資訊時，我們亟欲找出衡量正常的方法。我們想知道什麼是正常的，因爲「正常」讓我們更有機會獲得接納與歸屬。

當我跟女性談論性愛和健康時，許多受訪者問我，她們的回答和其他受訪者的回應相比如何。女性在討論這些話題時，常問以下的問題：「其他女性怎麼說？」或「這個答案和你聽到的其他答案相符嗎？」

媒體灌輸的預期非常危險，因爲媒體利用我們「想要正常」的心理，刻意在現實的圖象上貼了「不正常」的標籤。例如，廣告說「如果你感到疲累，難以招架……」或「如果你的性愛頻率沒那麼高……」或「如果你太擔心孩子的安全……」或「如果你的皮膚看起來像這樣……」

當然，有些介入和藥物治療是有用與恰當的，但是很多廣告利用女性「想要正常」的渴望，讓女性更加脆弱。他們也利用我們想要獲得接納與歸屬感的人性需求，顯示出所謂「性冷感」或「不健康」的人孤獨與悲傷的形象。當然，廣告最後一定是顯示原本心煩意亂的人吃了他們的藥丸或用了他們的乳液以後，在朋友和家人的包圍下，顯得容光煥發。

這些廣告背後的金錢和行銷，不只造成醫生過度開立藥方以及病人過度用藥與「過度治療」。在重視方便與獲利的醫療環境中，許多原本可因藥物治療而受惠的女性反而得不到醫療服務，因爲她們無力支付醫療費用。此外，美國有些保險公司從許多的保險計畫中剔除心理健康保險，原本可能因藥物治療兼輔導而受惠的婦女，卻只能取得藥物（研究顯示，以藥物搭配輔導的療效，比只服用藥物來得好）。

我記得九一一恐怖攻擊後的那一週，我仔細觀察了藥廠的電視廣告。恐怖攻擊後的三、四天就出現新一波的廣告，專門鎖定太擔心孩子安危的婦女。那些廣告使用類似下面的用語：「你以前比較有趣」或「你以前更常微笑」。當下我很生氣，心想：「眞是邪惡！現在美國哪個媽媽不擔心自己的孩子。」但是下一分鐘我又想到：「我也需要這種藥丸，我也很擔心孩子的安全，這眞的是我需要的。」

約莫一週後，我覺得我快因爲擔心局勢而發瘋了，於是我打了一通電話給家裡也有幼兒的朋友，她也是家庭治療師，「我現在這樣做，這樣想，我正常嗎？」「很正常啊，其他打電話給我的上百位女性也很正常。如果你眞的很擔心艾倫，擔心到無法做事，那我們就應該談談。如果你只是怕自己擔心過度，快瘋了，那你很正常。現在擔心孩子和自身的安危是很恰當的反應，這個時候實在很可怕。」

我在訪談中談到健康與性愛時，也一再聽到那種脆弱的情緒型態。以下是我歸納出來的型態：

我無法瞭解我對性愛、身材、身體健康或心理與情緒健康的眞實感受，因爲太多的訊息和預期阻礙了我。我太擔心我應該是什麼樣子、什麼人，以致於我搞不清楚我是誰以及我想成爲什麼樣子。我想談論這件事，卻覺得很封閉孤立，因爲很少人願意跟我誠實地談論性愛和健康。最後，我放棄追求眞實，我只希望大家覺得我是正常的。

大量湧來的訊息和預期，再加上談論性愛和健康的污名化，可能讓女性充滿自卑。當我們有這種感覺時，比較可能強化那些訊息和預期，把問題個人化，覺得我們達不到預期是因爲自己能力不足或有病。當沉默阻止我們接觸外界時，我們會感到孤獨，不斷以保密和沉默來餵養自卑，最後只能架起自卑屏幕：

- 我先生老是想要做愛，我會配合，因爲我不希望他外遇或找其他的管道宣洩。有時我不禁懷疑我是不是唯一有這種感覺的人，是不是我有問題，還是別人的老公也是那樣。問題是你又不能找任何人談這種事，所以你也不知道該如何是好。
- 我二十多歲時很喜歡性愛，至少我是那樣想的，總之，那個年紀的我，性生活還滿豐富的。現在結婚有小孩以後，性愛彷彿成了我和先生之間永無止境的對抗。我會想盡辦法避免性愛，假裝生病，吵架，什麼方法都試過了，我其實只想進房間，關上門獨處，一點都不想做愛。先生說我有問題，有時候我覺得他說的沒錯，有時候我聽別人提起一樣的狀況時，又覺得自己沒問題。

- 我想到性愛和羞愧時，腦中第一個想到的就是口交。我覺得口交很低級下流。當然，現在很流行口交，如果你拒絕了，你會覺得這世界上好像只有你拒絕似的，你會覺得男友可能是全世界唯一和不喜歡口交的女人交往的人。有時候我會勉爲其難地答應他，因爲我覺得我應該那樣做，有一次我差點哭了出來。
- 沒人知道我被診斷出臨床憂鬱症，連我的伴侶都不知道，她覺得我只是進入更年期，所以行事有點詭異。一旦你告訴別人你有心理上的問題，他們就把一切的問題都怪到「你瘋了」。你在眾人眼中突然變得無法信賴又不穩定，我不希望別人覺得我很軟弱或無法處理自己的生活。
- 我沒辦法去做子宮頸抹片檢查及乳房X光照，永遠也無法做結腸鏡檢查。我知道那很可怕，也知道我應該做，但是我就是辦不到。我總是擔心護士會怎麼想或醫生會怎麼想。萬一我做了什麼噁心的事，或是萬一她們覺得我很噁心怎麼辦？我就是沒辦法鼓起勇氣做那些檢查。孩子問我去做檢查了嗎，我都謊稱我做了，說謊讓我感覺更糟。
- 性愛是我婚姻中最棘手的議題。我們夫妻倆都知道那是問題，但是那似乎也是我們不能談論的問題。知道其他的夫妻也有類似的問題雖然有些幫助，卻無法讓它變好。我幾乎已經放棄美好的性生活了。有時候我只希望我們能有足夠的性愛，讓性愛不再成爲我們心知肚明卻刻意迴避的事情。這件事讓我的內心很糾結，我已經不太瞭解身體與情緒的感受了。

當我們感受到自卑的痛苦情緒時，我們不太知道自己身處在何方或想要什麼。那對女性來說是很困難的情境——我如何擺脫對性愛和健康的自卑，才能培養克服這類自卑的能力？爲了回答這個問題，我們來看一些擅長克服這類自卑的女性所使用的技巧。

克服自卑和正常

在性愛和健康議題方面，善於克服自卑的女性都很努力使用那四項要素，但是她們特別注意到，保密和沉默所衍生的脆弱會掩蓋這些議題。這些女性使用和四項要素直接相關的多種技巧，設法從周遭相互矛盾的訊息與預期中聆聽自己的心聲，培養出足夠的同理心，以清楚思考，衡量個人需要，並判斷什麼讓她們感受到連結、力量和自由。

我一開始和女性談到性愛和健康議題時，原本覺得「想要正常」和「不知道或不在乎正常」之間的差異，其實是因爲信心程度有異，而不是因爲有沒有克服自卑的能力。不過，我和更多的女性討論過後，發現善於克服自卑的女性不是本來就比較有信心，而是因爲她們致力投入那四項要素，以培養克服自卑的能力。以下是我從訪談中歸納出來的型態：

> 爲了瞭解我對性愛、身材、身體健康或心理與情緒健康的眞實感受，我需要承認阻礙我的一切訊息和預期，並加以過濾。當我那麼擔心我該如何、該變成什麼樣子時，我無法想清

楚我是誰以及我想成爲什麼樣子。我必須瞭解那些訊息是來自何處，以便處理並繼續往前進。我需要談論它，由於很少人願意誠實地談論性愛和健康，我必須和我能接觸到的人建立連結。我需要談論我的感受和需要，以免把自己隔絕在人生的重要部分之外。我不知道怎樣才叫正常，我只想做眞實的自我。

如果你把這個型態拆解開來，就會看到這些分塊是如何組合的：

找出引發自卑的原因

- 當我那麼擔心我該如何、該變成什麼樣子時，我無法想清楚我是誰以及我想成爲什麼樣子。我必須瞭解那些訊息是來自何處，以便處理並繼續往前進。

練習思辨覺察

- 爲了瞭解我對性愛、身材、身體健康或心理與情緒健康的眞實感受，我需要承認阻礙我的一切訊息和預期，並加以過濾。

接觸外界

- 我需要談論它，由於很少人願意誠實地談論性愛和健康，我必須和我能接觸到的人建立連結。

談論自卑

● 我需要談論我的感受和需要，以免把自己隔絕在人生的重要部分之外。我不知道怎樣才叫正常，我只想做真實的自我。

接下來，我們來看成癮問題和自卑之間的複雜關係。

爲了消除不眞實以及與衆不同所帶來的痛苦和不安，有些人會以食物、酒精、藥物、性愛、關係來抒解痛苦，而導致濫用。在下個單元中，我們會進一步探討自卑與成癮問題之間的複雜關係。

成癮

「以上癮來對付自卑，猶如以鹽水止渴。」《男人其實很憂鬱》（*I Don't Want to Talk About It: Overcoming the Secret Legacy of Male Depression*）的作者泰瑞斯．瑞爾（Terrance Real）

你讀這本書時，從例子和故事可以看到，成癮問題和自卑有密不可分的關係，兩者也非常相似：它們都讓我們感覺連結中斷，充滿無力感。有成癮問題時，我們可能封閉自己或對外宣洩。成癮可能讓我們感到孤單，彷彿自己是局外人。此外，成癮通常也帶有一些祕密與沉默感。

很多人覺得成癮是「男人的問題」，然而事實並非如此。最近有許多酒精與藥物濫用的研究顯示，少女的飲酒量比少年還多，而且少女開始飲酒的年紀也比少年還早。新的研究也顯示，大專院校那個年紀的女生喝酒人數增加了，而且她們喝酒是爲了買醉。研究發現女性常靠酒精來改善心情，提升自信，減少緊張和害羞。國家藥物濫用研究院（National Institute on Drug Abuse）的院長諾拉．沃爾寇（Nora Volkow）說酒精是一種「社交潤滑劑」。

我回顧自己的過往時，覺得「社交潤滑劑」這個概念確實符合當時的狀況。我跟很多女孩一樣，從高中就開始在社交場合喝酒。大學時，我覺得香菸和啤酒就像我的社交寶劍與盾牌。少了那些鎧甲，我不知道我能不能在派對或酒吧裡自在地穿梭。我從來沒想過我在社交上那麼依賴酒精和香菸。我認識的每個人都是這樣，舉目所及，那些我希望模仿的對象都在抽菸喝酒。那是一九八〇年代，我們跟維珍尼涼菸（Virginia Slims）廣告裡的女性一樣叛逆，我們一窩蜂地去看《七個畢業生》（*St. Elmo's Fire*）和《昨夜風流》（*About Last Night*）。

直到上了研究所，我才知道我家族的酗酒歷史。我們家裡向來沒放很多的酒，成長過程中也沒看過很多人喝酒。我跟社工系的多數學生一樣，開始探索自己的家庭狀況時，才發現幾位家族成員曾經有酗酒問題。我也開始瞭解自己在社交上對酒精的依賴，於是一九九六年我拿到社工碩士學位的那個週末，我戒了酒，也戒了菸。我很幸運，擁有資訊和工具做出那樣的選擇，也找到放下那些鎧甲所需要的支持，我覺得那段戒菸戒酒的歷程是人生最大的禮物之一。

對許多女性來說，她們的人生「谷底」比我低很多。她們失去了伴侶、工作、自由或孩子。對很多女性來說，她們之所以酗酒，和遭到性侵、暴力虐待或依賴其他的藥物有關。最近《新聞周刊》引用研究報導，長期濫用酒精的女性可能罹患嚴重的肝病和潰瘍，每天喝酒超過一杯的女性，中風、高血壓、自殺、罹患乳癌的風險較高。

爲了更瞭解自卑在成癮問題中扮演的角色（或是成癮在自卑中扮演的角色），我們需要瞭解這兩者的關連。我直覺就知道這兩者有關連，但不是很瞭解其間的細節。自卑和成癮在許多方面緊密地糾葛，難以確切地釐清。爲了更瞭解自卑和成癮是如何一起運作的，我去找了探索兩者關係的最新研究。

在第二章中，我推薦湯妮和狄林的著作《羞愧和內疚》。她們除了針對這個議題做了廣泛的研究以外，也寫了一篇重要的文章，最近刊登在《成癮行爲》（*Addictive Behaviors*）刊物上。主導那項研究的狄林是紐約州立大學水牛分校成癮研究機構的研究學者。我不想再轉一手詮釋她們的研究，我覺得各位直接聆聽研究者的第一手資訊，會比較有幫助。我爲本書訪問了狄林博士，我請她說明她的研究重要性，以及對我們的可能影響。以下是她的說法：

我：我拜讀了您與湯妮的大作，我們都覺得自卑和內疚是兩種截然不同的情緒（自卑相當於「我不好」，內疚相當於「我做了不好的事」）。我想請教您**「自卑傾向」**和**「內疚傾向」**這兩個詞的確切意思？

狄林：我們談到自卑傾向和內疚傾向時，是指個人體驗那些情緒的傾向。在某個情境中，有些人比較可能產生的情緒反應是自卑，有些人則是不管情境的觸因是什麼，都比較不會產生自卑。我們稱那種比較可能產生自卑反應的人是「自卑傾向者」。換個不同的例子，有些人可能難過時比較容易哭，有些人可能也經常感到難過，但是比較不會有哭泣的反應，我們可以說容易哭泣的人是「哭泣傾向」，多數人都很清楚自己是不是容易哭泣的類型。我們使用TOSCA（一種研究工具）之類的衡量標準，提供多種日常的情境，請參試者指出他們以各種方法因應的可能性（有些方法代表自卑反應，有些方法代表內疚反應）。根據他們的反應，我們可以判斷每個人究竟是偏向自卑傾向或內疚傾向。雖然我們可能兼具自卑傾向和內疚傾向，但是每個人以某種情感反應的頻率可能高於另一種情感反應，所以每個人只會偏向一種傾向，而不是兩者皆有。

我：您在文章中提到造成上癮的因素，尤其您主張，瞭解藥物與酒精濫用的「靜態」和「動態」因素之間的差異很重要。您可以幫我們瞭解這些用語的意思嗎？

狄林：我所謂的靜態因素，是指無法改變的因素。例如，我們知道遺傳因素和成癮有關，但是我們無法改變與生俱來的基因。相反的，動態因素則是經常改變，或是有可能改變的，例如一個人的社交圈就是動態因素。我們要跟誰社交往來是可以自己選擇的，任何人都可以選擇要不要和嗑藥或不嗑藥的人往來（這只是一個例子）。我們認為自卑傾向和內疚傾向是動態的，是可能改變的。理想上，在治療的情境中，我們希望幫客戶學習遠離自卑傾向，變得更內疚傾向。

我：在這項研究中，您發現自卑傾向和酗酒及藥物濫用有正相關，您覺得這項發現的最重要意義是什麼？對有成癮問題的人來說有什麼意義？

狄林：首先，我覺得這項研究的結果呼應了自卑傾向的多數研究。也就是說，自卑的傾向似乎和負面的生活結果有關，無論那些結果是難以管控怒氣、憂鬱症狀、成癮問題或其他的狀況。所以，我覺得這項研究結果的最重要意義是：它提出了額外的證據，證明容易陷入自卑的人需要學習擺脫那樣的情緒，改採比較健康的情緒反應（亦即內疚）。很多治療師想幫客戶培養這個技巧，他們不見得把他們的治療方式稱爲「自卑削減法」。不過，很少人有系統地研究這些教導客戶減少自卑傾向的方法。我們非常需要這種具體的介入療法，也需要測試與驗證這類介入療法，以提供治療師具體的工具，協助客戶減少自卑。

我：您也發現，內疚傾向可能有助於避免酗酒的習慣或藥物濫用的型態。您可以幫我們瞭解那個意思嗎？

狄林：有內疚傾向的人比較可能把焦點放在有問題的行爲上，例如，有內疚傾向的人狂飲一夜而導致隔天曠職時，可能會想：「我要是繼續曠職，可能會丟了飯碗。」相反的，有自卑傾向的人比較可能把焦點放在有缺陷的自己上，心想：「我一直曠職，我眞的很失敗。」我們比較容易改變或更正行爲，而不是改變有缺陷的自己。所以，有內疚傾向的人會想辦法改變行爲，例如，要是隔天要上班，前一晚就不喝酒，或是不要喝到隔天無法上班的程度。有自卑傾向的人則是覺得自己很糟糕（有缺陷、很沒用等等）又無法解決問題，所以無法在下次遇到類似的情況時改變行爲。基本上，有自卑導向的人是卡在情緒中，有內疚導向的人能夠繼續前進。

我：常有人問我，是自卑導致成癮問題，還是成癮問題導致自卑。您覺得呢？

狄林：我覺得兩者都有。**如果一個人有自卑傾向，就比較容易產生成癮問題**。不過，一個人出現成癮症狀後，免不了會感到自卑。以有酗酒習慣的人爲例，如果他本來就有自卑傾向，導致他酗酒的人生問題（工作上的問題、家裡的問題、人際關係的問題等等）可能讓他衡量這些缺點，產生自卑反應，連帶覺得「我肯定是很糟糕的人」。所以，我把自卑和成癮之間的關連視爲惡性循環，難以改變。

克服自卑與成癮

上述訪問中，我覺得有幾點非常重要。第一是自卑和成癮之間的循環關係，在「談論自卑」那一章裡，我們談到抽離的三種策略：遠離、親近、反抗。使用這些方法對抗自卑多年，即使我們知道那樣做沒有效，也很難放棄那些作法。很多人在得不到他人的同理心時，會以這些方法因應。卡在這些抽離狀況下不僅讓我們遠離眞實自我，「卡住」的狀態也是造成自卑和成癮問題的原因。

第二，狄林博士提到治療師協助客戶遠離自卑，我覺得這點很重要。在本書裡，我提到幾種培養克服自卑能力的方法，我之前強調過，我覺得這裡値得再次強調，由於自卑很複雜，培養克服自卑的能力可能需要治療師或輔導員的專業協助。當我們有成癮問題時，親友常受到負面影響，無法幫忙。休士頓酒精與藥物理事會（Council on Alcohol and Drugs）的分部「復原家庭中心」（Center for Recovering Families）的院長艾比．威廉斯博士（Abi Williams）寫道：「我們估計，家中有人做出不當的選擇時，家裡有三到四人多多少少會受到直接的影響，這些受影響的家人往往認爲自己有責任維持家庭的順利運作，但事實上，那種想法可能讓事情變得更糟，而如此衍生的行爲，可能和原始問題的破壞力一樣大。」

在這個談論「成癮問題」的單元裡，我想明確主張，我們必須尋求外部協助以克服成癮問題。協助可能是來自於治療師、療養中心或十二步驟互助團體，總之，我們需要找尋外在協助。戒除成癮問題需要指導、支持和資訊（有時也需要醫療），那是連最支持我們的連結網絡也難以提供的協助。

第三，狄林博士舉例時指出：「我們要跟誰社交往來是可以自己選擇的，任何人都可以選擇要不要和嗑藥或不嗑藥的人往來。」這是眞的，不過，除了「社交網路」以外，還有一個需要檢視的影響，那就是文化。

我們的文化醞釀著讓人成癮的環境，等人上癮後，文化又污衊成癮問題。心理學家兼行動主義者夏洛特．蘇菲亞．索（Charlotte Sophia Kasl）寫道：「父權制、階級、資本主義等等，創造、鼓勵、維持與延續成癮和依賴。」我們在本書中討論過，自卑網是以預期爲餌，那些預期是以僵化的性別規則爲基礎。如果你把這些預期的力量，再加上區分「我們和你們」的心態以及媒體文化的影響，我想她說得一點也沒錯。我們爲了暫時抒緩壓力而轉向食物、藥物、酒類、性愛、依賴的關係。就像這個單元一開始引用的句子所說的，成癮無法抒解壓力，只會讓我們更急於尋求抒解。

此外，我們的文化喜歡以羞辱的方式來因應成癮問題。一方面，我們對成癮者冠上負面的刻板印象，把他們塑造成油滑、不可靠、說謊、欺騙、不值得信賴、愛操弄的形象。另一方面，我們又以正面的刻板印象來形容那些戒除成癮問題的男女，以不切實際的方式把他們塑造成精神的支柱，過著勇敢無畏和嚴格審視的生活。

我們在支持這些文化的刻板印象時，常忘了承認我們自己也有某種程度的成癮問題，或是我們和有成癮問題的人有關連。如果我們誠實反省自己的生活，就知道刻板印象永遠沒涵蓋眞實經驗的多元性、複雜性和深度。

心靈

心靈或信仰，和自卑之間的關係也很複雜。從自卑網及連結網絡的圖可以看到，心靈/信仰/宗教是一些女性的自卑來源，也是一些女性克服自卑的來源。常有人問我，有沒有哪個宗教比別的宗教更會羞辱人，答案是沒有。我沒看到任何證據顯示哪個宗教或教派比其他的宗教更會羞辱人。

但是探討女性的信念和心靈體驗時，我的確看到重要的型態和主題。例如，談到自己有自卑感的女性，比較常用「教會」和「宗教」等字眼。談到克服自卑的女性，比較常用「信仰」、「心靈」、「信念」等字眼。一開始我懷疑「宗教組織」和自卑有關連，但是我找不到證據。使用「信仰」、「心靈」、「信念」等字眼的女性裡，至少有一半有上教會的習慣，也是宗教組織的成員。

不過，我發現有一點很明顯：女性和上帝、更崇高的力量或精神世界的關係，往往是她們克服自卑的來源。克服自卑的本質就精神層面來說，有賴關係、心靈和信念。對許多女性來說，**心靈上的連結是克服自卑不可或缺的要素**。事實上，有半數以上的女性在幼年時期曾對宗教產生嚴重的自卑，她們是在走出一條新的信仰之路以後，才培養出克服自卑的技巧。她們可能是換了教會或宗教信仰，但是心靈與信念仍是她們生活中重要的部分。我看到的另一個型態是，信念可以培養出最好的自我，自卑則讓我們遠離那個目的。自卑的來源，似乎和世俗、人造、人爲詮釋的規範以及社群對宗教的預期比較有關（你經常上教會嗎？你虔誠信奉家庭的宗教信仰嗎？你是否以特定的方式養育孩子？你是否違反了可能讓家庭或社群蒙羞的規則？你知道你身爲女性的地位嗎？）

就像在其他的機構一樣（例如，企業、學校、醫療、政府），位於領導階層的個人和團體可能是以羞辱作爲掌控的工具。當這種情況一再發生時，整個組織文化會變成以羞辱爲基礎。不過，我不相信任何機構的本質是爲了羞辱人的（包括那些信仰團體）。

對想要尋求心靈連結的人來說，瞭解我們的信仰歷史和自卑的關係很重要。很多小時候在宗教方面受過羞辱的女性，後來透過信仰和心靈獲得最大的療癒。雖然她們常更換教會、教派，甚至信仰，但是她們是以心靈療癒宗教上的自卑傷口。

我自己的心靈之路，也因爲我「研究自卑」的工作而改變了。我現在試著把我的內疚感視爲一種心靈上的「制衡」體系。當我做的事情或想的事情和自我期許不符時，我努力把內疚視爲心靈成長的機會。但是另一方面，當我感到自卑時，現在的我覺得它讓我偏離了心靈成長。精神導師瑪莉安．威廉森（Marianne Williamson）有句話給了我很大的啓發。你在閱讀時，我希望你能在感到自卑的脈絡中思考她的文字。

> 我們最深的恐懼，不是因爲我們有所不足，而是因爲我們有無比的力量。讓我們最畏懼的不是我們的黑暗，而是我們的光芒。我們自問，我哪有卓越、美好、過人、非凡的本事？其實，你怎麼會**沒有**呢？你是神的子民，你貶抑自己並無助於世界，你縮小自己好讓別人可以自信地站在你身邊，那樣做毫無意義。人生在世就是爲了彰顯我們內心神的榮耀。不是只有某些人的內心才有那種榮耀，而是每個人都有。當我們讓自己的光芒閃耀時，也在無意間允許他人也這麼做。當我們從自己的恐懼中解放出來時，我們的存在也自然而然地解放了其他人。

由於人際關係在我們的信仰生活中很重要，由此可見在心靈信仰中維持眞實自我是必要的。在下個單元中，你會學到女性在面對自卑和抽離時，用來培養與維持眞實自我的具體工具。

眞實與克服自卑

我們從本章一開始就知道，眞實的本質包括自然、眞誠、自發、開放、誠懇。但是眞實在一個人身上看起來是什麼樣子？每次我想到眞實，就會想起一位非常親近的朋友查茲。我認識他十幾年了，他是我見過最眞實的人，非常實在。

查茲確實展現了上述的所有特質，但是他的眞實在我的眼中還不只那些而已。無論他跟誰在一起，處於什麼情況，他總是展現眞實本色。如果你從他的生活各個面向找人過來（他們都不認識彼此，但是都認識他），他們對他的形容可能都很相似。他很習慣到處搬遷，也很習慣和各種不同的人相處，但是無論他跟誰在一起或別人對他有什麼期待，他的言行都是以同樣的價值觀和信念爲基礎。

我在善於克服自卑的女性身上也看到同樣的特質。對我來說，這種「不管跟誰在一起都是展現眞實本色」的特質，就是眞實的本質，也是自然、眞誠、自發、開放、誠懇的結果。

所以眞實和克服自卑有什麼關係？資料顯示，**沒有克服自卑的能力，很難展現眞實**。當我們有勇氣、包容和連結時，比較容易展現眞實。研究參與者表示，和支持我們展現眞實的人建立連結很重要。有時候這些人跟我們志同道合或志趣相投，但是那不是必要條件。他們跟我們一樣堅持眞實，比跟我們有同樣的信念或價值觀還要重要。

● 我和妹妹展開一場棘手的對話，她告訴我，她很難相信我，因為我老是想預測別人想要什麼，說別人想聽的話，她告訴我：「我不在乎我們是否意見不同，我只是希望我能相信你說的是實話。」知道她覺得我是那樣的人，讓我相當慚愧，但是她的一番話也幫我瞭解我對每個人不太誠實，尤其是我自己。我們對話完後的那幾個月，我都無法回答別人的問題，我完全忘了我對議題的眞實想法。現在距離那次對話已經過了約一年，我對自己和家人比較誠實了。我妹妹很支持我，我覺得我現在比以前眞實多了。

● 我以前覺得我面對父母時有兩種選擇：避免跟他們談起宗教或是乾脆說謊。這兩種選擇都讓我覺得很糟，也在我和我先生之間造成很大的問題。我父母是天主教徒，他們老是問我們有沒有去彌撒，或是會不會送我兒子去上慕道班。我都回答會，以便盡快結束話題。但是我先生會告訴他們實情（我們是衛理公會派），把他們氣得半死。我先生說，我為了迎合父母而對他們說謊時，他覺得自己有一種被遺棄的感覺。我知道我不誠實，傷害了自己，也傷害了我先生。我和教會一些有類似經驗的朋友談起這件事，他們給我很棒的建議。最後，我終於告訴我父母，如果他們無法支持我們，以後最好不要再討論宗教了。他們很生氣，但是也表示尊重……那沒關係。

自我慈悲和優勢觀點

從訪談中可以清楚看到我們對自己相當嚴苛，我們往往就是自卑網的成員。即使我們只是強化從別人或媒體聽來的預期，我們依舊主動促成了自己的自卑。

如果我們想要克服自卑，培養眞實自我，就必須學習變成連結網絡的成員。我們必須學會以同理心與理解來因應自己。**避免評斷別人需要花很多的心力，但是避免評斷自己需要更多的努力。**我們展現眞實自我的能力，往往視我們的自我接受度、自我歸屬感、自我慈悲心而定。

增強自我慈悲與自我連結的一種方式，是探索與承認自己的優點和問題或缺點。很多社工人員使用一種方法，名叫**「優勢觀點」**（strengths perspective）。社工教育學者丹尼斯．沙立貝（Dennis Saleebey）指出，優勢觀點提供我們從個人的能力、才華、資格、可能性、遠景、價值觀、希望來檢視掙扎的機會。這個觀點並未忽略我們掙扎的痛苦和嚴重的本質，不過，它的確要求我們把正面的特質視爲潛在資源。沙立貝博士寫道：「否定可能性和否定問題一樣都是錯的。」

瞭解個人優勢的一種有效方法，是檢視優點和缺點之間的關係。如果我們檢視我們什麼做得最好，以及最想改變什麼，往往會發現那兩種行爲其實是同一種核心行爲的不同程度。例如，我思考我展現眞實自我的掙扎。有時候，我對自己極度挑剔，覺得我太政治了，行爲像變色龍一樣。我工作時是一種顏色，回到家又是另一種顏色。我面對一群同事時，會凸顯某種色調，面對另一群同事時，又凸顯不同的色調。我覺得自己有點虛僞，甚至非常假仙。

不過，當我從優勢觀點看同樣的行爲時，我可以重新塑造整個體驗。我不再覺得自己像變色龍一樣不眞實，我可以誠實地說，我在不同的場景面對各種不同的人都很自在，我很自在地討論各種議題，從經濟到電視上最新的尼克兒少頻道節目（Nick Jr.）都能如數家珍。我不會反駁自己的論點，但是我會避免和某些族群談論某些議題。我扮演很多種角色，需要經常在不同的角色之間迅速切換。不過，我覺得我切換自如，那算是一種優勢。

我幾乎可以明白說出我的每個缺點及優點，這樣做不是爲了否定我們想改變的議題或問題，而是要讓我們從自我價值、包容與連結出發，來處理那些問題。我覺得我從這項研究學到的最重要一點，也是我想透過本書傳達的一個關鍵訊息：**當我們感到自卑時，就無法改變與成長，我們無法以羞辱的方式改變自己或他人。**

我可能因爲對工作的控制慾太強、太過拘謹而感到羞愧，我也可能發現自己很負責、很可靠、致力做好優質的工作。工作的問題並不會消失，但是從優勢觀點來看，我有信心看著自己，評估我想改變的議題。我們必須瞭解，優勢觀點不是單純讓我們美化問題的工具，以爲問題就此解決了。它是讓我們盤點自己的優勢，以便運用優勢來因應挑戰。

我可能因爲隨時都很擔心女兒而感到羞愧，但是我也可以轉念，運用我的優勢，想想我只是想當個好家長，以及關愛與盡責的母親。從自我價值出發時，比較容易檢查自己的恐懼，發現我爲了女兒的安全和快樂做了很多事，我其實是個好媽媽。但是從自卑和抽離的角度出發時，我很難評估自己的行爲，更別說是改變那些行爲了。

我常要求學生在學期一開始提交「優勢評估」，我請他們列出十到十五個個人優點，但是我不接受學生把「親和力」或「好相處」列爲優點。學生都很討厭這項練習，這實在很諷刺，因爲這也是社工人員經常要求客戶做的事情。不過，當我要求學生列出自己的缺點或成長機會時，他們總是馬上振筆直書，列出比我要求的五個例子還多。這是人之常情，我們非常在意自己的缺點，卻忽略自己的優點。

我們必須注意自己哪些事情做得很好。**只要能肯定自己的優點，那些優點就會變成幫我們達成目標的工具。**例如，娜塔莉是一位參與研究的女性，她告訴我：「我可以談論我的信仰，因爲我覺得那沒有正確答案，我不必擔心講出來很愚蠢，我不在乎別人是否評斷我，我只在乎我是否誠實。我聽到別人談論政治或公共議題時就呆住了，我覺得自己懂得不多或沒有正確的資訊，覺得很慚愧。」

如果娜塔莉希望談論政治或社會議題時能夠展現眞實自我，她可以先評估讓她眞實討論信仰的優點。她討論信仰時做了什麼，使用了什麼工具，讓她覺得自己很眞實？爲什麼她能自在地討論信仰，卻無法自在地討論政治？

根據我和娜塔莉的討論，我覺得那是因爲她覺得政治與社會議題只有一個正確答案，她可以先改變那個觀念。她可以考慮把目標從提出正確觀點、擁有正確資訊以及知道更多，改成誠實地表達想法。她在那方面似乎做得不錯。

我們可以用檢核事實的問題，來檢查那些試圖控制我們明確表達以及是否落實信念和價值觀的預期是不是切合實際，如此可以更輕易地找出我們的優點，增強克服自卑的能力。

- 這些預期是否實際？
- 我可能同時做到每一點嗎？我想變成那樣嗎？
- 所有的特質可能同時出現在一個眞實的人身上嗎？
- 符合預期會讓我變得更眞實，還是更不眞實？
- 我在展現眞實自我嗎？還是展現別人希望我變成的樣子？

當我問研究的參與者，她們如何判斷誰屬於她們的連結網絡，誰屬於她們的自卑網時，約八十%的女性說：「如果我和某人在一起時可以永遠做自己，他就在我的連結網絡裡。」我想，「做自己」的能力不僅是眞實自我的核心，也是培養克服自卑能力的眞正效益。

克服自卑理論

本書的資訊是以我研究的克服自卑理論爲基礎。我很喜歡《第五項修練——實踐篇》（*The Fifth Discipline Fieldbook*）裡對「理論」的定義，那是一本有關打造學習型組織的好書。作者把「理論」定義成「關於世界如何運作的基本主張，已經經過反覆的測試，讓我們從中獲得一些信心。英文字theory是來自希臘文的字根theo-ro，意指觀衆，和theater（劇院）是同一字根。人類發明理論和發明劇場的根本原因是相同的，都是爲了在公開場合展示可能幫我們更瞭解世界的概念。」

我的自卑理論名叫「克服自卑理論」，它爲自卑如何影響女性提出一套主張。如果我們把一套理論看成獨立拼塊的組合，就可以看出理論是如何形成的。以下是說明自卑如何運作的主張：

- 自卑的最佳定義是，相信自己有缺陷，因此不值得獲得接納和歸屬的痛苦感受或經驗。女性陷入層層交疊又矛盾的社群預期時，最常感到自卑。自卑創造出恐懼、責難和抽離。
- 自卑的相反是同理心。
- 同理心需要展現平凡的勇氣、包容和連結。
- 我們無法抗拒自卑，但是可以培養克服自卑的能力。克服自卑最適合以連續量表的概念來說明，它的一端是自卑，另一端是同理心。
- 我們克服自卑的能力是由以下幾個因素決定的：發現自卑及引發自卑的因素，思辨覺察的程度，接觸外界的意願，談論自卑的能力。換句話說，我們在「克服自卑連續量表」上的位置，其實是看我們在那四個連續量表上的總和而定。
- 我們必須針對每個自卑類別，獨立評估克服自卑的能力。你善於克服某個領域的自卑，不見得善於克服其他領域的自卑。

- 善於克服自卑的女性在感到自卑時，可以辨識自卑及引發自卑的原因。瞭解引發自卑的因素可以增進我們辨識自卑的能力，並向外界尋求支持。當我們不知道自己的脆弱時，我們會依賴無效的方式（我稱之爲「自卑屏幕」）來避免自卑造成的痛苦。
- 懂得思辨覺察的女性比較善於克服自卑。思辨覺察幫我們釐清自卑經驗的眞相，幫我們把那個經驗脈絡化和正常化。缺乏思辨覺察會導致我們把自卑經驗進一步強化、個人化、病態化。
- 自卑時接觸外界的女性，比較可能克服自卑。接觸外界讓我們分享故事，創造改變。當我們不接觸他人時，通常會開始把自己和他人隔離開來。
- 談論自卑的女性比較可能克服自卑。談論自卑提供我們表達感受及尋求所需的工具。當我們不談論自卑時，我們往往開始封閉自己或對外宣洩。

克服自卑模型

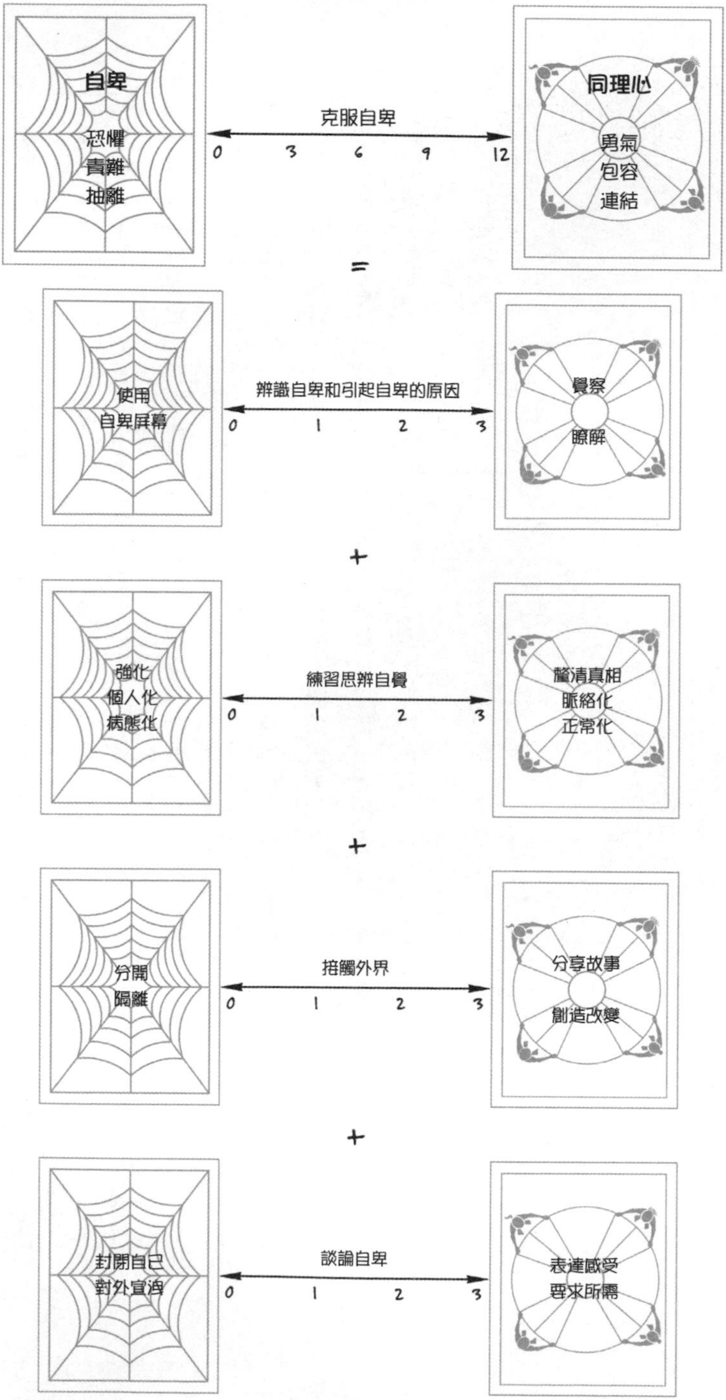
自卑
恐懼
責難
抽離
克服自卑
0 3 6 9 12
同理心
勇氣
包容
連結
=
使用
自卑屏幕
辨識自卑和引起自卑的原因
0 1 2 3
覺察
瞭解
+
強化
個人化
病態化
練習思辨自覺
0 1 2 3
釐清真相
脈絡化
正常化
+
分開
隔離
接觸外界
0 1 2 3
分享故事
創造改變
+
封閉自己
對外宣洩
談論自卑
0 1 2 3
表達感受
要求所需

第10章

打造連結的文化

自卑的文化會讓麻木不仁及抽離現象變得更加嚴重。如果我們想把自卑的文化轉變成連結的文化，就需要把我們所見、所聞、目睹與行事都視爲個人的事，意指攬起個人經驗，使自己和他人負起責任，從而改變文化。這種改變不需要發生重大的事件，只要有夠多的人在生活上做點小改變，我們就會看到大幅度的改變。爲了創造眞正的文化改變，我們也必須瞭解男性與小孩如何受到自卑的影響。

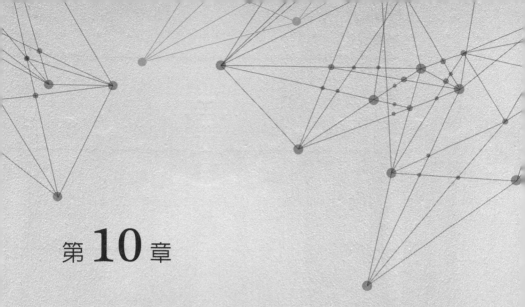

二〇〇六年四月，我參加女性主義主流基金會（Feminist Majority Foundation）舉辦的頒獎晚宴。那場晚宴是爲了表揚四位贏得諾貝爾和平獎的女性：希林・伊巴迪（Shirin Ebadi，伊朗，二〇〇四年），里戈韋塔・曼楚・圖姆（Rigoberta Manchu Tum，瓜地馬拉，一九九二年），貝蒂・威廉斯（Betty Williams，愛爾蘭，一九七五年）、茱蒂・威廉斯（Jody Williams，美國，一九九七年）。當晚接近尾聲時，女權行動主義者馬薇絲・萊諾（Mavis Leno）上台主持閉幕活動，她望著在場熱情的觀衆說：「我們都能改變現狀。」我深呼吸，等著聆聽接下來的訊息。

除非你只是喊喊口號，否則你如何以一兩句話激勵大家改變世界呢？如何在不給大家太多的責任壓力，或是不以陳腔濫調來敷衍大家的前提之下，讓每個人都相信她眞的可以改變現狀？多數人並未致力追求世界和平，我們還不相信我們眞的有能力改變世界。事實上，有時候我們連把碗盤拿出洗碗機都覺得累得要命。

不過，我必須說，這一晚，我眞的很感動。萊諾的話完全正中紅心，再精彩不過了。她望著觀衆說：「如果你想改變現狀，下次看到有人殘酷地對待他人時，就把它當成是衝著你個人而來的，因爲那**確實是**個人的事！」那是我聽過最鼓舞人心的號召了。

我們都知道如何把事情當成自己的事。事實上，當我們目睹殘酷的事情時，生性就覺得那是衝著我們個人而來的。如果我們選擇不介入或假裝沒發生，那就是逆著人性運作。

如果我們想把自卑的文化轉變成連結的文化，就需要把我們所見、所聞、目睹與行事都視爲個人的事。羞辱是殘酷的，當我們的孩子觀看只會以羞辱和貶抑他人的方式來製造娛樂的眞人實境秀時，我們應該關掉電視並解釋原因。當有人使用傷人與低級的刻板印象時，我們應該鼓起勇氣，說明爲什麼那些對話內容令我們不舒服。當有人對我們透露自卑經驗時，我們應該展現包容，聆聽她的訴說，感同身受。

把事情當作自己的事，意指攬起個人經驗，使自己和他人負起責任，從而改變文化。我們感到自卑時，往往沉默不語。當我們眞的鼓起勇氣陳述故事時，別人往往說我們「太敏感了」或「太耿耿於懷了」。我從來不明白那些說法是什麼意思，難道我們應該麻木不仁，完全抽離嗎？自卑的文化會讓麻木不仁及抽離現象變得更加嚴重。

卡洛琳的例子充分說明了，把事情當作自己的事有多大的力量。我在前言中分享過她的故事片段：

> 某天我在我家附近這一區開車，停下來等紅燈，正好停在一輛坐滿年輕人的車子旁邊，他們轉過頭來，對我微笑。我也微笑回應，甚至稍稍臉紅了。我十五歲的女兒和她的好友坐在後座，不知怎的，她突然說：「天啊，媽，別看他們，你在想什麼啊，你以爲他們在跟你眉來眼去嗎？拜託！」我差點哭了出來，我怎麼會那麼蠢呢？

二〇〇三年我第一次見到卡洛琳時，她的年紀約五十出頭。二〇〇五年我再度訪問她時，她告訴我這個故事。她解釋她處理羞辱時刻的方式，對她來說是個轉捩點。以下是卡洛琳展現平凡勇氣和克服自卑的故事。

眞正讓我改變自我觀感的，不是這次經驗，而是我面對女兒處理這件事情的方法。我沒罵她或是對她生悶氣，我決定好好運用克服自卑的技巧。我送那幾位女孩下車後，回到家，打電話給我的鄰居。我們一直是朋友，我告訴她發生了什麼事以及我覺得多丟臉。我說，我對年輕男子微笑，以及女兒在朋友面前對待我的方式，都讓我覺得無地自容。朋友問我爲什麼會覺得對男子微笑很丟臉，我說當下我眞的以爲他們在對我微笑。我說我忘了我已經老了，這種事情不會發生在老女人身上。她瞭解我的羞愧，但是沒安慰我，就只是聆聽，最後她說：「別人對我們視若無睹時，那感覺很受傷——例如車子裡的男子……我們的孩子……他們對我們都視而不見。」她懂我的想法。

我先生開車去女兒的朋友家，接大女兒回家，也去壘球練習場接小女兒回家。他們回家時，我在房內。我馬上走了出來，問我女兒能不能跟她談談，她回應：「喔，天啊，你是又更年期了嗎？」其他的家人都笑了，但是這次我沒跟著他們一起笑或假裝不在乎，我說：「不是，你今天眞的傷了我的心，我們需要談談。」我先生和小女兒一聽，就馬上離開現場了。

我和女兒坐下來，解釋她今天講的話讓我覺得多丟臉以及爲什麼。我甚至解釋，那對我來說，光是從女性的角度出發，而不是從母親的角度，都讓我覺得很受傷。我告訴她，我瞭解她想在朋友面前表現出很酷的樣子，讓朋友喜歡她。不過，爲了耍酷而傷害別人是無法接受的。

我在講話的時候，她一直做鬼臉，翻白眼。最後我伸出手，握住她的雙手說：「你講的話讓我覺得很羞愧和受傷，我之所以告訴你這些，是因爲我知道你愛我，我們的關係很重要。我告訴你這些也是想讓你知道，如果別人爲了耍酷或博取人氣而羞辱你或貶抑你，你也應該反抗。我不會讓你這樣對我，也希望你別讓任何人那樣對你。」

卡洛琳告訴我這個故事時，我急切地等著聽她說女兒後來由衷地道歉，母女溫馨地相擁。當然，這並未發生。卡洛琳說，她女兒大聲回應：「哦，天啊，我可以走了嗎？」卡洛琳告訴女兒，她需要道歉，女兒也確實道歉了。接著，女兒回自己的房間，關上門，打開收音機。我們永遠不會知道那次談話對卡洛琳的女兒有什麼影響，不過，根據我的專業和個人經驗，我相信這些談話確實有改變人生的效果。

卡洛琳把那件事視爲自己的事，如果所有的家長都奉行這樣的理念，和小孩如此交談，我們就會開始看到文化改變。如果聽過這種對話的孩子期待自己和朋友做得更好，我們就會看到文化轉變。這種改變不需要發生重大的事件，只需要達到臨界人數就行了。只要有夠多的人在生活上做點小改變，我們就會看到大幅度的改變。

爲了創造眞正的文化改變，我想，我們也必須瞭解男性與小孩如何受到自卑的影響。我想，從女性開始學習克服自卑是合理的，因爲女性通常是小孩的主要照顧者，女性也比較可能成爲家庭中推動心理與文化改變的動力。

克服自卑可以從我們開始做起，但不是只要我們做到就夠了。我們需要瞭解男性如何面對自卑及克服自卑，瞭解我們該如何支持伴侶、兒子、父親、兄弟、朋友與同仁，並與他們建立連結，也需要瞭解自卑和孩子的關係。對多數人來說，我們以前面對家長與老師的經驗，導致我們目前面對自卑時的掙扎。事實上，八十％的受訪者記得，他們在小學或中學時碰過羞辱事件，那些事件改變了他們對自己的看法。

在下面的兩個單元中，我會大致說明我對男性與自卑的新研究，以及我對親子教養和校園的自卑研究。這些都是正在進行中的研究，但是目前為止我的發現說明了，我們每個人都是緊密相連的個體。

男性與自卑

我最初決定只研究女性，是因為目前有關自卑的學術文獻是以女性為主。許多研究人員認為，男性和女性感受的自卑是不同的。由於我想對克服自卑做深入的研究，所以我決定只研究女性。我擔心萬一我把男性和女性的資料混在一起，會錯過男女體驗上的一些細微差別。我剛開始研究時，確實訪問過一些年輕男性，我會跟大家分享那些經驗，因為後來證實那些經驗有很深遠的意義。

幾年前，當自卑的類別（外貌和身體意象、母職、家庭、親子教養、金錢與工作、身心健康、成癮、性愛、年老、宗教、刻板印象或標籤化、暢所欲言、從創傷中倖存等等）剛從研究中浮現時，我訪問了一群年紀較大的少年，我想瞭解這些類別是否適用在那個年齡層。我原本只想訪問少女，結果當初幫我安排訪談時間的臨床人員幫我找來了一些少年。

我以前從未訪問過年紀較大的少年，所以有點緊張。我記得我在黑板上寫下那些類別，接著坐下來，看著那群年輕人，心想：「他們肯定不會說什麼吧。」

我從外貌議題開始問起：「好的，各位，在外貌方面，外界是否期待你們是什麼樣貌？」他們彼此對看了一下，一位年輕人說：「有啊，我必須看起來像能扁人一頓的樣子。」其他男孩都笑了，並表示認同。

我接著問：「那健康方面呢？」他們又笑了，另一個男孩說：「有啊，也是一樣，你不能弱到無法扁人一頓。」

有幾位年紀較長的少年已經當父親了，所以我想從比較簡單的議題轉到比較複雜的議題，例如父職。「好，我們來談父職吧。」結果他們又笑了，不過這次笑聲較少，一位年輕人說：「你敢說我的小孩或我孩子的媽怎樣，我就扁你一頓。」

嗯……就說我是研究人員吧，我已經看出這裡浮現的型態。我們聊得愈多，我發現這些年輕人是認真的，不是在開玩笑。無論他們做什麼或長什麼樣子，他們只需要維持能夠扁人一頓的形象。

於是，我寫下「扁人」筆記，就把這些內容歸檔封存了。直到去年，我開始訪問男性時，我才發現那些年輕人講得有多誠實、犀利、眞實。他們以自己的語言告訴了我需要知道的一切。

陌生人、小雞雞和女性主義者

二〇〇五年，三個獨立事件說服了我投入更多的時間研究自卑和男性：陌生人，小雞雞、女性主義者。

我們先從陌生人談起。那是一位瘦高的男士，我猜年紀約六十出頭左右，是陪妻子來聽我的演講。演講完後，他跟著妻子到講堂的前方來找我說話。我先和他的妻子聊了幾分鐘，她轉身離去時，那位先生轉向她說：「我等一下就過去，給我一分鐘。」他的妻子露出擔心的表情，她顯然不希望先生留下來和我說話，最後她逕自走向房間的後方，那位先生則是轉過來面對我。

他說：「我喜歡你對自卑的看法，很有趣。」我謝謝他的肯定，等候他繼續說下去。我聽得出來他還想說點別的。他說：「我只是好奇，你對男人的自卑有什麼看法？你研究了什麼？」我一聽馬上鬆了一口氣，這題不會花太多時間，因爲我知道的不多。我解釋：「我訪問的男士不多，通常只訪問女性。」他點頭說：「喔，那倒是很省事。」

我很好奇他那句話是什麼意思，我微笑問道：「爲什麼說省事呢？」他問我眞的想知道嗎，我說對，我是眞的想知道。

接著，他的眼裡突然泛了淚光，他說：「我們男人也會自卑，深切的自慚形穢，但是當我們接觸外界，分享自己時，情感卻大受打擊。」我努力跟他維持目光相接，我也很想哭，他繼續說：「而且不只其他的男人這樣對待我們而已，當然，他們會痛扁我們，但是女人也是如此。你說你希望我們展現脆弱和眞實的一面，但是少來了，你們根本受不了，你們一看到男人那樣，就覺得噁心。」

這時眼淚已經滑落我的臉頰，他的話令我震驚，猶如五雷轟頂。他長長地嘆了口氣，接著馬上說：「我就只是想說這些而已，謝謝你的聆聽。」然後他就離開了。

我想了那些對話好幾天，幾天後，我躺在一張檢查桌上，一位女性拿著小小的接收器，在我懷孕的肚子上滑來滑去，她看著艾倫說：「你想要弟弟，還是妹妹？」艾倫大喊：「我要弟弟，我要弟弟。」那女人笑著說：「今天你很幸運，媽咪的肚子裡是弟弟。」我對著艾倫微笑，把手放在肚子上問：「你確定嗎？」她笑著說：「我看到小雞雞了！」我又勉強對著艾倫擠出笑容，看著她在一旁雀躍地跳著。但是我的內心正在大喊：「是男孩！天啊！不要！他會被痛扁一頓，情感大受打擊，我該怎麼保護他？我根本不懂男孩的世界。」

接著，我們把時間快轉到我兒子查理出生以後，我和幾位主張女性主義的好友共餐，我們聊到教養男孩的挑戰。我們逗弄著查理，身爲社工和家暴行動主義者的友人黛比．歐克瑞納（Debbie Okrina）說：「如果我們不幫助男孩和男人，其實也沒幫到女孩和女人，我們需要做得更多。」她這番話促使我們開始討論性別和男子氣概的議題，那次的長談讓我深信，女性主義不單是爲了幫女性追求平等，也是爲了幫男性和女性掙脫性別的束縛。在男性和女性都可以眞正**做自己**，而不是**裝出應有的樣子**以前，是不可能達到自由與平等的。

所以，一位陌生人、一個小雞雞、一名女性主義者——乍看之下這像個冷笑話，但是這三件事改變了我的想法和人生。隔週，我開始閱讀文獻及安排訪談，結果令我非常意外。我發現，我當初抗拒不研究男性，可能是因爲我直覺認爲，我會在無意間闖入一個陌生的新世界——一個受傷的世界。

描述自卑

在我開始進行訪談以前，我已經向數千位專業及非專業人士提過我的理論。多年來，我透過電子郵件或面對面交談，和許多男性談過我的研究，其中有些人是陌生人，有些人是朋友和同事。他們幾乎都會說：「你的研究適合我們，但是我們的經驗有點不太一樣，我們的世界不同，預期也不同。」

身爲研究者，我想提出的大問題是：克服自卑理論適合男性嗎？如果我們請男性談自卑經驗，以及他們用來對抗自卑的各種策略，我會發現他們自卑時跟女人一樣，也感到恐懼、責難和抽離嗎？他們也會使用克服自卑的四要素來走出自卑嗎？又或者，由於導致男性和女性自卑的預期不同，我需要設計另一套全然不同的新理論——專門爲男性設計的？

我從研究中得到以下的結論：當我們感到自卑時，我們是以全身回應，那影響了我們的感受、思維和行動，我們往往會對自卑產生強烈的身體反應。換句話說，自卑是核心情緒，衝擊我們的核心，再往全身擴散開來。雖然男女的經驗確實有很大的差異，但是核心的反應很像。

我在前言提過，我們先天就渴望與人連結。不分男女，我們都有渴望獲得接納的基本需求，都覺得自己有歸屬感，受到重視。我從女性訪談中得出的定義，也一樣適用在男性身上。男性就像女性一樣，也覺得自卑是一種極其痛苦的感覺或體驗，認爲自己有缺陷，所以不值得獲得接納及擁有歸屬感。就像女性對自卑的描述一樣，自卑也讓男性產生難以招架的恐懼、責難和抽離感。事實上，如果你看318頁的克服自卑模型，那完全可以套用在男性身上。我訪問了五十一位男性後相信，他們的自卑經驗以及用來克服自卑的策略，其實根本上和女性經歷的基本流程是一樣的。

不過，在造成自卑的社群預期以及強化那些預期的訊息方面，男女有很大的差異。對男性來說，那些預期和訊息都是強調男子氣概，強調什麼是「男子漢」。換句話說，「我們**如何**感受自卑」可能是男女一樣的，但「我們**爲什麼**自卑」則男女非常不同。

在第二章中，我介紹過自卑網，提到女性感受的自卑大多是一張綿密複雜的細網，層層交疊著相互衝突的社群預期，這些預期要求女人該扮演誰，女人該是什麼樣子，女人該如何做才對。我訪問男性時，我沒聽到層層交疊著相互衝突的社群預期。他們承受的預期相當簡單明瞭：**別讓人看到任何軟弱的跡象**。

- 男人該扮演誰？任何人，只要別人不覺得你軟弱就行了。
- 男人該是什麼樣子？任何樣子，只要別人不覺得你軟弱就行了。
- 男人該如何做才對？怎樣都行，只要別人不覺得你軟弱就行了。

爲了更瞭解什麼構成脆弱，我們可以從受訪男性對自卑的定義開始看起：

- 自卑就是失敗軟弱。在工作上、在足球場上、在婚姻裡、在床上、在金錢方面、在小孩方面，不管是什麼，反正自卑就是失敗。
- 自卑就是錯誤。不是做錯，而是你本身就是個錯誤。
- 自卑是感覺到自己有缺陷。
- 當別人覺得你很弱，就會出現自卑感。無法給人剛強的感覺是種屈辱，令人自卑。
- 示弱就是自卑，基本上，自卑就是軟弱。
- 表現出害怕是可恥的。無論如何，你都不能表現出恐懼，也不能害怕。
- 讓別人覺得你是好欺負的，那就是自卑。
- 我們男人最大的恐懼是被批評或被嘲笑，那是極度的自卑。

這是很明顯的過度簡化，但是你只要回想一下我訪問那些少年的故事，以及他們爲了避免自卑而「扁人一頓」的作法，上述的說法看來一點也沒錯。

男性承受著極大的壓力，他們必須展現出強悍、堅強、堅忍、強大、成功、無懼、一切在掌控中、能幹的樣子。這就是社群的預期，為他們塑造出想要的身分。女性必須平衡、協商、穿梭於高不可攀又矛盾的預期之間，男性則是承受著永遠展現「堅強、無懼、強大」的龐大壓力，那壓力一樣高不可攀，令人窒息。

我用來說明女性自卑現象的比喻是自卑網。至於男性，我看到的情況不一樣。我聽男性描述自卑經驗時，我看到的是一個小箱子。那個箱子被「永遠展現強悍、堅強、強大、成功、無懼、掌控中與能幹」的預期所封住。

我自己有個一歲大的兒子，我看到我們在男性出生時，就把他們放在這種侷促的小箱子裡。我們以獎勵、強化與懲罰的方式，把他們困在箱子中。我們盛讚他們的「強悍」，以獎勵他們繼續待在箱子內。我們把展現脆弱或情感（尤其是恐懼、悲傷和難過）貼上「軟弱」的標籤以懲罰他們。當男孩仍小時，他們在箱子裡還有一些活動的空間。家長、同儕、社會大抵上比較願意包容他們的脆弱和情緒。

但是當男孩逐漸成長時，箱子裡的空間愈來愈小。我們看到男孩和男人軟弱、柔弱、害怕、無力、無奈、無能時，就羞辱他們，以阻止他們逃出箱子。根據受訪者透露的故事，父親和男性同儕似乎對於偏離陽剛基準的男孩和男人特別苛責。當然，女性（母親、姊妹、伴侶、女友、女兒）也會羞辱男性不夠陽剛或強大，不過，從訪談的內容看來，女性似乎比較是「強化的角色」，男性（尤其是父親、兄弟、同事和教練）往往是懲罰者的角色。

保羅的故事就是說明自卑和自卑的恐懼如何用來獎勵、強化、懲罰男性的好例子。保羅和弟弟都是從小打棒球長大，甚至大學還進了校隊。保羅說，他記得父親在他國小一、二年級時就已經告訴他：「別像個娘砲一樣」，「要保持強悍」。保羅說他的成長過程中，「壓力」和「卓越」大概各占了一半。壓力是因爲他必須一直表現傑出，但是他也說：「我向來很受歡迎，交過不少很辣的女友。」他說，他也因爲體育表現優異及人緣好，而獲得老師和校方的許多特殊禮遇。

大學畢業後，保羅去朋友開的網路公司上班，娶了大學時認識的梅格爲妻。他們結婚一年後，保羅的公司垮了。他在網路公司的薪水過於膨脹，所以無法馬上找到薪水相當的工作。兩個月後，他告訴梅格，他要去做一份業務工作，薪水約是以前的一半。他建議梅格把家裡的車子賣了，換比較便宜的車子，也減少其他的消費。他告訴我：「梅格一聽就發飆了，她說，我自己找不到好工作，卻要她放棄原本的生活型態，那太不公平了。她一直抱怨，最後問道：『你養不起我，不會覺得很丟臉嗎？』」

保羅說他覺得很崩潰，對於自己無法賺足夠的錢感到非常羞愧。梅格一點都不關心他，也讓他覺得很受傷。他不知道該怎麼辦，於是打電話詢問父親的意見。他講到一半時，開始哭了起來，他說那是他第一次在父親面前哭泣。

保羅的父親聽完他的故事後，告訴他，他需要「讓梅格搞清楚狀況」，「去跟公司要求更高的薪水」。保羅問父親那是什麼意思，父親說：「別那麼軟弱，你不需要忍受那些鬼扯。梅格也不想嫁給可以那樣奚落的對象，你讓她對你說那些話，你才是輸家。那些開公司的人想找的，是敢要求更高薪的人才，你是哪裡不對勁？」

保羅形容那兩天和妻子及父親的對話有如「末日的開端」，他從此陷入了「暗點」，開始和朋友鬼混，幾乎天天狂飲。後來他和梅格離婚了，他的父母也在結婚二十五年後分居了。唯一的好消息是，保羅受訪時，他的母親和弟弟比較常來探訪他，他們三人開始培養比較深厚的關係。保羅也告訴我，他發現自己酗酒的情況已經有點失控，他決定逐漸減量。

在保羅的故事中，我們看到他的陽剛特質（運動能力、獲勝和強悍）獲得獎勵，他很受歡迎，跟許多辣妹約會，在學校享有特殊待遇，畢業後又找到高薪的工作。我們也可以看到梅格強化了那些社群對男性的預期，她取笑保羅薪水變低，職業生涯不順遂。保羅父親的行為則顯示，男性達不到社群對他們的預期時，我們常以辱罵和羞辱的方式來懲罰他們。

我打算繼續訪問男性，可能在男性研究人員的協助下繼續進行。我覺得男性和女性之間應該要討論自卑和脆弱的議題。男性確實在社會的影響下，習慣掩飾他們的脆弱和恐懼，但是女性似乎是促成那習慣的要角。一位男性告訴我：「女性寧可看到王子死在白馬上，而不是從白馬上摔下來。」我想這句話一語道盡了我在男女訪談中聽到的訊息。不過，我覺得那不是我們真正想要的狀況。

當男性和女性彼此羞辱，強化那些高不可攀的性別預期時，我們也扼殺了彼此之間的親近。如果我們無法展現真實自我，就無法以有意義的方式彼此連結。我們的關係會從包容與連結，變成恐懼、責難和抽離。我覺得任何人都不希望自己或孩子遇到那種情況。

自卑、親子教養和教育

自卑是從家裡開始的，幸好，克服自卑也是從家裡開始的。身為家長，我們有機會把孩子培養成勇敢、包容、有良好人際關係的人。我們可以學習親子教養的工具，不必使用羞辱的方式。我們甚至可以指導孩子發揮同理心的技巧。不過，你可能也猜到了，在我們教導或示範這些技巧之前，我們必須瞭解自卑在我們自己的生活中扮演的角色，並在人際關係中練習克服自卑。

親子教養猶如暗藏自卑的地雷區。我們不僅以別人如何評斷我們的家長身分來衡量自我價值，也以別人如何看待我們的孩子，來決定我們的自我價值。我們必須對抗自己的嫌棄身分，也對抗孩子的嫌棄身分。我們不希望在別人眼中變成糟糕的父母，也不希望自己的孩子是別人眼中的壞孩子。在親子教養方面，要培養克服自卑的勇氣加倍困難，但是努力是值得的。

身為家長，一旦我們開始展現勇氣、包容和連結，就可以幫孩子穿梭在日益複雜的世界中。我們可能無法掌控孩子學校裡或同儕之間發生的事情，但是當我們教孩子如何克服自卑時，也幫他們辨識自卑，以有建設性的方式因應自卑，並從經驗中成長。

家長必須瞭解，家長也可能教導與示範恐懼、責難和抽離。有時候孩子學會恐懼、責難和抽離，是因為我們以羞辱的方式教育他們。我們攻擊孩子的模樣或貶抑他們，以中斷連結來要脅孩子，或是在他人面前取笑他們，卻不在意他們的行爲。

有時候，即使家長沒羞辱孩子，孩子依舊感到恐懼、責難和抽離，因爲我們並未教導他們克服自卑的技巧。所以，即使我們沒羞辱孩子，孩子還是很容易受到老師、教練、同儕的羞辱而自卑。

我不是故意在此找老師和教練的麻煩，他們像我們一樣，也是竭盡所能運用手邊的資訊。我自己是教師，兩個妹妹都是國小的老師。老師和教練在他們的專業領域裡，也都需要因應自卑的文化。在此同時，教育經費又遭到刪減，課堂人數過多，老師又面臨提高學生考試成績的沉重壓力。太嚴厲的教練常遭到批評；重視樂趣與健康更勝於獲勝的教練，也遭到望子成龍、望女成鳳的家長不斷地干擾。我持續地訪問家長、教師、教練、孩童培育專家，希望能學到更多改變教養方式的技巧，爲我們的孩子打造更穩健的連結文化。

本書以「連結」作爲結論，正好呼應了開篇的論點。我們先天就渴望與人連結，那是生理天性。襁褓時期，我們需要連結是爲了生存。隨著年齡的增長，連結意味著身心靈與智慧的蓬勃發展。連結很重要，因爲我們都渴望獲得接納、歸屬感和重視。我們只要做不同的選擇，就能創造連結的文化。那樣說似乎過於樂觀，但是我覺得那是有可能做到的。**改變不需要豪言壯語，當我們展現平凡的勇氣時，改變就開始了。**

致謝

撰寫這本書，徹底改變了我的人生。每次寫到難以爲繼時，我就想到那些幫我深入瞭解自卑、對這本書有貢獻的研究參與者。他們單純是因爲相信我會誠實精確地陳述他們的故事，而與我分享親身經歷。他們每一位都心甘情願地接納內心深沉的恐懼，只爲了幫助我們學習。我對他們感激不盡，衷心希望他們覺得這本書肯定了他們的貢獻、努力與智慧。

除了那些和我分享親身經歷的女性以外，我也想感謝那些在私底下與專業上支持我完成這個計畫的人。要是沒有外子史蒂夫的關愛、支持與勇氣，我不可能完成這一切。他對我的信心、對我工作的支持、對家人的投入，是支撐我完成任務的一大動力。我也很感謝他一直以來都是個完美的父親，總是能逗我笑。

我們的孩子艾倫和查理，讓我的生活充滿了愛與歡笑。他們啓發我，讓我更踏實，難以用太嚴肅的心態看待自己。

就很多方面來說，要是沒有我的父母，就不可能有這本書。他們教導我的一切，就是給我的最佳贈禮。我從我母親狄安・羅傑斯（Deanne Rogers）那裡學到勇氣、力量和毅力。我父親恰克・布朗（Chuck Brown）給了我思辯與行動實踐的能力。他們的教誨幫我實現了攻讀博士學位及撰寫本書的夢想。我也想感謝我母親的伴侶大衛與我父親的伴侶茉莉，願意接納我們的家人，和我們一起分享生活。我也想感謝我的祖母愛倫，她也是我的靈感來源，她的精神和慈愛常伴我心。

感謝我的兄長傑森，我的姊妹艾希莉和貝瑞特，我們一起參與了一段特殊的旅程，能夠與你們一起分享，我的內心充滿了感激。我們一起經歷的過往、愛與歡笑是我人生的重要動力。謝謝艾希莉的先生麥克及我美麗的外甥女愛瑪雅為我們家帶來那麼多歡樂。謝謝傑森的太太奧黛麗，你和我們就像一家人，我們都很喜歡你來這裡。

我和史蒂夫結婚時，多了一群美好的家人。謝謝柯瑞和傑克，比爾和雅科比納，米莫，碧波和大衛。我無法想像沒有你們的生活會是什麼樣子，你們都是我的家人。

我非常幸運，共事的夥伴既是同仁又是好友。我一直都很感謝大方陪我經歷這趟旅程的查爾斯・啓立（Charles Kiley），沒有他，就不可能完成這一切。我也特別感謝我的朋友、同事兼好姊妹棠恩・菲・海吉沛斯（Dawn Fey Hedgepeth）、雪柔・杜恩（Cheryl Dunn）、貝佛莉・麥斐爾（Beverly McPhail），她們都很大方地分享專業與經驗，對本書有很大的貢獻。我想謝謝插畫家大衛・羅賓森（David Robinson）和平面設計師多尼・海洛尼莫斯（Doni Hieronymus）的藝術貢獻，也感謝史魁茲設計（Squidz Ink Design）的科爾．史懷克哈特（Cole Schweikhardt）和DMLCo公司的瑪麗安．曼金（Marian Mankin）的支持及協助設計網站。

我很幸運周遭都是一群好友和貴人，我希望除了簡單的道謝以外，還有其他的方法讓以下的女性知道，她們對我的人生有多大的影響：安琪拉．布蘭查德（Angela Blanchard）、瑪格麗塔．弗洛雷絲（Margarita Flores）、凱倫．侯默斯（Karen Holmes）、珍．賴婷（Jean Latting）、安．麥克法蘭（Ann McFarland）、芭柏．諾瓦克（Barb Nowak）、蘇珊．羅賓斯（Susan Robbins）、露絲．盧比奧（Ruth Rubio）、凱倫．史淘特（Karen Stout）、蘇珊．杜瑞爾（Susan Turell）、茱蒂．威廉斯（Jody Williams）、蘿拉．威廉斯（Laura Williams）。

我也很幸運隸屬於兩個組織。首先，我想感謝休士頓大學社工研究院的教職員工和學生，身爲社工人員又隸屬於這個學習社群是我的莫大榮幸。第二，我想感謝諾貝爾婦女倡議組織（Nobel Women's Initiative），讓我有機會和一群睿智又美好的行動主義者、學者、和平促進者一起共事。

我還要感謝第三群行動主義者和學者，這群女性改變了我看待自己和世界的方式。我二十出頭時，母親送我一本海瑞亞．勒納博士的著作《生氣的藝術》（*The Dance of Anger*），那是我讀的第一本心理學非小說。我記得當時閱讀時心想：「原來不只我這樣！」讀到第三章時，我已經愛上閱讀的力量。我開始教書時，隨身帶著貝爾．胡克斯（bell hooks）的著作《教學越界》（*Teaching to Transgress*）。琴．基爾孟（Jean Kilbourne）的著作《經研究證明，廣告會控制你的欲望》（*Can't Buy My Love*）永遠改變了我看電視、翻閱雜誌及聽音樂的方式。我去衛斯理學院史東中心深入瞭解我在社工生涯中想成爲什麼樣的人。我現在仍會買瑪莉・派佛（Mary Pipher）的著作《拯救奧菲莉亞》（*Reviving Ophelia*）來送給每一位有女兒的朋友，她的新書《用你的筆，改變世界》（*Writing to Change the World*）也在我開給學生的必讀書單上。改變我人生的作者可說是不勝枚舉，不過，這幾位女性對我的影響最大。我感謝她們讓世界變得更好，也幫我開拓了職業生涯。

最後，我想感謝相信這份研究可以出書的人，我自己並不覺得這是理所當然的。我由衷地感謝經紀人史蒂芬妮・馮・賀胥柏格（Stephanie von Hirschberg）在過程中投注的智慧、誠正與平衡。感謝我的編輯愛琳・摩爾（Erin Moore），我實在很幸運能和這樣一位眞實、勇敢、包容的女性合作。我也想感謝高譚出版社的其他團隊成員：比爾・辛克（Bill Shinker）、潔西卡・辛德勒（Jessica Sindler）、麗莎・強森（Lisa Johnson）、阿什維尼・拉馬斯瓦米（Ashwini Ramaswamy），以及其他幫我把文稿修得更臻完美的幕後英雄。

附注

【前言】

P. 15　如今有愈來愈多的研究學者和從業人員探索自卑，以及自卑在心理與公衛議題中扮演的角色……

以下的文章或著作探討了自卑和各方面議題之間的關係：

Balcom, D., Lee, R., and Tager, J. (1995). The systematic treatment of shame in couples. *Journal of Marital and Family Therapy, 21,* 55–65.

Dearing, R., Stuewig, J., and Tangney, J. (2005). On the importance of distinguishing shame from guilt: Relations to problematic alcohol and drug use. *Addictive Behaviors, 30,* 1392–1404.

Ferguson, T. J., Eyre, H. L., and Ashbaker, M. (2000). Unwanted identities: A key variable in shame-anger links and gender differences in shame. *Sex Roles, 42,* 133–157.

Hartling, L., Rosen, W., Walker, M., and Jordan, J. (2000). *Shame and humiliation: From isolation to relational transformation* (Work in Progress No. 88). Wellesley, MA: The Stone Center, Wellesley College.

Jordan, J. (1989). *Relational development: Therapeutic implications of empathy and shame* (Work in Progress No. 39). Wellesley, MA: The Stone Center, Wellesley College.

Lester, D. (1997). The role of shame in suicide. *Suicide and Life-Threatening Behavior, 27,* 352–361.

Lewis, H. B. (1971). *Shame and guilt in neurosis.* New York: International Universities Press.

Mason, M. (1991). Women and shame: Kin and culture. In C. Bepko (ed.), *Feminism and addiction* (pp. 175–194). Binghamton, NY: Haworth.

Nathanson, D. (1997). Affect theory and the compass of shame. In M. Lansky

and A. Morrison (Eds.), *The widening scope of shame.* Hillsdale, NJ: Analytic.
Sabatino, C. (1999). Men facing their vulnerabilities: Group processes for men who have sexually offended. *Journal of Men's Studies, 8,* 83–90.
Scheff, T. (2000). Shame and the social bond: A sociological theory. *Sociological Theory, 18,* 84–99.
——. (2003). Shame in self and society. *Symbolic Interaction, 26,* 239–262.
Talbot, N. (1995). Unearthing shame is the supervisory experience. *American Journal of Psychotherapy, 49,* 338–349.
Tangney, J. P. (1992). Situational determinants of shame and guilt in young adulthood. *Personality and Social Psychology Bulletin, 18,* 199–206.
Tangney, J. P. , and Dearing, R. (2002). *Shame and guilt.* New York: Guilford.

p. 20 我不確定「平凡勇氣」一詞最早出現在哪裡，我是在研究者安妮・羅傑斯（Annie Rogers）探討女性的文章中看到的。
Rogers, A. G. (1993). Voice, play, and a practice of ordinary courage in girls' and women's lives. *Harvard Educational Review, 63,* 265–294.

【第一章】瞭解自卑

p. 28 當然，有些研究人員和從業人員對女性和自卑做了非常重要的研究。例如，衛斯理學院史東中心（Stone Center）的研究人員和臨床醫生茱恩・湯妮（June Tangney）和蘭達・狄林（Ronda Dearing）、海瑞亞・勒納、克勞蒂雅・布萊克（Claudia Black）等等。
茱恩・湯妮和蘭達・狄林著作：《羞愧和內疚》（*Guilford Press*）
海瑞亞・勒納是許多本書的作者，包括：*The Dance of Anger* 以及 *The Dance of Connection* and *The Dance of Fear*
克勞蒂雅・布萊克是許多本書的作者，包括：*It Will Never Happen to Me* 以及 *Changing Course*
欲知衛斯理學院史東中心更多資訊請上：www.wcwonline.org

p. 38 多數的自卑研究者都認同，自卑和內疚的差異是……
我相信當代文獻中對自卑和內疚的最好的評論出自茱恩・湯妮和蘭達・狄林的著作《羞愧和內疚》（*Guilford Press*）

p. 40 唐納・克萊因（Donald Klein）一語道出了自卑和丟臉的差異……
Klein, D. C. (1991). The humiliation dynamic. An overview. *The Journal of Primary Prevention, 12*(2), 93–122.

p. 46 例如，研究顯示，超重或肥胖的女性年收入較低……

體重歧視的資訊請上：http://loveyourbody.nowfoundation.org
出自以下研究：Schwartz, John (1993). "Obesity Affects Economic, Social Status: Women Far Worse, 7-Year Study Shows." *Washington Post,* September 30, 1993, p. A1.

p. 47　一般美國人每天接觸三千多則廣告……

Kilbourne, J. (1999). *Can't buy my love: How advertising changes the way we think and feel.* New York: Touchstone.

作家瑪麗蓮・弗萊（Marilyn Frye）形容雙重束縛是……

Frye, M. (2001). Oppression. In M. Anderson and P. Collins (Eds.), *Race, class and gender: An anthology*. New York: Wadsworth.

p. 54　我們認為，一個人所能經歷最可怕的創痛……

Miller, J. B., and Stiver, I. P. (1997). *The healing connection: How women form relationships in both therapy and in life.* Boston: Beacon Press.

【第二章】克服自卑以及同理心的力量

p. 60　另一個我喜歡的定義是來自阿恩・艾維（Arn Ivey）、保羅・彼得森（Paul Pederson）、瑪麗・艾維（Mary Ivey）撰寫的輔導教材。他們形容……

Ivey, A., Pederson, P. , and Ivey, M. (2001). *Intentional group counseling: A microskills approach.* Belmont, CA: Brooks/Cole.

p. 64　在愈來愈多的同理心研究中……

從Daniel Goleman探討情緒智商的著作中，可以閱讀到更多關於同理心重要性的文章：

Goleman, D. (2005). *Emotional intelligence: Why it can matter more than I.Q.* New York: Bantam.

英國的護理學者泰瑞莎・懷絲蔓（Teresa Wiseman）……

Wiseman, T. (1996). A concept analysis of empathy. *Journal of Advanced Nursing, 23,* 1162–1167.

p. 66　席德尼・許洛格（Sidney Shrauger）和瑪麗翁・派特森（Marion Patterson）的研究顯示……

Shrauger, S., and Patterson, M. (1974). Self evaluation and the selection of dimensions for evaluating others. *Journal of Personality, 42,* 569–585.

p. 70　安妮・羅傑斯在談論女性平凡勇氣的文章中寫道……

Black, C. (1999). *Changing course: healing from loss, abandonment and fear.*

Bainbridge Island, WA: MAC Publishing.

Rogers, A. G. (1993). Voice, play, and a practice of ordinary courage in girls' and women's lives. *Harvard Educational Review, 63,* 265–294.

p. 71 佩瑪・丘卓（Pema Chödrön）……

Chodron, P. (2002). *The places that scare you: A guide to fearlessness in difficult times.* Boston: Shambhala Classics.

p. 75 蘿蘭・古提蕾絲（Lorraine Gutierrez）和艾迪絲・安・露易絲（Edith Anne Lewis）提出的「連結」概念……

Gutierrez, L., and Lewis, E. (1999). *Empowering women of color.* New York: Columbia University Press.

p. 86 關於錯失發揮同理心的機會……

Miller, J. B., and Stiver, I. P. (1997). *The healing connection: How women form relationships in both therapy and in life.* Boston: Beacon Press.

p. 91 有一小群研究學者認為……尤其是從演化或生物學觀點出發的學者……如果你有興趣閱讀關於自卑不同的觀點，我推薦以下這本書，相當學術性，所以讀起來可能會有點硬：

Lansky, M., and Morrison, A. (Eds.) (1997). *The Widening Scope of Shame.* Hillsdale, NJ: The Analytic Press.

p. 95 波法官在《休士頓紀事報》（*Houston Chronicle*）的社論中為自己的判決提出辯解……

Poe, T. (1997, September 17). Shame is missing ingredient in criminal justice today [Op/Ed]. The *Houston Chronicle,* p. A27.

Lerner, H. (2001) *The dance of connection: How to talk to someone when you're mad, hurt, scared, frustrated, insulted, betrayed or desperate.* New York: Harper Collins.

【第三章】第一要素：辨識自卑，瞭解引發自卑的原因

p. 105 研究人員塔瑪拉・弗格森（Tamara Ferguson）、海蒂・艾爾（Heidi Eyre）、邁克・艾徐貝克（Michael Ashbaker）主張，「嫌棄身分」……

Ferguson, T. J., Eyre, H. L., and Ashbaker, M. (2000). Unwanted identities: A key variable in shame-anger links and gender differences in shame. *Sex Roles, 42,* 133–157.

p. 111 社會心理學方面……

Aiken, L., Gerend, M., and Jackson, K. (2001). Subjective risk and health protective behavior: Cancer screening and cancer prevention. In A. Baum, T. Revenson and J. Singer (Eds.), *Handbook of health psychology* (pp. 727–746). Mahwah, NJ:Erlbaum.

Apanovitch, A., Salovey, P. , and Merson, M. (1998). The Yale-MTV study of attitudes of American youth. Manuscript in preparation.

社會心理學方面……個人的脆弱……

Sagarin, B., Cialdini, R., Rice, W., and Serna, S. (2002). Dispelling the illusion of invulnerability: The motivations and mechanisms of resistance to persuasion. *Journal of Personality and Social Psychology, 83,* 3, 536–541.

衛斯理學院史東中心的關係文化理論家朱迪思・喬丹（Judith Jordan）……

Jordan, J. (1992). Relational resilience (Work in Progress No, 1992). Wellesley, MA: The Stone Center, Wellesley College.

我也推薦閱讀衛斯理學院史東中心的研究人員和臨床教師所寫的工作論文，你可以在www.wcwonline.org上購買或下載

p. 119 哈佛精神科醫生雪麗・伍蘭（Shelley Uram）……

這個資訊出自由青草醫院發起的女性成癮工作坊，這是一個治療多樣身心失調的機構，專攻創傷和成癮治療。青草醫院的網址是www.themeadows.org，這個資訊也在以下這篇文章中發表：Uram, S. (2006). Traveling through trauma to the journey home. Addiction Today, 17, 99.

p. 120 關係文化理論家琳達・哈特寧博士（Linda Hartling）採用凱倫・荷妮（Karen Horney的研究……

Hartling, L., Rosen, W., Walker, M., and Jordan, J. (2000). Shame and humiliation: From isolation to relational transformation (Work in Progress No. 88). Wellesley, MA: The Stone Center, Wellesley College.

【第四章】第二要素：練習思辨覺察

p. 126 這些預期有什麼影響呢？我們來看看吧……

這些關於節食和肥胖的資訊得自美國政府的統計資料、Jean Kilborne 一九九九年的書 *Can't buy my love: How advertising changes the way we think and feel*，還有Love Your Body網站：http://loveyourbody.nowfoundation.org。關於整型手術的資訊來自American Society for Aesthetic Plastic Surgery（網址：www.surgery.org/press/procedurefacts.php）

p. 128 誰因這些外貌預期而受惠？

這些產業的估算值取自維基百科

p. 143 離婚的女性面臨哪些政治、社會、經濟的現實狀況？

Bogolub, E. (1994). Child support: Help to women and children or government revenue? *Social Work, 39,* 5, 487–490.

McKeever, M., and Wolfinger, N. (2001). Reexamining the economic costs of marital disruption for women. *Social Science Quarterly, 82,* 1, 202–218.

【第五章】第三要素：接觸外界

p. 165 她形容笑是「神聖的快活歡騰形式」。

我是在看C-SPAN 2的BookTV聽到安．拉莫特這個說法

p. 168 行銷研究顯示，家中購買決策是由女性決定的……

Quinlan, M. L. (2003). *Just ask a woman: Cracking the code of what women want and how they buy.* Hoboken, NJ: Wiley.

p. 169 海瑞亞．勒納……

Lerner, H. (1990). *The dance of intimacy: A woman's guide to courageous acts of change in key relationships.* New York: Harper Collins.

p. 179 沃恩．獲沙萊（Vern Rutsala）的詩〈Shame〉

這首詩在 *The American Scholar*（Autumn 1988, Vol. 57 Issue 4, p. 574）首次發表，同時也出現在獲沙萊的書 *The Moment's Equation*（2004, Ashland Poetry Press），這本書入圍二○○五年美國國家書卷獎。特別感謝獲沙萊教授准許我們重印這首詩。

【第六章】第四要素：談論自卑

p. 195 敘事治療師吉兒．弗里曼（Jill Friedman）和金恩．康姆斯（Gene Combs）寫道……

Friedman, J., and Combs, G. (1996). *Narrative therapy: The social construction of preferred realities.* New York: Norton.

【第七章】在恐懼的文化中展現勇氣

p. 246 瑪麗．派弗（Mary Pipher）在著作《愛是回家的路》……

Pipher, M. (1997). *In the shelter of each other: Rebuilding our families.* New York: Ballantine Books.

p. 249 海瑞亞．勒納……提出一些很棒的建議……

Lerner, H. (2001). *The dance of connection: How to talk to someone when you're mad, hurt, scared, frustrated, insulted, betrayed or desperate.* New York: Harper Collins.

【第八章】在責難的文化中練習包容

p. 257 羞愧研究學者湯妮與狄林解釋……

Tangney, J. P. , and Dearing, R. (2002). *Shame and guilt.* New York: Guilford.

p. 261 刻板印象是……過於籠統又僵化的定義……

Robbins, S. P. , Chatterjee, P. , and Canda, E. R. (2006). *Contemporary human behavior theory: A critical perspective for social work.* (2nd ed.). Boston: Allyn and Bacon.

p. 263 有些研究人員指出，正面的刻板印象……

Miller, P. , Miller, D., McKibbin, E., and Pettys, G. (1999). Stereotypes of the elderly in magazine advertisements 1956-1996. *International Journal of Aging and Human Development, 49, 4,* 319–337.

組織發展與多元化專家米雪兒．航特（Michelle Hunt）……提出以下的看法……

Senge, P. , Kleiner, A., Roberts, C., Ross, R., and Smith, B. (1994). *The fifth discipline fieldbook: Strategies and tools for building a learning organization.* New York: Doubleday.

p. 269 研究中出現年老有關的負面和正面的刻板印象……

Hummert, M. L. (1990). Multiple stereotypes of elderly and young adults: A comparison of structure and evaluation. *Psychology and Aging, 5,* 182–193.

Hummert, M. L. (1993). Age and typicality judgements of stereotypes of the elderly: Perceptions of elderly vs. young adults. *International Journal of Aging and Human Development, 37,* 217–227.

Hummert, M. L., Garstka, T. A., Shaner, J. L., and Strahm, S. (1994). Steretotypes of the elderly held by young, middleaged, and elderly adults. *Journal of Gerontology, 49,* 240–249.

Hummert, M. L., Garstka, T. A., Shaner, J. L., and Strahm, S. (1995). Judgements about stereotypes of the elderly. *Research on Aging, 17,* 168–189.

Ingersoll-Dayton, B., & Talbott, M. M. (1992). Assessments of social support exchanges: cognitions of the old-old. *International Journal ofAging and Human Development, 35,* 125–143.

Schmidt, D. F., & Boland, S. M. (1986). Structure of perceptions of older adults: Evidence for multiple stereotypes. *Psychology and Aging, 1,* 255–260.

p. 284 研究者兼教育家瑪麗・布里克－詹金斯（Mary Bricker-Jenkins）……
Bricker-Jenkins, M. (1991). The propositions and assumptions of feminist social work practice. In M. Bricker-Jenkins, N. Hooyman and N. Gottlieb (Eds.), *Feminist social work practice in clinical settings* (pp. 271–303). Newbury Park, CA: Sage Publications.

【第九章】在抽離的文化中建立連結

p. 289 社工教育學者迪恩・赫普渥斯（Dean H. Hepworth）、羅納多・魯尼（Ronald H. Rooney）、珍・拉森（Jane Lawson）……
Hepworth, D. H., Rooney, R. H., and Lawson, J. A. (1997). *Direct social work practice: Theory and skills.* Pacific Grove: Brooks/Cole Publishing Co.

p. 301 最近有許多酒精與藥物濫用的研究顯示……
引用自*Newsweek*/MSNBC: Gender Equality: Young women are catching up with their male counterparts when it comes to alcohol—often to disastrous effect。出自4/26/2006，網址：www.msnbc.msn.com。文章出自哥倫比亞大學National Center on Addiction and Substance Abuse的研究。

p. 302 主導那項研究的狄林……
Dearing, R., Stuewig, J., and Tangney, J. (2005). On the importance of distinguishing shame from guilt: Relations to problematic alcohol and drug use. *Addictive Behaviors, 30,* 1392–1404.

p. 306 心理學家兼行動主義者夏洛特・蘇菲亞・索（Charlotte Sophia Kasl）……
Kasl, Charlotte (1992). *Many roads one journey: Moving beyond the 12 steps.* New York: Harper Paperbacks.

p. 309 有句話給了我很大的啓發……
Williamson, Marianne. (1992). *A return to love: reflecting on the principles of a course in miracles.* New York: HarperCollins.

p. 312 社工教育學者丹尼斯・沙立貝（Dennis Saleebey）指出，優勢觀點……
Saleebey, D. (1996). The strengths perspective in social work practice: Extensions and cautions. *Social Work, 41,* 3, 296–306.

p. 315 我很喜歡《第五項修練——實踐篇》（*The Fifth Discipline Fieldbook*）裡對「理論」的定義……
Senge, P. , Kleiner, A., Roberts, C., Ross, R., and Smith, B. (1994). *The fifth discipline fieldbook: Strategies and tools for building a learning organization.* New York: Doubleday.

MI1010X

我已經夠好了：克服自卑！從「擔心別人怎麼想」，到「勇敢做自己」

I Thought It Was Just Me (but it isn't): Making the Journey from "What Will People Think?" to "I Am Enough"

作　　者❖布芮尼・布朗Brené Brown
譯　　者❖洪慧芳
封面設計❖謝佳穎
排　　版❖張彩梅
總 編 輯❖郭寶秀
責任編輯❖李雅玲

事業群總經理❖謝至平
發 行 人❖何飛鵬
出　　版❖馬可孛羅文化
台北市南港區昆陽街16號4樓
電話：886-2-2500-0888　傳真：886-2-2500-1951
發　　行❖英屬蓋曼群島商家庭傳媒股份有限公司城邦分公司
台北市南港區昆陽街16號8樓
客服專線：02-25007718；02-25007719
24小時傳真專線：02-25001990；02-25001991
服務時間：週一至週五上午09:30-12:00；下午13:30-17:00
劃撥帳號：19863813　戶名：書虫股份有限公司
讀者服務信箱：service@readingclub.com.tw
城邦網址：http://www.cite.com.tw
香港發行所❖城邦（香港）出版集團有限公司
香港九龍土瓜灣土瓜灣道86號順聯工業大廈6樓A室
電話：852-25086231　傳真：852-25789337
電子信箱：hkcite@biznetvigator.com
馬新發行所❖城邦（馬新）出版集團
Cite（M）Sdn. Bhd.（458372U）
41, Jalan Radin Anum, Bandar Baru Seri Petaling,
57000 Kuala Lumpur, Malaysia.
電話：+6(03)-90563833　傳真：+6(03)-90576622
電子信箱：services@cite.my
製版印刷❖前進彩藝有限公司
二版一刷❖2024年4月
定　　價❖420元（紙書）
定　　價❖294元（電子書）

ISBN：978-626-7356-62-3（平裝）
EISBN：9786267356630（EPUB）

城邦讀書花園
www.cite.com.tw

國家圖書館出版品預行編目（CIP）資料

我已經夠好了：克服自卑！從「擔心別人怎麼想」，到「勇敢做自己」／布芮尼・布朗（Brené Brown）著；洪慧芳譯. -- 二版. -- 臺北市：馬可孛羅文化出版：英屬蓋曼群島商家庭傳媒股份有限公司城邦分公司發行, 2024.04
面；　公分
譯自：I thought it was just me (but it isn't) : making the journey from "what will people think?" to "I am enough"
ISBN 978-626-7356-62-3（平裝）
1. CST: 自我肯定　2. CST: 自我實現
177.2　　113002090